Ismael Leandry-Vega

«*Imagina que no hay cielo, ni infierno y que toda la gente vive por el hoy.*»
John Lennon

«*La única iglesia que ilumina es la que arde.*»
Anónimo

«*La religión es una maldita farsa.*»
Catherine Fahringer

LA MALDAD Y LA IMBECILIDAD DE TU DIOS Y DE TU RELIGIÓN

Morrisville, North Carolina

Publisher: Lulu Press

Morrisville, North Carolina

ISBN: 978-0-6152-4471-6

Derechos de propiedad: Ismael Leandry Vega

Copyright: © 2008 Ismael Leandry Vega

Standard Copyright License

Reservados todos los derechos. El contenido de esta obra está protegido por Ley, que establece penas de prisión y/o multas, además de las correspondientes indemnizaciones por daños y perjuicios, para quienes reprodujeren, plagiaren, distribuyeren o comunicaren públicamente, en todo o en parte, una obra literaria, artística fijada en cualquier tipo de soporte o comunicada a través de cualquier medio, sin la preceptiva autorización.

Datos para catalogación:

Ismael Leandry Vega

La maldad y la imbecilidad de tu Dios y de tu religión

Lulu Press. 2008. Morrisville, North Carolina

1. Ateísmo
2. Estudios religiosos
3. Filosofía
4. Historia
5. Religión

Tabla de Contenido

Agradecimiento..7
Dedicatoria..9
Introducción..11

Capítulo Uno: La maldad de tus heréticos e inventados dioses..15

    I. El herético Alá-Mahoma en el mundo de los mahometanos..16
    II. Los heréticos espíritus de los hechiceros y de los santeros...25
    III. El herético dios de los judíos y de los cristianos: adorador del discrimen, de la intolerancia, de la muerte y de la tortura..30

Capítulo Dos: Tus inventados y falsos dioses no existen..45

    I. Ni Dios, ni los ángeles, ni los demonios, ni los paraísos existen..45
    II. Científicos y académicos acreditados en contra de la inexistente cosa esa llamada Dios....................52
    III. La falsa divinidad del clavado Jesús y la mentira de la trinidad cristiana..55
    IV. La gran mentira del diablo......................................62
    V. Dioses a nuestra deleznable imagen y semejanza animal...65
    VI. El fraude de los hechiceros, de los horóscopos y de los astrólogos...71

Capítulo Tres: Religión: arma sociológica y psicológica de destrucción masiva..75

    I. Egoísmo e individualismo en las religiones.................75
    II. Persecuciones religiosas en contra de académicos, periodistas, delatores, desertores, escritores, cineastas, investigadores y filósofos.........................80
    III. Libros, películas, objetos y escritos prohibidos eclesiásticamente..87
        a. Bellas Artes vedadas......................................94
    IV. Persecuciones y guerras religiosas........................96

- a. Cristianos persiguiendo y matando.....................96
- b. Mahometanos persiguiendo y matando..............101
- c. Persecuciones actuales entre cristianos, hindúes y mahometanos..103
- d. Persecuciones en contra de los respetables Masones..106
- e. Persecuciones religiosas en contra de ateos, filósofos y criticones.......................................108
- V. Embrutecimiento jurídico y educativo debido a las religiones..114
  - a. Yahvé, Dios, Jesucristo y el embrutecimiento jurídico y educativo..114
  - b. Alá, Mahoma y el embrutecimiento jurídico y educativo...121
  - c. Hinduismo y el embrutecimiento jurídico y educativo...126
- VI. Embrutecimiento del pensamiento contemporáneo debido a las religiones y a la estulta creencia en dioses..128
  - a. Ciencia, tecnología y religión..........................133
- VII. Sacrificios, ofrendas religiosas y los muñecos inanimados dizque sagrados................................136
- VIII. Objetos mágico-sagrados en el Hinduismo..............152
- IX. Actuaciones delictivas y poco ortodoxas por fanáticos y líderes religiosos..154
  - a. Destrucción de anos y vaginas de niños............154
  - b. Rituales religiosamente sexuales.....................157
  - c. Asesinatos, violaciones de Derechos Humanos y venta de drogas..158
- X. Derecho y religión..161
  - a. Rehusar tratamiento especializado..................163
  - b. Regulación de los discriminantes velos islámicos..167
  - c. Violación religiosa a la doctrina de separación entre la embustera iglesia y el necesario Estado..168
- XI. Iglesias: refugios de locos, psicóticos, neuróticos y lesionados mentales..171

Capítulo Cuatro: Aspectos hipócritas y positivos gracias a las embrutecedoras religiones..................................177

- I. Religión como mecanismo de control social.............177
  - a. Esperanza religiosa y control social..................179

II. Acciones hipócritamente positivas..........................180

Capítulo Cinco: Consideraciones finales........................185

   I. Imposible olvidar los abusos y los holocaustos religiosos...185
   II. Opiniones religiosas sobre aspectos socioeconómicos..192
      a. Opiniones mágico-religiosas sobre salud mental..196
      b. Opiniones mágico-religiosas sobre asuntos médicos..200
      c. Opiniones mágico-religiosas sobre matrimonios, mujeres y crianza de hijos............................201
      d. Opiniones mágico-religiosas sobre enfermedades sexuales..204
   III. Teorías mágico-religiosas sobre la maldad del ser humano..208
      a. Maldad humana según la secta de los raelianos...209
      b. La causa del crimen según los cristianos............209
   IV. Dejadlos que opinen según su oligofrenia religiosa...210
   V. Combatir el peligroso e imbécil fundamentalismo religioso..211
      a. Combatir el discriminatorio fundamentalismo católico hacia la mujer.......................................216
      b. Eliminar la guarida de la madre del fundamentalismo: El Vaticano..219

Capítulo Seis: Beneficio de la duda a los idiotizados practicantes religiosos..223

Capítulo Siete: Tesis y aforismos..............................233

   I. Algunas de nuestras tesis sobre los inexistentes dioses y las embrutecedoras religiones............................233
   II. Otras máximas, citas y aforismos sobre religiones y dioses...237

Referencias..241

Agradecimiento

Tenemos que manifestar nuestro más profundo agradecimiento a *Lulu Press*, por tener la valentía de publicar este libro, que es, por decir lo mínimo, pura dinamita intelectual.

Dedicatoria

Dedicado a los millones de seres humanos que han sido y que serán agredidos, difamados, insultados, perseguidos, mutilados y asesinados por los religiosos, por razones puramente religiosas.

Introducción

Las religiones, que son fraudes legalizados, son armas de embrutecimiento masivo.

Ismael Leandry Vega

Derribemos a los dioses, rompamos la Biblia, el Corán, la Torá y cualquier libro dizque sagrado de las religiones, de manera que seamos libres intelectualmente.

Ismael Leandry-Vega

Los mayores anhelos de muchos practicantes y líderes religiosos son, por decir lo menos, volver a tener los poderes estatales para quemar, flagelar, aprisionar, mutilar y asesinar a los ateos, a las prostitutas, a los locos, a los disidentes, a los filósofos y a los practicantes de religiones diferentes de las suyas.

Ismael Leandry-Vega

Todas las religiones son unos fraudes que han sido legalizados.

Ismael Leandry-Vega

«…se ha demostrado que muchos dirigentes e innovadores religiosos presentan síntomas psicóticos.»

James E. Dittes, Enciclopedia Internacional de las Ciencias Sociales

De entrada, es de rigor señalar que no creemos en las inexistentes cosa a las que tú y tus familiares les llaman profetas divinos, espíritus malignos, demonios, ángeles, reencarnaciones, hijos de Dios, diablos, vírgenes paridoras de muchachitos, vírgenes divinas, dioses omnipresentes, espíritus santos, fantasmas, muertos resucitados, paraísos divinos, infiernos, poderes sobrenaturales, velas mágicas, hechizos, milagros, monos sagrados, vacas sagradas, poderes esotéricos, poderes astrológicos, monstruos de siete cabezas que comen personas, entre otros personajes y lugares de la ciencia ficción religiosa. Todas esas cosas son: (1) inventos de la imaginación humana; y (2) embelecos religiosos.

Tampoco creemos en los cuentos de hadas que dicen que el clavado Jesús, el panzón Buda y el asesino Mahoma eran dizque profetas divinos. Mucho menos creemos en los cuentos de ciencia ficción que tiene la Biblia, el Corán, la Torá o cualquier libro sagrado.

También pensamos que todos los que crean en lo listado anteriormente son unas personas que ofenden su propia dignidad mental. Incluso, son unas personas que fomentan y adoran la aberración, la estupidez, la falacia y la intransigencia.

Por eso es que entendemos que existen tres cosas intolerables en la vida de todo ser racional: las religiones, los malditos dioses y los fraudulentos libros dizque sagrados de las religiones.

Dicho eso, nótese lo impactante que pueden ser los párrafos anteriores para muchas de las personas que han sido embrutecidas por las religiones, especialmente si creen en los cuentos de hadas del cristianismo, del islamismo, del budismo, del judaísmo y del hinduismo. Eso es un ataque a sus estúpidas creencias religiosas.

En ese contexto, sépase que así es el tono y el contenido de este libro. Libro éste que está lleno de fuentes de información de fácil acceso, a fin de sostener nuestras opiniones y puntos de vista. Incluso, el libro está lleno de ejemplos históricos, contemporáneos y demostrativos de que **las religiones lo que producen es estupidez en las mentes de la mayoría de sus practicantes.**

En definitiva, este libro es pura dinamita para los embrutecidos practicantes y líderes religiosos. Por ende, le advertimos: si usted es una de esas personas que han sido atontadas y embrutecidas por las religiones, hasta el nivel de que usted cree en las cosas inexistentes cosas que hemos mencionado anteriormente, no lea este valioso libro lleno de información y ejemplos ilustrativos que demuestran que **las fraudulentas religiones son armas de embrutecimiento masivo**.

Por otro lado, valga saber que la discusión se centra en las dos religiones principales de nuestra era, a saber: el islamismo y el cristianismo. Aunque, obviamente, se analizan algunos aspectos de la brujería, del hinduismo, del judaísmo y del budismo.

En definitiva, cuando usted abra este maravilloso e inigualable libro siempre tenga presente que **«la religión es una maldita farsa»**, como nos dijo una vez Catherine Fahringer.

Capítulo uno
La maldad de tus heréticos e inventados dioses

«Los hombres tienen autoridad sobre las mujeres, en virtud de la preferencia que Alá ha dado a los hombres sobre las mujeres... ¡Amonésten a aquéllas de quienes tengan temor que puedan rebelárseles, déjenlas solas en el lecho, y péguenles!»

Corán (4:34)

«Muéstrame lo que Muhammad trajo de nuevo, y encontrarás sólo cosas malvadas e inhumanas, tales como su orden de imponer la fe por la fuerza de la espada...y esto es irracional.»

Emperador Bizantino Manuel Paleólogo II

«Así ha dicho Jehová de los ejércitos...hiere a Amalec, destruye todo lo que tiene y no te apiades de él; mata hombres, mujeres y niños, aun los de pecho, y vacas, ovejas, camellos y asnos.»

1 Samuel 15: 2-3

«Las casadas estén sujetas a sus propios maridos, como al Señor; porque el marido es cabeza de la mujer...».

Efesios 5: 22-23

«Mas, si resultare ser verdad que no se halló virginidad en la joven, entonces la sacarán a la puerta de la casa de su padre, y la apedrearán los hombres de su ciudad, y morirá, por cuanto hizo vileza en Israel fornicando en casa de su padre; así quitarás el mal de en medio de ti.»

Deuteronomio 21:20-21

«Las mujeres no deben ser iluminadas ni educadas en forma alguna.»

San Agustín de Hipona

Para iniciar, nada resulta, a nuestro juicio, más oportuno y adecuado que recordar que: (1) los dioses y los profetas en los que tú y tus familiares creen son pura malignidad e imbecilidad, por decir lo menos; (2) las religiones en las que tú crees incitan y causan que se cometan actos discriminatorios, intolerantes, violentos, asesinos y de imbecilidad social; (3) todos los que crean en la existencia de los dioses, de los poderes sobrenaturales y de las divinidades son seres humanos parcialmente embrutecidos; (4) los dioses --Zeus, Alá, Yahvé, Dios, Jesucristo, entre otros-- no existen, son invenciones de la mente humana; (5) entre más personas en el mundo practiquen una religión --como el cristianismo, el hinduismo, el judaísmo y el islamismo-- más peligro corre la libertad, la libertad de ser diferentes, la tolerancia, el razonamiento, las ciencias, la filosofía racionalista y, más que nada, la libertad de expresión; (6) **todas las religiones son unos fraudes legalizados que están bendecidos por el Derecho**; (7) los libros dizque sagrados de las religiones --como el Corán, la Biblia y la Torá-- son las armas de destrucción masiva más poderosas en contra del razonamiento y de la libertad humana; (8) nada más efectivo para embrutecer a una persona que decirle que todo el contenido de los libros dizque sagrados de las religiones son verdades incuestionables; (9) la humanidad llegará a un elevado nivel de intelectualidad: (i) cuando la mayoría de las personas dejen de creer en dioses, en poderes sobrenaturales y en divinidades; y (ii) cuando las personas se consideren así mismas dueñas absolutas de sus cortas e insignificantes vidas; (10) los templos son refugios de seres depresivos, psicóticos, alucinantes, atolondrados, neuróticos y, más que nada, de personas que tienen elevados sentidos de culpabilidad y graves lesiones cerebrales; (11) las religiones transforman a muchas personas en seres depresivos, alucinantes, atolondrados, neuróticos y, más que nada, en personas con elevados sentidos de culpabilidad.

I. El herético Alá-Mahoma en el mundo de los mahometanos

Discutido lo anterior, procedamos, pues, a describir algunos de los dioses y de los profetas en los que la sociedad mundial cree y ha creído. De entrada, es oportuno recordar que el dios Alá y el profeta Mahoma de la religión de los islamitas son, por decir lo menos, la representación de la pura malignidad. Como muestra de lo que hemos dicho, llama la atención la forma tan machista, discriminatoria y malvada que el dios Alá y su profeta preferido (Mahoma) han ordenado tratar a las mujeres.

A esos efectos, valga recordar que estos dos siniestros personajes (Mahoma es real, pero Alá es una cosa que existía en el folclore islámico y que fue perfeccionada por la desquiciada imaginación de

Mahoma) entienden que los hombres son mejores que las mujeres, ya que: (1) los hombres son más inteligentes que las mujeres; (2) la sangre de los varones es de más valor que la de las mujeres.

Otra muestra de que Alá-Mahoma entendía que las mujeres son de poco valor es que él ha dicho que las utilizará como objetos sexuales allá en el paraíso mahometano. Particularmente, ha hecho saber que recompensará a sus seguidores varones con un paraíso que tiene, entre otras cosas: (1) mujeres jóvenes y vírgenes; (2) damas afectuosas; (3) mujeres con senos túrgidos o de copa desbordante.

Además, no podemos pasar por alto que a la cosa esa llamada Alá (pero particularmente al asesino Mahoma, pues además de que se inventó el Corán fue el que colocó a Alá (uno de los tantos dioses que había en el folclore pre-islámico) en una posición de supremacía, hasta el extremo de que eliminó los otros dioses pre-islámicos que existían y se inventó el cuento de que él escribió el Corán debido a que Alá, a través del arcángel Gabriel, le dictó su contenido) le fascina que se utilice violencia física y psicológica en contra de las mujeres.

Particularmente en contra de aquéllas que desobedezcan a sus esposos, a cualquier hombre y, sobre todo, las heréticas enseñanzas del Islam y del Corán. En ese sentido, véase la aberración que Mahoma (con el pretexto de que se lo dijo la inexistente cosa esa llamada Alá a través del inexistente arcángel Gabriel) escribió en este violento pasaje del **Corán (4:34)**:[i]

> Los hombres tienen autoridad sobre las mujeres, en virtud de la preferencia que Alá ha dado a los hombres sobre las mujeres y de los bienes que gastan. Las mujeres virtuosas son devotas y cuidan, en ausencia de sus maridos, de lo que Alá manda que cuiden. **¡Amonesten a aquéllas de quienes tengan temor que puedan rebelárseles, déjenlas solas en el lecho, y péguenles!** Si les obedecen, no se metan más con ellas.

En consonancia con lo anterior, ha de saberse que el paraíso que ha creado el dios Alá para sus fieles islamitas (paraíso que fue editado por la atolondrada imaginación del asesino Mahoma) es uno en donde no se tolera la pobreza y, además, en donde billones de mujeres serán tratadas como objetos sexuales y como meras esclavas. Y ello, por razón de que el embrutecedor Corán explica que las esclavizadas mujeres les servirán a los premiados hombres en lustrosas vajillas de oro todo lo que ellos deseen en ese inexistente paraíso.

De igual forma, valga saber que en ese discriminatorio paraíso mahometano se rinde un gran culto al alcohol, hasta el extremo de que los premiados con la inexistente vida eterna tendrán 24/7 varios arroyos de vinos para que se puedan deleitar y achispar eternamente. Y sobre esto de los arroyos de vino que serán delicia para los borrachines, el **Corán (47:15)** nos dice claramente que en el inexistente paraíso mahometano habrá, entre otras cosas, «arroyos de agua incorruptible, arroyos de leche de gusto inalterable, <u>arroyos de vino, delicia de los bebedores</u>, arroyos de depurada miel.»

Debe destacarse, además, que el asesino Mahoma (que fue el inventor del embrutecedor Corán) escribió en varios pasajes del Corán que las mujeres no pueden vestirse como a ellas les gustaría o a su soberana voluntad. Por razón de que Mahoma se inventó el cuento ese de que Alá le dijo que escribiera en el Corán que las mujeres están sometidas al dominio de los hombres, y que se tienen que vestir de la manera que le gusta a la inexistente cosa esa llamada Alá, particularmente sin escotes, sin ropajes pegados, sin ropajes cortos y sobre todo con sus discriminatorias **«hijab»** sobre sus cabezas.

A este efecto, ha de entenderse por «hijab» los velos que usan las sometidas mujeres mahometanas sobre sus cabezas y cuellos. Sobre esto de los velos sobre los cuerpos y/o las cabezas de las damas, véase la sandez que Mahoma se inventó y escribió en estos dos discriminatorios pasajes del Corán: «Y di a las creyentes que bajen la vista con recato, que sean castas y no muestren más adorno que los que están a la vista, **que cubran su escote con el velo** y no exhiban sus adornos...» (Énfasis nuestro; Corán, 24:31-32); «**Di a tus esposas, a tus hijas y a las mujeres de los creyentes que se cubran con el manto.**»(Énfasis nuestro; Corán, 33:59).

Abundando más sobre los discriminatorios velos islamitas, es de recordar que en el abusivo mundo mahometano todas las damas «tienen que usarlo, ya que así lo pide la religión. Se tiene que empezar a usar cuando una muchacha ya es señorita y, desde entonces, para siempre, excepto frente a su padre, hermanos, suegro, hijos y, por supuesto, su esposo.»[ii]

A eso hay que unirle el hecho de que la imposición de los velos a las mujeres se ha modernizado tanto en estos tiempos en los cuales nos ha tocado vivir que, además de que muchas de ellas tienen que usar una ridícula **burka** color azul o negra que cubra sus cuerpos (hasta el área de la cara) --como en Afganistán-- muchas otras tienen que usar una especie de velo y traje de baño especial para poder nadar en las playas y en las piscinas públicas.

Esta indumentaria especial se conoce en el mundo islámico como el «**burkini**»; el cual consiste, en apretada síntesis, en un traje de baño de poliéster que se parece a los trajes «de neopreno que usan los buceadores, pero además incluye una túnica de hechura suelta y una capucha que cubre el cuello y que se refuerza con una especie de gorrito de baño. Los fabricantes aseguran que la capucha sirve como 'hijab' (el pañuelo con que las musulmanas ocultan su pelo)... ».[iii]

A propósito de esto, resulta lastimosamente obvio que los pasajes antes mencionados son unos de los tantos que hay en el maco Corán, en donde se les instruye a los hombres islamitas a tratar a las mujeres despectiva y abusivamente, particularmente, como objetos sexuales y como esclavas. De hecho, esos pasajes han permitido que billones de mujeres a través de la historia del peligroso islamismo hayan sido (y todavía sean) víctimas de: (1)

agresiones físicas; (2) maltratos conyugales; (3) discrímenes por razón de sexo; (4) restricciones a la libertad; (5) agresiones sexuales; (6) maltrato de menores; (7) hostigamiento sexual; (8) mutilaciones corporales.

Sobre esto de mutilaciones corporales, valga recordar que en muchos países islámicos todavía se les permite a los hombres escribir sobre los cuerpos de las mujeres (sin su consentimiento) --con tintas e instrumentos utilizados para realizar tatuajes permanentes-- mensajes islámicos basados en las discriminantes y embrutecedoras máximas del maco Corán que dicen, por decir lo menos, que los hombres pueden abusar física y psicológicamente de las mujeres.[iv]

Por otra parte, es de saber que el guarro y maco Alá (que fue una perfección de la enfermiza mente de Mahoma) es un dios bastante cruel con los seguidores de otras religiones, pues este salvaje y estulto dios le ha ordenado a sus macheteros seguidores que persigan, capturen y maten a todas aquellas personas que practiquen y crean en otras religiones que no sea el adocenado Islam.

Ahora bien, este dios ha establecido una gran excepción para que los estúpidos que practiquen el fundamentalismo islámico no maten a los ateos y a los practicantes de otras religiones. A saber, le ha dicho que, una vez le coloquen las espadas, los cuchillos, las pistolas o los rifles AK-47 sobre sus cabezas, le pregunten amorosamente si desean abandonar sus creencias y adoptar el violento Islam; y si lo hacen, deben ser dejados en paz. Pero, si no lo hacen, deben ser torturados y asesinados en nombre de Alá. En este sentido, véase en detalle lo escrito en este violento pasaje del **Corán** (**Sura 9:5**): «Cuando hayan transcurrido los meses sagrados, matad a los asociadores dondequiera que les encontréis. ¡Capturadles! ¡Sitiadles! ¡Tendedles emboscadas por todas partes! Pero, si se arrepienten, hacen la azalá y dan el azaque, entonces ¡dejadles en paz! Alá es indulgente, misericordioso.»

No hay que ser muy inteligente para darse uno cuenta de que éste es uno de los pasajes más peligrosos del Corán. Tanto así, que la historia nos demuestra con una claridad terrible cómo millones de seres humanos (ateos, judíos, cristianos e hindúes) han sido difamados, agredidos, arrestados, encarcelados y asesinados, debido a que no abandonaron sus creencias cuando fueron amenazados por los islamitas que siguen al pie de la letra este embrutecedor pasaje. Incluso, es de conocimiento mundial que todavía en estos tiempos cientos de miles de personas son discriminadas, difamadas, agredidas, arrestadas, encarceladas y asesinadas anualmente debido a este embrutecedor pasaje del Corán y a otros muy parecidos.

Un ejemplo muy ilustrativo de lo anterior es el siguiente: en Irak, luego de la abusiva invasión de los EE. UU. en 2003 para arrebatarles sus campos petroleros, los mahometanos desataron unas graves persecuciones en contra de los cristianos en las que: (1) se difaman, amenazan, golpean y asesinan a los cristianos; (2) se destruyen las casas y los negocios de los cristianos; (3) se secuestran, golpean, mutilan y asesinan a sangre fría a los clérigos del cristianismo.

Sobre este punto número tres, valga saber que en 2008 los mahometanos secuestraron y asesinaron (en el nombre de Mahoma, del Corán y de la inventada cosa esa llamada Alá) al pacifista **Boulos Faray Raho, Arzobispo de Mosul**, lo que ocasionó que la comunidad cristiana internacional condenara el asesinato y que el papa Benedicto XVI manifestara en Roma que «estaba profundamente conmovido y triste por la muerte de Faray Raho.»[v]

Conforme con lo anterior, interesa conocer que el maco y estulto Mahoma (bajo la creencia de que Alá se lo dijo) también le ha ordenado a sus atolondrados seguidores que deben hacer todo lo posible para evitar que los ateos y los practicantes de otras religiones se puedan aproximar a la mezquita dizque sagrada. Lo que significa que los ateos, los cristianos, los hindúes y los budistas no pueden tomarle una fotografía de cerca a la mezquita y, mucho menos, participar en excursiones turísticas hacia ese lugar. Al respecto, véase en detalle lo escrito en este violento pasaje del **Corán (Sura N° 9:28-30)**:

> ¡Creyentes! Los asociadores son mera impureza. ¡Que no se acerquen, pues, a la Mezquita Sagrada...¡Combatid contra quienes, habiendo recibido la Escritura, no creen en Alá ni en el último Día, ni prohíben lo que Alá y Su Enviado han prohibido, ni practican la religión verdadera, hasta que, humillados, paguen el tributo directamente! Los judíos dicen: 'Uzayr es el hijo de Alá'. Y los cristianos dicen: 'El Ungido es el hijo de Alá'. Eso es lo que dicen de palabra. Remedan lo que ya antes habían dicho los infieles. ¡Que Alá les maldiga! ¡Cómo pueden ser tan desviados!

Debe, además, tenerse en cuenta que el maco y estulto Mahoma (bajo la atolondrada creencia de que Alá se lo dijo) también le ha ordenado a sus desviados seguidores que no permitan que se hagan imágenes o dibujos de él ni mucho menos de su violento e inexistente dios llamado Alá, y que aquél que ose en hacerlo deberá ser difamado, agredido, perseguido, arrestado, sentenciado o asesinado, al igual que toda su familia. Por eso es que en muchos países islamitas las normativas jurídicas establecen que publicar y/o dibujar alguna imagen de Mahoma o de Alá es un delito grave, con una pena que puede ser de entre varios años de cárcel hasta la de muerte.[vi]

Otra cuestión que no puede pasarse por alto es que el inventado infierno mahometano deja ver lo malvado que es el inventado dios del Islam llamado Alá, pues dicho dios (que es un invento de los fundadores del Islam) creó un infierno que es, por decir lo menos, una verdadera casa de torturas. Así, en ese infierno que está lleno de fuego y en donde las paredes son de fuego, a los pecadores: (1) se les obliga a tomar sangre con pus y agua extremadamente caliente, a los fines de quemar cada uno de los órganos contenidos en las principales cavidades de sus cuerpos; (2) se les quema su piel, y una vez quemada, se les hace crecer nuevamente por arte de magia, a los fines de que vuelvan a sufrir las quemaduras; (3) «reciben baños periódicos de agua tan caliente como cobre fundido, y llevan ropa de fuego, y son azotados con barras de hierro.»[vii]

Véase este recorte de periódico que muestra una viñeta de Mahoma

Debemos saber que el indulgente y misericordioso Alá (colocado en una posición de supremacía por el asesino Mahoma) es un dios bastante desviado y cruel con sus fanáticos religiosos, especialmente, si cometen algunas transgresiones penales, ya que algunas de las penas que ha establecido para sus seguidores en el Corán y en la Ley Islámica no se ajustan al delito cometido, y lo que es peor, muchas de ellas son crasos abusos inhumanos y degradantes. Tanto así que manda a que: (1) se le aplique la pena de muerte a los malhechores que cometan ciertos delitos contra la propiedad; (2) se le proporcionen varios latigazos públicos a las personas que violenten otras normas jurídicas.

Así, por ejemplo, en algunos países islámicos (como Arabia Saudita) el derecho permite que se encarcele y se le den varios latigazos públicos a los varones que piropeen a las mujeres en algún lugar público. Incluso, en algunos de estos países, el cortabolsas que sea prendido y sentenciado por primera vez por el sistema judicial – quizás para consternación de unos cuantos– pierde «la mano derecha y el pie izquierdo; la segunda, la cárcel y la mutilación o la horca son penas que amenazan a los bandidos; todo adúltero ha de ser apedreado...y la infracción de beber vino tiene por castigo, o siquiera se castigaba antes, con 40 latigazos.»[viii]

Véase esta viñeta del asesino y mequetrefe Mahoma (*Mahomet*) publicada en la revista francesa Charlie Hebdo

Valga saber también que la inexistente cosa esa llamada Alá se ha modernizado tanto en estos tiempos que le ha ordenado a los embrutecidos líderes religiosos de algunos países mahometanos (claro está, eso dicen los atolondrados líderes y clérigos islamitas que hacen las embrutecedoras interpretaciones de los libros religiosos del Islam) que les prohíban a las damas a través del abusivo y discriminatorio derecho islámico: (1) conducir motoras y vehículos de motor; y (2) viajar como pasajeras en algún automóvil sin la compañía de un **mahram**, esto es, algún pariente consanguíneo del sexo masculino. Y todo eso, so pena de recibir varios latigazos públicos.[ix]

Por último, no podemos olvidar que la inexistente cosa esa llamada Alá y el discriminatorio y asesino Mahoma son dos imbéciles de primer orden, pues, además de que han establecido en los libros sagrados del Islam que la masa populachera debe linchar a toda aquella persona que escriba o diga algo despectivo en contra de ellos, del Corán o del islamismo, también han ordenado que los sistemas de justicia deben establecer en sus códigos penales delitos que castiguen a toda aquella persona que haga lo anterior. Tan idiotas y peligrosas han sido esas órdenes que muchos sistemas de justicia criminal en el Medio Oriente castigan con cárcel, latigazos públicos o con la pena de muerte a las personas convictas por esos delitos.

Un caso ejemplificante fue uno ocurrido en Afganistán. Allí, **un periodista** fue arrestado y sentenciado a la pena de muerte por el sistema islámico de justicia criminal porque valientemente se atrevió a publicar un artículo que criticaba las atrocidades humanas que se ejecutan en el nombre del discriminatorio, violento e insulso mahometanismo. Otro caso ejemplificante fue el asesinato del valiente cineasta **Theo Van Gogh** en Ámsterdam por un atolondrado islamita, por el simple hecho de haber criticado duramente las atrocidades que se cometen en el nombre del embrutecedor Islam, y por haber hecho una película que plasmaba las formas tan despectivas en las que los hombres islamitas tratan a las mujeres en los países mahometanos.[x]

II. Los heréticos espíritus de los hechiceros y de los santeros

En otras latitudes, debe saberse también que la religión y los aspectos espirituales afectan tanto el pensamiento de las personas, que es común observar cómo esas dos cuestiones les impiden a millones de personas (independientemente de su condición socioeconómica) actuar y razonar adecuadamente en sus interacciones diarias. Al respecto, recuérdese que en nuestro violento e insignificante planeta es común observar a millones de personas encendiendo velas dizque mágicas, haciendo pócimas dizque milagrosas, realizando actos de brujería, realizando trabajos de santería, realizando dizque hechizos maléficos, acudiendo a espiritistas, acudiendo a santeros o acudiendo a psíquicos, en aras de que se cumplan sus más oscuros y subjetivos deseos.

Incluso, también es común observar cómo muchísimas personas, temerosas «de que el caos en su vida sea producto de algún maleficio, acuden a ciertas personas que aseguran tener el poder para 'liberarlos' de tal.»[xi] Lo que es más, también es común observar a millones de personas acudiendo a las personas antes indicadas para, entre otras cosas: (1) ganarse el premio de la lotería; (2) que sus políticos favoritos ganen las elecciones; (3) conseguir un empleo bien remunerado; (4) conseguir el amor de su vida; (5) sanarse de alguna enfermedad mortal; (6) matar a sus enemigos.

Sobre este último punto, nótese que, a través de algunas de las prácticas religiosas de la santería y de la hechicería, se puede observar cómo muchas personas piensan en pleno siglo XXI que algunos de los dioses o de los espíritus inventados son seres malignos que pueden ser dizque convocados para que le causen algún mal a alguna persona en particular. Así, por ejemplo, y bajo esas ridículas creencias, algunos practicantes de la santería osan dejarle a esa persona odiada cerca de su residencia, auto o lugar de empleo algún hechizo de santería, mejor conocidos como fufú.

A esos fines, es común que se les coloquen a esos destinatarios del fufú alguna bandeja que contiene en su superficie: (1) una foto suya; (2) una cabeza cruda de un lechón con los ojos perforados con alfileres; (3) mensajes que pueden decir que los espíritus se encargarán de ellos o que los vendrán a buscar por la noche y se los llevarán al valle de las sombras, etc. Además, es común observar trabajos de santería en que el afectado mental (el practicante de la santería que cree en los hechizos) le coloca a su enemigo en los lugares arriba mencionados y sobre una bandeja de plata: (1) un velón; (2) una gallina mutilada; (3) varias fichas de dominó; (4) dos botellas de agua; (5) varios mensajes de odio; y (6) oraciones a los inexistentes espíritus malignos para que le afecten su vida negativamente.

Habida cuenta de lo anterior, es importante hacer una aclaración. Muchas personas creen que los practicantes de la santería y la hechicería son un grupo muy reducido, y que las personas catalogadas como decentes –como los practicantes de otras religiones– odian este tipo de práctica, por lo que no solicitan los servicios de estos charlatanes llamados santeros, astrólogas, hechiceras, adivinadoras y lectoras del Tarot.

Sin embargo, sépase que esa creencia está muy lejos de la verdad, pues, por increíble que parezca, los fraudulentos consultorios de las lectoras del Tarot, de las adivinadoras, de los santeros, de las astrólogas y de las hechiceras son constantemente visitados por empresarias, abogadas, policías, militares, políticos, estudiantes universitarios, ricachos, profesionales y hasta por «distinguidos ciudadanos que son feligreses de iglesias que condenan estas prácticas. Al igual, consultan a los adivinos otros que dicen no creer ni en la luz eléctrica pero también van por entretenimiento ¿o por si acaso... ?»[xii]

De hecho, algo que no deja de sorprender en estos tiempos es que podemos ver a personas con gran preparación académica y/o con considerable poder adquisitivo invirtiendo su valioso tiempo y dinero en hacer, hacerse o deshacerse de algún inexistente brujo, hechizo o maleficio. Pero, más grima nos da cuando vemos a estas personas destrozando u ordenando destrozar bienes inmuebles o muebles, bajo la creencia de que esas acciones las liberarán de algún maleficio sobre su persona o propiedad. Así, es común observar personas ricas y/o muy preparadas rompiendo vehículos de motor, casas, ropajes, pinturas, dibujos, esculturas y hasta pisos de cemento. Incluso, ha habido casos en que han ordenado detener una construcción, a fin de buscar el maleficio y erradicarlo.

Así sucedió, por ejemplo, en 2008, cuando los millonarios administradores del equipo de béisbol de los **Yanquis de Nueva York** les ordenaron a los arquitectos que estaban construyendo el nuevo estadio detener la construcción, en interés de que por cinco horas rompieran un piso de cemento y sacaran de allí una camiseta dizque maldita. Y todo ello porque los millonarios administradores del equipo pensaban que si dejaban esa camiseta dizque hechizada que se había colocado en ese lugar su equipo iba dizque a perder muchísimos partidos.[xiii]

Cónsono con lo anterior, es significativo conocer que a través de la historia miles de agentes del orden público han consultado santeros, adivinadores o lectoras del Tarot en busca de poder esclarecer sus investigaciones criminales. Además, no podemos olvidar esos casos históricos que nos demuestran que algunos ejércitos y agencias de espionaje también consultaban santeros, adivinadores o lectoras del Tarot, a los fines de saber los movimientos militares del enemigo.

Quizás un ejemplo de esto fue lo que ocurrió en el Reino Unido y en Alemania durante la Segunda Guerra Mundial. En lo que toca al Reino Unido, valga saber que sus sistemas de espionaje contrataron los servicios del fraudulento Ludwig von Wohl, un charlatán astrólogo que decía que podía descifrar los movimientos militares del asesino Adolf Hitler a través de técnicas de adivinación, santería y lecturas del Tarot. En lo tocante a Alemania, sépase que el católico **Adolf Hitler** usaba los servicios de un charlatán astrólogo y lector del Tarot llamado Karl Ernest Krafft para realizar algunos de sus movimientos militares.[xiv]

Conviene recordar aquí que muchos de estos santeros, hechiceros, curanderos y seguidores de estas desquiciadas prácticas religiosas tienen sus pensamientos tan idiotizados, que creen que los inventados espíritus les han ordenado que les recomienden a los enfermos y a los buscadores de suerte saquear los sepulcros de los muertos que se estén pudriendo, con el propósito de que les corten algunas partes a esos putrefactos cuerpos y las utilicen como amuletos. Y todo ello, por razón de que creen que esas putrefactas partes: (1) les traerán suerte; (2) les ayudarán a curarse de enfermedades.

Ahora bien, en ocasiones, esto llega a tal grado de embrutecimiento mental que, en algunos países (como Sudáfrica) estos santeros, hechiceros y curanderos se han atrevido a recomendarles a los enfermos de SIDA que forniquen con niñitas vírgenes, pues según les han dicho sus inventados espíritus divinos, esos actos les ayudarán a curarse por completo. No hay que ser muy inteligente para saber que esto «ha contribuido a la expansión de la enfermedad y ha llevado al incremento de los casos de abuso infantil y violaciones de las que han sido víctimas incluso bebés.»[xv]

III. El herético dios de los judíos y de los cristianos: adorador del discrimen, de la intolerancia, de la muerte y de la tortura

Por otra parte, debe saberse también que, según la mayoría de los judíos y de los cristianos, su inventado e inexistente dios es dizque una divinidad amorosa, piadosa, equitativa, justiciera y, sobre todo, misericordiosa con los pecadores. Sin embargo, somos de opinión de que ese argumento es totalmente insostenible. La evidencia demuestra, quizás para consternación de muchos, todo lo contrario, ya que su Todopoderoso es un dios cruel, machista, vengador, discriminador, maltratante de mujeres y niños, amante de la tortura y amante de la pena de muerte.

Al respecto, comencemos viendo la Biblia de los cristianos, particularmente a **1 Samuel 15: 2-3**. En dicho pasaje se ha escrito la siguiente frase amorosa: «Así ha dicho Jehová de los ejércitos: Yo castigaré lo que Amalec hizo a Israel, cortándole el camino cuando subía de Egipto. <u>Ve, pues, hiere a Amalec, destruye todo lo que tiene y no te apiades de él; mata hombres, mujeres y niños, aun los de pecho, y vacas, ovejas, camellos y asnos.</u>» (Subrayado nuestro).

De igual forma, debe conocerse también que los cuentos de hadas bíblicos enseñan que la cosa esa a la que los judíos y los cristianos le dicen Dios o Yahvé es un vil adorador del discrimen por razón de sexo. Por razón de que los embustes bíblicos demuestran que la cosa esa le otorga más valor a los hombres que a las mujeres. Lo que es más, ese dios también discrimina por razón de edad, o sea, para la cosa esa llamada Dios, los varones corpulentos y jóvenes tienen más valor monetario que los viejos y las viejas decrépitas.

Todo lo que acabamos de exponer lo apoyaremos con las palabras que se escribieron en la Biblia, particularmente en **Levítico 27: 1-7**. Ahí se escribió lo siguiente:

> Y habló Jehová a Moisés, diciendo: Habla a los hijos de Israel y diles: Cuando alguno haga especial voto a Jehová, consagrándole alguna persona a la que haya de redimir, lo estimarás así: Si es varón de veinte años hasta sesenta, lo estimarás en cincuenta siclos de plata, según el ciclo del santuario. Y si es mujer, la estimarás en treinta siclos. Y si es de cinco años hasta veinte, al varón lo estimarás en veinte siclos, y a la mujer en diez siclos. Y si es de un mes hasta cinco años, entonces estimarás al varón en cinco siclos de plata, y a la mujer en tres siclos de plata. Mas, si es de sesenta años o más, al varón lo estimarás en quince siclos, y a la mujer en diez siclos.

Además de lo anterior, es de sumo interés observar que la cosa esa a la que los judíos y los cristianos le llaman Dios es un desquiciado que desprecia tanto a las mujeres que llegó a aprobar: (1) que se tomaran las esposas de los enemigos; (2) que se maltrataran físicamente a esas damas; y (3) que se agredieran sexualmente, siempre y cuando los soldados que participaran en alguna guerra así lo quisieran. Lo que a todas luces demuestra que dicho dios es un vil machista, violador y maltratante.

Todo lo que acabamos de explicar lo sustentaremos con las palabras que se escribieron en la Biblia, particularmente en **Deuteronomio 21:10-13**. Ahí se escribió lo siguiente:

> Cuando salieres a la guerra contra tus enemigos, y Jehová tu Dios los entregare en tu mano, y tomares de

ellos cautivos, y vieres entre los cautivos a alguna mujer hermosa, y la codiciares, y la tomares para ti por mujer, la meterás en tu casa; y ella rapará su cabeza, y cortará sus uñas, y se quitará el vestido de su cautiverio, y se quedará en tu casa; y llorará a su padre y a su madre un mes entero; y después podrás llegarte a ella, y tú serás su marido, y ella será tu mujer.

Debe tenerse presente, además, que el dios de los judíos y de los cristianos es tan cruel y abusivo con las mujeres que, además de otorgarle más valor e importancia a las mujeres vírgenes, también apoya que se les aplique la pena de muerte (por lapidación pública) a las mujeres que no sean vírgenes cuando tengan su luna de miel con su primer esposo. Todo lo que acabamos exponer lo apoyaremos con las palabras que se escribieron en la Biblia y en la Torá, pues en dichos lugares se escribió lo siguiente:

> Mas si resultare ser verdad que no se halló virginidad en la joven, entonces la sacarán a la puerta de la casa de su padre, y la apedrearán los hombres de su ciudad, y morirá, por cuanto hizo vileza en Israel fornicando en casa de su padre; así quitarás el mal de en medio de ti. (Énfasis nuestro; Deuteronomio 22:20-21).

Además, debemos recalcar que la cosa esa a la que los cristianos le llaman Dios fomenta el sometimiento de las mujeres a la autoridad de los hombres durante el matrimonio. Es decir, a este desquiciado dios le gusta que la sociedad sea patriarcal y una en donde las mujeres casadas sean unos meros objetos serviles para los hombres. En ese sentido, véase la sección llamada Romanos en la Biblia de los cristianos, pues la misma indica tajantemente lo siguiente: «**Porque la mujer casada está sujeta por la ley al marido mientras éste vive: pero, si el marido muere, ella queda libre de la ley del marido**» (Énfasis nuestro; Romanos 7: 2).

Además, véase la sección llamada Efesios, pues la misma indica lo siguiente: «Las casadas estén sujetas a sus propios maridos, como al Señor; porque **el marido es cabeza de la mujer**, así como Cristo es cabeza de la iglesia, la cual es su cuerpo, y él es su Salvador.» (Énfasis nuestro; Efesios 5: 22-23). Además, recuérdese que este violento dios le dijo a las mujeres (según escrito en el Génesis 2: 18-22) que ansiarían a sus maridos y sobre todo, que éstos les dominarían para siempre y por siempre.

Otro ejemplo en donde podemos ver cómo la cosa esa llamada Dios o Yahvé (que es una invención imaginaria de los cristianos y de los judíos) adora tratar a las mujeres como si fuesen pura basura nos proviene del cuento de hadas llamado Deuteronomio. Allí, claramente, se puede ver que los amorosos religiosos podían agredir sexualmente a las jovencitas solteras y vírgenes sin ningún tipo de sanción penal, siempre y cuando, luego de las violaciones:

(1) les pagaran un dinerito a los padres de las violadas;

(2) se casaran con las violadas; y

(3) nunca despreciaran a las violadas.

Veamos, con más detalle, lo que venimos explicando: «**Si un hombre encuentra a una joven virgen** que no está comprometida, **la toma por la fuerza y se acuesta con ella**, y son sorprendidos, **el hombre que se acostó con ella deberá pagar al padre de la joven cincuenta siclos de plata y ella será su mujer**. Nunca podrá repudiarla, porque él la violó». (Énfasis nuestro; Deuteronomio 22: 28-29).

Cabe resaltar también sobre esto del discrimen del dios de los judíos y de los cristianos hacia las mujeres, que esa cosa ha sido tan cruel con ellas que ha osado castigarlas por haber comido del árbol de la sabiduría, específicamente con dolores extremos durante sus partos. Dicho de otra forma, la cosa esa a la que los judíos y los cristianos le dicen Dios ha sido la culpable (claro está, según el libro de cuentos de hadas llamado Génesis) de que las mujeres tengan que sufrir tanto a la hora de dar a luz a sus pequeñines.

Al respecto, léase lo que la herética cosa esa llamada Dios ha ordenado escribir (aquí estamos siguiendo la corriente de los religiosos, ya que sabemos que eso de que Yahvé escribió la Biblia a través de eruditos humanos es una falsedad) en su cuento sagrado del Génesis: «**El Señor dijo a la mujer**: ¿Qué has hecho? Ella respondió: la serpiente me engañó y comí. El señor dijo: **Mucho te haré sufrir en tu preñez, parirás hijos con dolor**...». (Énfasis nuestro; Génesis 2: 18-22).

Otra cuestión que hay que tener en cuenta es que los inventores y editores de la cosa esa llamada Dios o Yahvé se inventaron un dios que aborrece el adulterio con todas sus fuerzas. Tanto así que escribieron que la cosa esa había ordenado aplicarle la pena de muerte a los adúlteros y a las niñas vírgenes que traicionaran a sus noviecitos, especialmente a través de la atroz lapidación.

Al respecto, véase este peligroso pasaje en Deuteronomio: «**Si se sorprende a un hombre acostado con una mujer casada, morirán los dos**: el hombre que estaba acostado con la mujer, y también ella. Así harás desaparecer el mal de entre ustedes. **Si una joven virgen está comprometida con un hombre, y otro la encuentra en la ciudad y se acuesta con ella, se hará salir a los dos a la puerta de esa ciudad y los matarán a pedradas**...Así harás desaparecer el mal de entre ustedes.» (Énfasis nuestro; Deuteronomio 22: 22-24).

Por otro lado, resulta importante destacar también que a la cosa esa llamada Dios por los cristianos y por los judíos le fascina: (1) que se maltrate a los menores de edad; y (2) que se asesinen niños en masa. Y ello, por razón de que, según uno de los cuentos que aparece en los embrutecedores libros sagrados de los cristianos y de los judíos, el dios ese tuvo la osadía de asesinar a montones de niñitos egipcios por puro placer. Sobre esto que estamos discutiendo, valga saber que en Éxodo 12: 29 se escribió lo siguiente:

> Y aconteció que á la medianoche **Jehová hirió a todo primogénito en la tierra de Egipto**, desde el primogénito de Faraón que se sentaba sobre su trono, hasta el primogénito del cautivo que estaba en la cárcel, y todo primogénito de los animales. (Énfasis nuestro).

Como nota adicional, valga saber que la inexistente cosa esa a la que los judíos y los cristianos le dicen Dios fue tan abusiva en un momento dado con los muchachitos, que no le gustaban los muchachitos inquietos, borrachos, indisciplinados y, sobre todo, los que eran rebeldes con las normativas establecidas por sus progenitores. De hecho, su odio era tal que llegó a ordenarles a sus seguidores que mataran a pedradas a todos aquellos muchachitos que fuesen rebeldes e indisciplinados. Nótese, en ese sentido, lo que se escribió en **Deuteronomio 21(18-21)**:

> Si un hombre tiene un hijo indócil y rebelde, que desobedece a su padre y a su madre, y no les hace caso cuando ellos lo reprenden, su padre y su madre lo presentarán ante los ancianos del lugar, en la puerta de la ciudad, y dirán a los ancianos: 'Este hijo nuestro es indócil y rebelde; no quiere obedecernos, y es un libertino y un borracho'. Entonces, todos los habitantes de su ciudad lo matarán a pedradas. Así harás desaparecer el mal de entre ustedes, y todo Israel, cuando se entere, sentirá temor.

Nótese la gran crueldad con la que los embusteros inventores de los pasajes antes indicados han creado a la cosa esa llamada Dios o Yahvé. Se han inventado un dios que es tan estulto y abellacado que ordenó asesinar por puro placer: (1) a niños indefensos; y (2) a adolescentes. Ahora bien, es de advertir que éste no es el único ejemplo en donde se puede ver la crueldad de la cosa esa llamada Dios.

Otro claro ejemplo nos proviene de una doctrina de la mendaz Iglesia católica inventada en el siglo V por **San Agustín de Hipona**, en la que se estableció que la cosa esa llamada Dios le había dicho a Agustín que todos aquellos niñitos que murieran sin ser bautizados por la sanguinaria Iglesia católica: (1) no podían entrar al inexistente paraíso; y (2) serían enviados directamente al inexistente infierno para que allí, el inexistente monstruo come gente de siete cabezas se los comiera una y otra vez durante toda su inocente eternidad.

Pero eso no es todo, la crueldad de dicha creencia siguió modificándose a través de los años para, por lo menos, hacerla menos cruel. Así, en el siglo XII, este ridículo cuento de Agustín de Hipona fue extremadamente modificado. A los fines de que dicho cuento dijera que los niños que morían sin ser bautizados por la corrupta e inmunda Iglesia católica, aunque no podían entrar directamente al inventado paraíso, serían enviados al **limbo**. Lo que es, en apretada síntesis, un inventado e inexistente lugar en donde las dizque almas de los niñitos «no bautizados y de otros libres de pecados personales, disfrutaban de una felicidad natural, aunque se les negaba la beatitud sobrenatural del cielo. El nombre de limbo proviene de la antigua creencia que aseguraba que el lugar estaba situado al borde del infierno.»[xvi]

Nótese de lo antes dicho la gran preocupación que les han causado desde el siglo V estas ridículas creencias a los católicos que fueran padres de un(a) niñito(a) muerto(a) y no bautizado(a) por la embrutecedora Iglesia católica. El simple hecho de pensar que su niñito(a) tendría que pasar su inocente vida quemándose en un lago de fuego que no existe (según la teoría de Agustín), o que no es merecedor del inventado paraíso y que sería enviado(a) a un solitario y caliente lugar al borde del infierno llamado **limbo**, era una cuestión bastante dolorosa y preocupante para los padres que fueron embrutecidos por estas heréticas creencias de la corrupta e inmunda Iglesia católica.

Además de lo anterior, y aunque resulte perturbador, no debemos olvidar jamás, sobre el maléfico dios de los judíos y de los cristianos, que los inventores de la cosa esa crearon primero que Mahoma las guerrillas espirituales. Es decir, antes de que Mahoma escribiera en el Corán que Alá le había dicho que era necesario tener un *Yihad* para masacrar a cientos de miles de personas por asuntos puramente religiosos, ya los creadores de Dios o Yahvé se habían inventado un *Yihad* bajo el pretexto de que su inventado dios le había dicho que escribieran eso en el libro dizque sagrado.

De hecho, valga saber que en el pasado (aunque todavía se escucha en algunos lugares) era común escuchar a los embrutecidos religiosos diciendo mientras le clavaban una espada a una persona no seguidora de su religión, que lo estaban clavando porque su amoroso libro dizque sagrado dice en I de Samuel 17 (47) que «**Yahveh es el señor de la guerra.**» (Énfasis nuestro).

Es de tomar en cuenta, además, que el herético dios que los judíos y los cristianos se han inventado en su torcida imaginación fue creado de manera tan desquiciada que le ha ordenado a sus embrutecidos fanáticos religiosos que persigan, arresten, torturen, encarcelen y maten a toda aquella persona que se entienda que es un brujo o un hechicero. Nótese, en ese sentido, lo que dice esta orden escrita en Éxodo 22: 18: «**A la hechicera no dejarás que viva.**» (Énfasis nuestro).

Otro aspecto a tener en cuenta, es que los fabricantes e inventores de los pasajes bíblicos y de la inexistente cosa esa llamada Dios se han inventado el cuento de que la cosa esa ordenó que toda aquella persona que hable mal de ella o que simplemente niegue en público su existencia sea asesinada a pedradas. Nótese, en ese sentido, lo escrito por los atolondrados que fabricaron e inventaron los pasajes bíblicos y a la cosa esa llamada Dios: «**Y el que blasfemare el nombre de Jehová, ha de ser muerto; toda la congregación lo apedreará: así el extranjero como el natural, si blasfemare el Nombre, que muera.**» (Énfasis nuestro; Levítico 24:16)

Pero, más perturbador es conocer que lo que dicen millones de cristianos sobre el clavado Jesús —que trajo paz, amor y cambios al Viejo Testamento— ha sido, por decir lo mínimo, totalmente una falacia. El inexistente Jesucristo siguió siendo tan intolerante, déspota y tan retrógrada como su dizque padre, hasta el extremo de que también se inventó un *Yihad* Jesús-cristiano, tan perfecto e impactante que todavía en estas épocas cientos de miles de amorosos cristianos siguen aplicándolo. A esos efectos, recordemos que el amantísimo pacificador y renovador Jesucristo (que nunca existió) le dijo a sus seguidores lo siguiente: (1) **«No creáis que he venido a traer paz; no he venido a traer paz, sino espada**.» (Mateo 10:34; énfasis nuestro) y, (2) **«Quien no está conmigo, está contra mí**.» (Mateo 12:30; énfasis nuestro).

Resulta lastimosamente obvio que a través de la historia estas últimas cuatro instrucciones han sido unas de las que más han idiotizado y embrutecido el pensamiento de los fundamentalistas del cristianismo y del judaísmo. Millones de personas han muerto como consecuencia de dichos alocados pasajes.

De hecho, estos peligrosos pasajes dieron lugar a que en más de dos mil doscientos años de historia se persiguieran, difamaran, arrestaran, encarcelaran, torturaran y asesinaran a millones de personas (particularmente locos, islamitas, disidentes, ateos y practicantes de otras religiones) bajo sospechas de que eran herejes, brujas, poseídos por el monstruo come gente de siete cabezas, entre otras ridículas razones religiosas.

Nunca se podrá saber a ciencia cierta el número de seres humanos que fueron difamados, perseguidos, enjuiciados, torturados, arrestados y asesinados por los religiosos desde que fueron escritos los pasajes antes mencionados. Muchas personas fueron víctimas de los alocados religiosos: (1) en zonas distantes; (2) en zonas en donde no se llevaban registros de estos actos; (3) en pequeñas aldeas retiradas de la vida de las ciudades; (4) en zonas en donde no se les celebró algún juicio; y (5) en zonas en donde fueron torturados y asesinados por la masa populachera de golpe y porrazo. Pero, si de una cosa estamos seguros es que la cifra fácilmente llega a varios millones.

Ahora bien, valga saber que, desde que el estulto papa Gregorio IX instituyó la Inquisición en 1233, a través de los estatutos *Excommunicamus*, para difamar, perseguir, enjuiciar, torturar, arrestar y asesinar a las brujas, a los herejes, a los blasfemantes y a los que se negaban a seguir los dogmas católicos, se han llevado unos registros que, aunque no reflejan para nada las cifras oficiales, pueden arrojar algo de luz sobre la barbarie cristiana.

Así, por ejemplo, los registros de Alemania (que no reflejan la realidad del asunto) demuestran que más de veinticinco mil personas (25,000) fueron –en el nombre del padre, del hijo y del espíritu santo, amén– difamadas, perseguidas, enjuiciadas, torturadas, arrestadas y asesinadas bajo cargos cristianos de brujería y herejía. Por su parte, los registros oficiales de los asesinos del Estado de la Ciudad del Vaticano --que no demuestran tampoco la realidad de la barbarie-- registran que los herejes del cristianismo asesinaron a dizque cincuenta mil personas –en el nombre del padre, del hijo y del espíritu santo, amén– desde el establecimiento de la cabrona Inquisición hasta su total abolición.

No hace falta hacer un enorme esfuerzo mental para darse uno cuenta de que las cifras ofrecidas por el Estado de la Ciudad del Vaticano lo que buscan es encubrir y manipular la verdad de los asesinatos. La historia demuestra que fueron muchísimas más las personas que fueron asesinadas por la Iglesia católica, bajo cargos de herejía y blasfemia. Al respecto, valga saber que el escritor e historiador Lewis Lyons (autor del libro **Historia de la Tortura**) sostiene que, desde que se instituyó la estulta Inquisición hasta su total abolición, fueron asesinadas por la Iglesia católica –en el nombre del padre, del hijo y del espíritu santo, amén– unas doscientas mil personas (200,000) <u>sólo en las hogueras públicas</u>.

Sobre esto de las hogueras cristianas, valga saber que entre las víctimas de este atolondramiento cristiano llegó a estar la afamada **Juana de Arco**. Esta valiente mujer fue arrestada, enjuiciada y asesinada por los cobardes cristianos de la época bajo cargos de herejía. También fueron víctimas de los cabrones cristianos los valientes **Caballeros Templarios**, una orden medieval de carácter religioso y militar. Ellos también fueron enjuiciados, torturados y asesinados en las injustas hogueras del cristianismo bajo cargos fabricados de herejía. Únase a eso que ni los animales de la época se salvaron del embrutecimiento de los pendejos cristianos. Hay evidencias de que cientos de miles de **gatos negros** también fueron matados por los estúpidos cristianos en las hogueras, bajo la infame creencia de que los gatos negros eran dizque diabólicos.[xvii]

Teniendo en mente lo anterior, debe saberse también que la cosa esa a la que los cristianos le llaman Dios es, por decir lo mínimo, una cosa que ama las dictaduras, las amenazas y sobre todo, las torturas. Hasta el extremo de que ha amenazado a todos los seres humanos con torturarlos eternamente en un dizque lago de fuego, si no se han comportado de la forma y manera establecida en el libro dizque sagrado.

Todo lo que acabamos de exponer lo apoyaremos con las dementes palabras que se escribieron en la novela de ciencia ficción llamada **Apocalipsis (20: 1-15)**. En dicha inventada y violenta novela –que podría ser un libreto de una película de ciencia ficción– se escribió la siguiente loquera:

> Y el diablo que los engañaba fué lanzado en el lago de fuego y azufre, donde está la bestia y el falso profeta; y serán atormentados día y noche para siempre jamás...<u>y fué hecho juicio de cada uno según sus obras</u>. Y el infierno y la muerte fueron lanzados en el lago de fuego. Esta es la muerte segunda. Y el que no fué hallado escrito en el libro de la vida fué lanzado en el lago de fuego.

Como se podrá advertir, la cosa esa a la que los cristianos le llaman Dios va a apesadumbrar por siempre a las personas que no se hayan comportado como a la cosa esa le hubiese gustado. Cuando esa acción ocurra, la inexistente cosa esa llamada Dios se sentirá muy contenta, toda vez que se cumplirá un oscuro deseo que ha tenido desde hace mucho tiempo, que es, destruir al ser humano.

Y es lógico que ello sea así, pues el odio que la cosa esa tiene hacia los seres humanos ha ido creciendo a través de los siglos. Primero, recuérdese que la cosa esa llamada Dios confesó que el ser humano fue una aberración de su creación (**Génesis 6:6:** «Al ver la maldad del hombre, Dios se arrepiente de haberlo hecho»). Segundo, recuérdese que su primer plan para mejorar a la raza humana tampoco dio grandes resultados, pues, luego de que envió el diluvio universal, las descendencias de los ocupantes del arca de Noé han sido más malvadas que los primeros seres humanos de su creación.

Tercero, recuérdese que, al seguir viendo que el ser humano no mejoraba para nada, Yahvé o Elohim (dependiendo del texto bíblico que se utilice) sentenció a toda la humanidad --pasada, coetánea y futura-- a no poder entrar a su inexistente paraíso, pues escribió en el inexistente libro de la vida que todos tenían vedado el acceso al paraíso divino. Sin embargo, luego de un tiempo, decidió quitarle a la humanidad la prohibición de poder entrar al inexistente paraíso perdido, y para ello envió dizque a su hijo --que a la misma vez era dizque él o ella-- a nuestro enfermo planeta para ver –nuevamente– si podríamos mejorar en algo.

Sin embargo, los cuentos de hadas bíblicos demuestran que esa idea tampoco le dio resultado, pues la humanidad terminó escupiendo, azotando, orinando, golpeando y clavando al pobre Jesucristo (que es un embeleco religioso). En fin, las razones antes explicadas son las razones por los cuales fantaseamos (ya que la biblia es un fraude y una falacia) en que el día del juicio final la cosa esa llamada Dios se sentirá muy bien al torturar eternamente a billones de fantasmas humanos.

Por otro lado, es interesante notar que al inventado dios de los judíos y de los cristianos en un momento dado le llegó a fascinar muchísimo que se torturara y se matara a los animales no humanos, por placer. A esos efectos, recuérdese que en el cuento de hadas llamado el Génesis podemos observar que a Yahvé le gustó más la sangrienta y violenta ofrenda que le hizo Abel (el sacrificio del primogénito del rebaño de ovejas que tenía) que la que le hizo Caín (los primeros frutos de su cosecha). Lo que demuestra, sin lugar a dudas, que a la inexistente cosa esa le fascina que se sacrifiquen los animales no humanos en su nombre.[xviii]

Sobre esto de la malignidad del dios de los judíos y de los cristianos, valga saber que nosotros no somos los únicos que pensamos que ese inexistente dios es pura malignidad. Hace más de mil quinientos años un grupo religioso también lo creía. Como ejemplo de esto podemos mencionar que los **gnósticos** –un grupo religioso que surgió en los siglos II y III después del falso nacimiento de Jesucristo y que fueron perseguidos, torturados y asesinados por los amorosos y misericordiosos cristianos ortodoxos– pensaban que el dios que aparece en el libro de cuentos llamado Antiguo Testamento era la encarnación de la pura malignidad.

Consideraban que esa herética, asesina, torturadora, narcisista y psicópata deidad se esforzaba todos los días con gran ahínco «para mantener a la humanidad sumergida en la ignorancia y el mundo material, y para castigarla por su intento de alcanzar el conocimiento».[xix] Y tenían toda la razón, sólo es cuestión de darle una rápida lectura al libro de cuentos de hadas antes mencionado para notar cuán correcta es esa tesis.

Aquí cabe la pena resaltar, quizás para consternación de muchos, que todavía hay muchísimos cristianos que piensan que la inexistente cosa esa llamada Dios es una deidad asesina, vengativa y cruel. Hasta el extremo de que piensan que la cosa esa llamada Dios se pasa vigilando las acciones de todos los seres humanos y que, cada vez que ocurre algún terremoto, huracán, maremoto, hambruna u otra catástrofe natural que afecte negativamente la vida de las personas, significa que la cosa esa se ha molestado muchísimo con los seres humanos, por lo que ha desencadenado dichos actos de destrucción masiva a los fines: (i) de afectar negativamente la vida de algunas personas; y (ii) de matar a algunas personas.

En ese contexto, cabe decir que la creencia en este tipo de deidad autoritaria y vengativa es muy amplia en la sociedad mundial. Así, por ejemplo, en un estudio realizado por el **Instituto de Estudios Religiosos de la Universidad de Baylor** se encontró que «un 31% de los estadounidenses cree en este Dios y están convencidos que los huracanes, tsunamis y otras tragedias naturales son la manifestación de la furia divina por nuestras debilidades.»[xx]

Por último, es de recordar que a la cosa esa a la que los cristianos le llaman Dios --que es un invento de la imaginación-- le fascina el dinero, la corrupción y el consumerismo. Esto se comprueba por el hecho de que la cosa esa llamada Dios le ordenó a la corrupta Iglesia católica que estableciera en sus normativas y libros sagrados una reglamentación que le permita a los asesinos, a los violadores de niños, a los cortabolsas, a los corruptos, a los asesinos en serie, a los violadores, a los terroristas y a cualquier otro criminal poder redimirse de los castigos que se les impondrán en el más allá debido a sus pecados. Y ello, a cambio de una jugosa contribución económica a las arcas de la corrupta Iglesia católica.

A este acto de corrupción divina se le llama la **indulgencia**, y «se concede por la autoridad eclesiástica y se considera una forma especial de intercesión que se realiza por el conjunto de la Iglesia, a través de su liturgia y oraciones, para la reconciliación de uno de sus miembros, vivo o muerto.»[xxi]

Es de saber que todavía en estos tiempos los líderes de la corrupta y mendaz Iglesia católica, so pretexto de que la cosa esa a la que ellos le llaman Dios lo permite, todavía siguen vendiendo esos corruptos y fraudulentos documentos, lo que les sigue permitiendo acumular buena cantidad de dinero a través de este gran fraude religioso. Ahora bien, es justo señalar que el mercadeo, la promoción y las compraventas de las fraudulentas indulgencias «se ha simplificado desde 1967. En ese año se introdujeron reformas limitando las ocasiones para obtener indulgencias y reduciendo los plazos equivalentes de tiempo.»[xxii]

Sobre esta cuestión, somos de opinión de que mal y torpemente proceden aquellas personas que les compran a los estultos sacerdotes de la corrupta y mendaz Iglesia católica –con el interés de redimir total o parcialmente sus pecados, los de algún familiar y/o los de algún amigo suyo que esté vivo o que esté podrido en una tumba– las fraudulentas indulgencias autorizadas por el Papa.

Pues, como los dioses, los infiernos, las almas, los espíritus, la vida después de la muerte, los ángeles, los demonios, los monstruos come gente de siete cabezas y los paraísos divinos **no existen**, no hay nada que redimir en el inexistente más allá. «En consecuencia, yerran aquellos predicadores de indulgencias que afirman que el hombre es absuelto a la vez que salvo de toda pena, a causa de las indulgencias del Papa.»[xxiii]

Capítulo dos
Tus inventados y falsos dioses no existen

«Mediante la lectura de libros científicos populares, pronto alcancé la convicción que muchas de las historias de la Biblia no podían ser verdad».

Dr. Albert Einstein

«Todas las religiones no son otra cosa que invenciones humanas para atemorizar y mantener esclava a la humanidad y monopolizar el poder y el dinero.»

Thomas Paine

«Ha habido Redentores en todas las épocas del mundo. Todo es cuento de hadas, como el de Santa Claus.»

Mark Twain

«No creo en Dios y no me hace ninguna falta.»

Premio Nobel de Literatura José Saramago

« ¿Dios es macho o hembra? »

Miguel de Unamuno

I. Ni Dios, ni los ángeles, ni los demonios, ni los paraísos existen

Por otra parte, es necesario advertir que todos estos aspectos que hemos discutido sobre: (1) la maldad humana según las ideas religiosas; (2) la maldad de los espíritus de la santería y de la hechicería; y (3) la maldad sobre los dioses mahometanos, judíos y cristianos (y de cualquier otra religión) son meros comentarios sin ninguna validez en el mundo científico.

Pues, además de que el autosuficiente Universo no fue creado por ninguna intervención divina, ni los monstruos come gente de siete cabezas, ni los poderes sobrenaturales, ni los espíritus, ni las almas, ni los espíritus santos, ni los espíritus hechiceros, ni los dioses, ni los ángeles, ni los Leviatanes de las religiones existen. Esas cuestiones son, en esencia, meras invenciones mentales de nosotros los seres humanos. Ya lo advirtió el afamado psicólogo Dr. Sigmund Freud:

Ni los demonios ni los dioses existen, son todos productos de las actividades síquicas del hombre.»[xxiv]

Es más, y tengámoslo muy presente, la fraudulenta cosa esa que hemos inventado y a la cual le llamamos Dios (también llamada Yahvé, Zeus, Hanuman, Afrodita, Alá, etc.) no creó al ser humano a su imagen y semejanza, sino que todo ha sido a la inversa. Es decir, el ser humano –que comparte un ancestro común, que vivió hace millones de años, con los monos superiores– fue el que creó a Dios a su imagen y semejanza.

De hecho, la historia nos enseña que los afamados dioses son, para los ciudadanos oprimidos por las clases más poderosas, únicamente unas meras invenciones psicológicas para darle sentido a sus desdichadas vidas en un pequeño planetita que meramente es un mísero punto dentro del expansivo Universo. Por su parte, para las clases económica y políticamente poderosas, los dioses son, primordialmente, unos grandiosos inventos susceptibles de ser utilizados: (1) para poder controlar y dominar a las masas populacheras; (2) para poder mantenerse en el poder; y (3) para obtener riquezas.

De hecho, valga saber que ése fue el propósito primordial del emperador Constantino I durante el siglo IV, cuando decidió institucionalizar la religión cristiana dentro de su enorme imperio. Es decir, Constantino institucionalizó, hipócritamente, el violento cristianismo como religión oficial, con el interés obtener una gran ventaja política que le permitiera controlar, usar y dominar política y militarmente a la inmensa masa de disidentes cristianos que existían dentro de su vasto imperio. Hasta hay quien asegura, como el Dr. José Arsenio Torres, educador puertorriqueño, que:

> ...<u>Jesús de Nazaret no fundó nada</u>, más allá de una pequeña comunidad espiritual con un muy limitado grupo de admiradores, que a su muerte se disgregaron por el mundo antiguo. <u>Lo que se conoce como Cristianismo hoy lo fundó el emperador Constantino, para propósitos políticos de luchas de poder militar.</u> El resto lo hicieron los papas, hasta la opulencia terrenal que hoy ostenta a contrapelo de su fundador.[xxv]

Como dato interesante, valga saber que el emperador Constantino I no fue muy cristiano durante su vida, pues, además de que masacró a miles de personas --entre ellos a su esposa y a su hijo-- también rechazó con vehemencia durante toda su vida que se le bautizara según el risible ritual de los cristianos. No fue hasta un momento muy cercano a su muerte que decidió hacerlo. Es por ello que hay quien afirma, como Anna Hamilton, autora de un artículo titulado «El cristianismo y la guerra», que: (1) el cristianismo de Constantino I era totalmente pura falsedad e hipocresía; (2) Constantino I «sólo quiso aprovecharse de la situación»; (3) el Emperador Constantino I «era un verdadero oportunista...».[xxvi]

Ahora bien, debe llamarse la atención al hecho histórico de que el emperador Constantino I no fue el único que usó sabia e hipócritamente el bélico cristianismo como instrumento de unidad político-social. La historia demuestra con extrema claridad que «los emperadores posteriores verán en el cristianismo el instrumento de afianzamiento de la unidad imperial: la unidad política se anudaría fuertemente con los lazos de la unidad religiosa.»[xxvii]

Dicho lo anterior, debe tenerse presente que las razones por las cuales los seres humanos han decidido crear a los dioses, como ya hemos visto, han sido variadas. Pero, otra de extrema importancia es que a través de la invención de una religión con un dios (o con unos poderes sobrenaturales) dispuesto a premiar y castigar a los seres humanos, el Estado y las clases más poderosas pueden controlar la violenta conducta natural de los seres humanos.

Es decir, a través de las religiones con dioses (o con poderes sobrenaturales) que premian y que castigan la sociedad y el Estado (casi siempre administrado y dominado por las clases sociales más aventajadas) establecen un control social formidable, ya que millones de personas no religiosamente violentas, como regla general, se abstienen de cometer transgresiones penales y administrativas, por temor de cometer algún pecado que las lleve a la boca del inexistente monstruo come gente de siete cabezas que está en el inexistente infierno.

De hecho, a través de los infiernos, de los Leviatanes, de los poderes sobrenaturales que castigan, de los dioses castigadores y de las bestias come gente de siete cabezas, el Estado burgués le entierra a los agresivos, violentos y malévolos seres humanos dentro de sus cerebros unos falsos miedos para que se mantengan, de cierta forma, calmados y sosegados dentro de la sociedad en la que interactúan.

Un ejemplo sencillo de esto quizás se pueda observar con su vida. Sí, con la de usted, el lector. Es muy probable que usted, su amigo(a), su compañero(a), su conocido(a), su vecino(a), su tía(o), su primo(o), su maestra(o), su padre, su abuelo, su abuelita y la madre que lo parió a usted –si practican (o practicaban) alguna estulta religión y creen (o creían) en los estultos dioses castigadores y premiadores– se comporten (o se comportaban) muy bien aquí en nuestro planetita, pues esperan (o esperaban) que sus inexistentes dioses los recompensen con el trajecito de blanco, con las angelicales alas, con el paraíso divino, con la vida eterna y sobre todo, con la imposibilidad de ser asados en el infierno de Satán. En fin, ya lo advirtió el emperador Napoleón Bonaparte:

***La religión es un formidable medio para tener quieta a la gente.*»**[xxviii]

A tono con lo anterior, sépase que otra razón para editar y crear dogmas religiosos fue que los líderes y los ricachos de los países se dieron cuenta de que los seres humanos somos –como regla general– tontos y fáciles de engañar. Así que decidieron aprovecharse de nuestra imbecilidad y simpleza natural, y decidieron adoptar las fraudulentas creencias religiosas ya establecidas por el populacho, en aras de editarlas para su ingenioso beneficio.

Así que algunos de estos líderes y ricachos perfeccionaron o crearon algunos embustes religiosos – como los lagos de fuego con monstruos come gente, las bestias de siete cabezas, los tártaros, los Leviatanes, los demonios, los ángeles, las reencarnaciones, los libros sagrados escritos por los espíritus, los castigos divinos, los exorcismos, entre otras patrañas religiosas– con la deliberada y premeditada intención, repetimos, de: (1) esclavizar nuestras mentes; (2) controlarnos con los miedos divinos; (3) hacerse ricos; (4) mantenerse en el poder; y (5) permitir que otras personas realicen lo anterior por siglos y, sobre todo, hasta el final de los tiempos.

Como ejemplo de instituciones que han hecho todo lo anterior podemos mencionar a la corrupta e inmunda Iglesia católica, a las embrutecedoras sectas protestantes y a la inmensa mayoría de los altos líderes de la peligrosa y embrutecedora religión islámica. Sólo es cuestión de analizar la historia para darnos cuenta de las mentiras de sus religiones y de las patrañas que contienen sus libros dizque sagrados, pero, sobre todo, en la forma y manera en que han vivido sus líderes religiosos después de que sus fundadores murieron. Sobre lo que venimos explicando, valga saber que el escritor y pensador político Thomas Paine manifestó en cierta ocasión, en juicio que compartimos, que:

Todas las religiones no son otra cosa que inviones humanas para atemorizar y mantener esclava a la humanidad y monopolizar el poder y el dinero. [xxix]

Por otra parte, otra razón por la cual creemos que hoy en día existen dioses y vírgenes divinas que paren muchachitos es que son unos embelecos popularistas que fueron inventados hace muchísimos años por el populacho, hasta que lograron convertirse en falaces-verdades globales. Nos explicamos.

En la vida social de la antigüedad, las personas comenzaron a creer que algunas cosas que se habían inventado eran verdades. Esas falsedades convertidas en verdades localmente fueron transmitiéndose de generación a generación hasta que, luego de ser repetidas en millones de ocasiones y haberse transmitido de localidad a localidad, se convirtieron en falaces-verdades globales.

Eso mismo ha pasado con los inventados e inexistentes dioses. Nuestros antepasados crearon los dioses en sus mentes y comenzaron a transmitirles reiteradamente a las próximas generaciones que los inexistentes dioses realmente existían. Hasta el punto de que, luego de haber repetido el embuste de que los dioses existen en millones de ocasiones, ese embuste comenzó a modificarse y dispersarse a través de los países hasta que se convirtió en una gran falaz-verdad para el populacho. Y todo ello, a pesar de que nunca ha habido una prueba fidedigna de que los inexistentes dioses existan.

Por ende, el lector debe ser consciente de que muchas de las grandes verdades para el populacho son simplemente grandes popularismos. Es decir, meras mentiras que se han repetido tantas veces que el populacho ha terminado por considerarlas como verdades universales. Si profundizamos más en el asunto, nos daremos cuenta de que muchas de las creencias del populacho tienen mayor peso que las verdades científicas y empíricamente verificables.

Lo que significa, si profundizamos más intelectualmente, que la idiotez, la falacia, la ridiculez y la mentira son más ciertas en muchísimas ocasiones ante los ojos del populacho que la real verdad. Por ende, todo parece indicar que en la vida hay dos verdades: la real verdad y la falaz-verdad populachera. Por consiguiente, todo lo anterior nos hace pensar en que el político alemán Paul Joseph Goebbels tenía muchísima razón cuando dijo en cierta ocasión que «**una mentira repetida adecuadamente mil veces se convierte en una verdad.**»[xxx]

Por otro lado, nótese que líneas arriba escribimos que el ser humano es, como regla general, simple y fácil de engañar, y que ello ha permitido que podamos ver a través de la historia cómo grupos y líderes religiosos se han dedicado exitosamente a engañar masivamente a los seres humanos. Así, por ejemplo, hemos podido ver cómo los líderes religiosos --con el interés de esclavizar a sus feligreses y apoderarse de su dinero-- han establecido negocios de exhibición y/o de ventas de objetos mágico-religiosos de carácter fraudulento.

Sobre artefactos religiosos de carácter fraudulento que son puestos en exhibición para sacarles el dinero a los millones de imbéciles que están dispuestos a pagar para verlos, podemos mencionar: (1) el cráneo de Juan el Bautista; (2) la punta de lanza que le fuera espetada al clavado Jesús; (3) el cubo de los islamitas llamado La Kaaba, en donde está la Piedra Negra; y (4) el pozo de agua en la Meca llamado Zamzam.

Por su parte, sobre la venta de artefactos religiosos de carácter fraudulento están: (1) los paquetes de tierra del lugar en donde la humanidad clavó a Jesús; (2) las aguas benditas; (3) las botellas de agua y los refrescos hechos con agua del pozo Zamzam de la Meca; (4) las figuras inanimadas capaces de proteger a los engañados de cualquier mal; (5) los rosarios milagrosos; y (6) las hostias de los católicos.

Vale indicar, además, que también hemos visto la forma en que cientos de miles de líderes religiosos han usado las embrutecedoras religiones para satisfacer sus más oscuros deseos sexuales con sus embrutecidos feligreses. Así, por ejemplo, la historia nos muestra cómo a través de los siglos miles de sacerdotes, pastores, reverendos, imanes y rabinos han utilizado sus embrutecedoras religiones para idiotizar el deber de guarda y protección que deben tener los padres en aras de poder acceder a sus hijas(os) y así destrozar sus anos y/o sus vaginas.

Como complemento de lo anterior –de que todas las religiones no son más que unos fraudes bien organizados, creados por sus líderes para mantener esclavizados a sus estúpidos feligreses y obtener poder, dinero y sexo– es de saber que muchísimos filósofos han escrito y explicado que nosotros los seres humanos somos, con honrosas excepciones, seres imbéciles y fáciles de engañar por cualquiera que lo haga a través de algún fraude bien hecho (como las religiones, diríamos) que trate sobre nuestras necesidades.

Así, por ejemplo, el asesor de reyes y príncipes **Nicolás Maquiavelo** nos decía desde la época del Renacimiento que nosotros los seres humanos somos tan simples, y nos sometemos «hasta tal punto a las necesidades presentes, que quien engaña encontrará siempre quien se deje engañar.» Por su parte, sépase que en igual sentido se expresó en cierta ocasión el **Dr. Albert Einstein**. Él creía que nuestra estupidez no tiene límites; así se expresó Einstein al respecto: «Hay dos cosas que son infinitas: el Universo y la estupidez humana. Y del Universo no estoy tan seguro.»[xxxi]

II. Científicos y académicos acreditados en contra de la inexistente cosa esa llamada Dios

Por otro lado -y no nos importa repetirlo un vez más, para apoyar psicológicamente nuestro pensamiento sobre la no existencia de los dioses- en este punto es oportuno recordar un aspecto morrocotudo, que un psicólogo llamado **Dr. Sigmund Freud** le enseñó a los embrutecidos creyentes que:

> Sería muy simpático que existiera dios, que hubiese creado el mundo y fuese una benevolente providencia; que existieran un orden moral en el universo y una vida futura; pero es un hecho muy sorprendente el que todo esto sea exactamente lo que nosotros nos sentimos obligados a desear que exista.[xxxii]

Vale añadir que muchísimos científicos y académicos contemporáneos también piensan de manera similar al Dr. Freud y a nosotros. Así, por ejemplo, el afamado **Dr. Stephen Hawking**, Catedrático de Matemáticas y Física de la Universidad de Cambridge (Reino Unido), cree sin vacilaciones que <u>nuestro expansivo «Universo nació sin ayuda de Dios»</u>, por lo que sostiene que «el origen de nuestro mundo puede explicarse perfectamente sin tener que recurrir a supuestas intervenciones divinas. <u>Los seres humanos, por</u>

lo tanto, deberían dejar de creer en un ser invisible y omnipotente cuya existencia no tiene ninguna base científica.»[xxxiii]

A su vez, valga saber que el afamado **Dr. Richard Dawkins**, Catedrático de la Universidad de Oxford (Reino Unido), además de que sostiene que los dioses no existen y que el Universo se creó por sí mismo, también sostiene que en la creación de los seres humanos no intervino algún poder divino de los inexistentes dioses, pues nuestra creación sólo es parte de la evolución natural del espacio y del planeta. Lo que es más, el Dr. Dawkins también sostiene que nosotros los animales humanos somos meramente «máquinas de supervivencia, autómatas programados a ciegas con el fin de perpetuar la existencia de los egoístas genes que albergamos en nuestras células.»[xxxiv]

Asimismo, también vale indicar que el ***Dr. Gazir Sued***, doctor en filosofía y profesor de la prestigiosa Universidad de Puerto Rico, además de que entiende que la cosa esa llamada Dios no existe, también entiende que las religiones tradicionales han «<u>inventado un Dios a imagen de sus deseos y en su nombre arremete contra quienes no comulgan <u>con sus fantasías celestiales, infernales y divinas</u>.»

Agréguese a eso que el ***doctorando Bernat Tort***, profesor de la reputada Universidad de Puerto Rico, tampoco cree que la cosa esa llamada Dios exista. Al respecto, nos dice el profesor Bernat lo siguiente: «Para mí, <u>la idea de que Dios existe es tan tonta y arbitraria</u> como la de que Júpiter tiene una influencia en mi vida por haber estado en la bóveda celeste cuando yo nací.» Únase a eso que el ganador del ***Premio Nobel de Literatura José Saramago***, también entiende que la cosa esa a la que la humanidad le llama Dios no existe. Así lo expresó el afamado escritor:[xxxv]

No creo en Dios y no me hace ninguna falta...No creo en Dios, no lo necesito y además soy buena persona.

Ahondando más sobre este punto, valga saber que varias investigaciones científicas han demostrado a través de pruebas claras, robustas y convincentes que hay una enorme correlación: (1) entre lesiones cerebrales y experiencias divinamente religiosas; y (2) entre estimulación de los lóbulos temporales y experiencias divinamente religiosas. Es decir, con las creencias de poder hablar, sentir, escuchar o ver familiares muertos, demonios, profetas divinos, ángeles, espíritus, diablos, vírgenes divinas que paren muchachitos, vírgenes divinas, monstruos de siete cabezas que comen personas, dioses omnipresentes, fantasmas y cualquier otro personaje de la ciencia ficción religiosa.

Teniendo esto presente, examinemos, pues, dos ejemplos sencillos, demostrativos e ilustrativos de estas investigaciones. En el siglo XX, específicamente en la década de los años cincuenta, el neurocirujano Wilder

Penfield le colocó a varios de sus pacientes que tenían lesiones cerebrales unos electrodos en sus cabezas para estimular sus cerebros. «El resultado en algunos casos fue sorprendente: los pacientes escuchaban voces, música y veían apariciones cuando se les tocaban los lóbulos temporales.»

Únase a eso que, en el siglo XX, el Dr. Michael Persinger realizó otra investigación parecida, en la cual le colocó a varios voluntarios un casco electromagnético para estimular sus cerebros, específicamente sus lóbulos temporales. Los resultados de su investigación también fueron sorprendentes, pues <u>encontró que cualquier persona saludable</u> «puede tener una experiencia religiosa inducida de manera artificial mediante la estimulación de los lóbulos temporales...Así, sostiene que, mediante una máquina, puede generar en quien así lo desee una genuina revelación divina.»[xxxvi]

III. La falsa divinidad del clavado Jesús y la mentira de la trinidad cristiana

Además de lo anterior, también hay que tomar en consideración que esto de la manipulación e invento de ideas, datos y verdades también fue (y todavía es) realizado por los líderes de las iglesias, especialmente por los líderes de la Iglesia católica, de las sectas protestantes y del mahometanismo. Y ello, repetimos, con el interés de embrutecer el pensamiento de las masas populacheras y así lograr controlarlas con los fines: (1) de obtener poder; (2) de mantener el poder; y (3) de que les paguen sus lujos y sus comodidades. Ahora, debe saberse que fue durante las épocas cuando la sangrienta Iglesia católica era un Estado fuerte y abusador que estas cuestiones cobraron tintes escabrosos.

De hecho, debemos ser conscientes de que estas cuestiones comenzaron a aparecer desde que el cristianismo empezó a convertirse en una religión poderosa, específicamente desde el siglo IV bajo la interesada protección del <u>emperador Constantino I, el Grande</u>. Fue durante esta época que la situación cobró tintes fraudulentos, ya que varios líderes de la entonces iglesia oficial se inventaron el quimérico e ilusorio cuento ese de que el clavado Jesucristo (que nunca existió) es dizque Dios y el hijo de un dios supremo. Es decir, elevaron al nunca existente Jesucristo (sin ninguna evidencia fidedigna que demostrara su existencia) a la misma categoría en la que se encontraba su inexistente deidad suprema.

Para realizar lo anterior, además de que le añadieron a la Biblia todos esos datos por los que el clavado Jesucristo (que ya era parte del folclore) es considerado un dios y el hijo de un dios supremo (como caminar por el agua, nacer de una virgen, realizar milagros, volar, sanar enfermos, entre otros plagios de otras religiones), también obtuvieron la aprobación y la bendición del emperador Constantino I. De hecho, valga saber que fue el propio Emperador el que dirigió el proceso y uno de los que planteó que se elevara al clavado Jesús a la misma categoría de los dioses. Por ende, estas razones han de ser suficientes y convincentes para que se entienda que: (1) los primeros cristianos no consideraban que el clavado Jesucristo fuese un dios o el hijo de su dios supremo; y (2) que la ridícula doctrina de la Santísima Trinidad es un embeleco religioso y, sobre todo, **no** es una doctrina bíblicamente genuina.[xxxvii]

Sobre este particular, estamos seriamente convencidos de que esto que estamos explicando cobra mayor verdad cuando se conoce que un hombre ingenioso y de buen juicio llamado ***Sir Isaac Newton*** –matemático, físico y uno de los científicos más inteligentes de la historia– descubrió, a través de sus investigaciones, que, durante el siglo IV, la iglesia se encontraba atravesando por unas luchas internas en las que varios grupos intentaban quedarse con su total control. Como resultado de esas luchas, el violento y sanguinario Atanasio (296-373) –Obispo de Alejandría, Doctor de la Iglesia y ahora dizque santo de la mendaz Iglesia católica– cambió de manera maliciosa y deliberada numerosos «pasajes importantes de la Biblia. En esta corrección, Cristo era elevado a la misma categoría que Dios y el Espíritu

Santo...Siguiendo el método científico que tanto le apasionaba y en el que confiaba para realizar sus experimentos, [Sir Isaac Newton] llegó a la conclusión de que el misterio de la Trinidad era falso.»[xxxviii]

No obstante, no se debe entender por ello que Sir Isaac Newton fue la primera persona que entendía que el dogma de la Santísima Trinidad era una vil paparruchada inventada por algunos de los corruptos padres de la iglesia. La historia demuestra que muchos años antes de que Newton naciera varias personas también lo entendían así.

Un ejemplo sencillo de ello fue el afamado teólogo y científico español **Miguel Servet**. Este gran pensador, después de realizar una minuciosa investigación sobre documentos eclesiásticos e históricos contemporáneos y del pasado, llegó a la acertada conclusión de que el dogma cristiano de la Santísima Trinidad era (y todavía es) un gran embuste, por razón de que no se encontraba en ninguna parte de los viejos documentos analizados. En ese sentido, véanse las palabras de Servet: «Los filósofos han inventado una tercera entidad diferenciada, verdadera y realmente distinta de las otras dos, a la que han llamado la Tercera Persona, o Espíritu Santo, y así han concebido una Trinidad imaginaria, tres seres en una única naturaleza.»[xxxix]

No es necesaria mucha elucidación para saber que esto tuvo como consecuencia que los macos líderes y practicantes del catolicismo quemaran los fabulosos libros de Miguel Servet y, sobre todo, que lo enjuiciaran y lo condenaran a muerte en el nombre del padre, del hijo y del espíritu santo, amén. De hecho, el 27 de octubre de 1533 Servet fue quemado vivo en la picota por los dizque representantes de Dios en la Tierra, pero, sobre todo, en presencia del misericordioso dios omnipresente de los cristianos. Antes de su muerte tuvo que escuchar la siguiente injusta acusación por parte de los heréticos miembros de la iglesia:

Contra Miguel Servet en el Reino de Aragón, en España:
Porque su libro llama a la Trinidad demonio y monstruo

> de tres cabezas; porque contraría a las escrituras decir que Jesús Cristo es un hijo de David; y por decir que el bautismo de los pequeños infantes es una obra de la brujería, y por muchos otros puntos y artículos y execrables blasfemias con las que el libro está así dirigido contra Dios y la sagrada doctrina evangélica Restitución del cristianismo, para seducir y defraudar a los pobres ignorantes.
>
> Por estas y otras razones te condenamos, M. Servet, a que te aten y lleven al lugar de Champel, que allí te sujeten a una estaca y te quemen vivo, junto a tu libro manuscrito e Impreso, hasta que tu cuerpo quede reducido a cenizas, y así termines tus días para que quedes como ejemplo para otros que quieran cometer lo mismo.[xl]

Ahora bien, no se debe entender por lo anterior que únicamente estos dos inteligentísimos seres superiores (Newton y Servet) se han dado cuenta de muchos de los embelecos que están escritos en los libros dizque sagrados de las religiones; muchísimos más se han dado cuenta de ello. Un ejemplo sencillo --pero de considerable peso intelectual-- es el hecho de que el **Dr. Albert Einstein** (ganador del premio Nobel de Física) también se percató de que muchísimos de los cuentos esos que tiene la Biblia son puros embustes. Así se expresó el Dr. Einstein sobre lo anterior: «Mediante la lectura de libros científicos populares, pronto alcancé la convicción de que muchas de las historias de la Biblia no podían ser verdad.»[xli]

Por otro lado, otro aspecto que muchos líderes religiosos del cristianismo han osado manipular y ocultar a través de la historia es el cuento ese de que Jesucristo (que nunca existió) es un ser divino nacido de una dizque virgen llamada María. Esa historia es, por decir lo mínimo, una falsedad y uno de los relatos más plagiados en la historia de la humanidad. Está comprobado que la inmensa mayoría de los aspectos del nacimiento, de la vida y de la muerte de Jesús (que nació de una virgen el 25 de diciembre; que realizaba milagros; que caminaba sobre el agua; que tenía discípulos; que tenía seguidores; que fue traicionado por un discípulo; que fue crucificado; y que hubo una resurrección al tercer día de su muerte) han sido plagios de varias historias de culturas pasadas.

Tanto es así, que la inmensa mayoría de ellas provienen de cinco historias milenarias, a saber: (1) de la historia de *Isis-Osiris-Horus* de Egipto, que data del año 3, 000 a.C.; (2) de la historia de *Attis* de Grecia, que data del año 1,500 a.C.; (3) de la historia de *Dionisos* de Grecia, que data del año 500 a.C.; (4) de la historia de *Krishna* de la religión hindú, que data del año 3,000 a.C.; y (5) de la historia del *Mitraísmo*, una de las religiones del viejo Imperio Romano, que también data de tiempos antes del inventado nacimiento del inexistente Jesucristo clavado.

Sobre la historia de *Isis-Osiris-Horus* de Egipto, valga saber que la misma indica que: (1) era considerado un dios; (2) el día de su nacimiento un espíritu exclamó que había nacido el dios de la creación; (3) su madre (Isis) lo protegió durante su niñez; (4) caminaba por encima del agua; (5) le decían el hijo de Dios; (6) fue traicionado por varios de sus seguidores; (7) al tercer día logró resucitar; y (8) «los primeros cristianos adoptaron gran parte del culto a Isis [madre de Horus] asimilándola a la Virgen María. <u>Su función maternal, proteccionista y las imágenes de la Virgen María y el Niño están inspiradas en el culto a esta diosa.</u>»

En lo tocante a *Attis* sépase que: (1) nació de una virgen; (2) nació el veinticinco de diciembre; (3) fue crucificado; y (4) resucitó entre los muertos. Por su parte, sobre la vida de *Dionisos* sépase que: (1) nace el veinticinco de diciembre; (2) el día de su nacimiento le acompañaban tres pastores; (3) sus seguidores tienen que ser bautizados; (4) tiene el milagroso poder de convertir el agua en vino; (5) muere por los pecados de nuestra violenta y corrupta humanidad; (6) resucitó entre los muertos; (7) sus seguidores esperaban que él regresara –cosa que no ha hecho al igual que el inexistente Jesucristo– para enjuiciar a los pecadores y premiar a sus más fieles seguidores con la vida eterna en un inexistente paraíso sideral.

Por su parte, sobre la vida de **_Krishna_**, algunos de los datos parecidos a la historia de Jesús son los siguientes: (1) un malvado rey ordenó que se mataran a todos los hijos de la princesa Devaki, pues uno de ellos (el octavo, precisamente) lo mataría a él; (2) su encarnación fue divina; (3) su nacimiento fue atendido por ángeles;(4) se le dijo a su familia que huyera para que no mataran al divino niño; (5) fue bautizado por un familiar suyo antes de comenzar su ministerio; (6) le decía a sus seguidores que abandonaran sus bienes patrimoniales y lo siguieran; (7) fue tentado y atacado por demonios; (8) se le considera la encarnación –aquí en el planeta tierra– de un dios de superior jerarquía; (9) se le consideraba también como el dios supremo y salvador universal de la malvada y pecadora humanidad.

Por último, sobre el **_Mitraísmo y su culto a Mitra_**, valga saber que dicho culto era muy parecido al cristianismo. Como, por ejemplo, «en las ideas de humildad y amor fraternal, bautismo, rito de la comunión, utilización de agua bendita, adoración de los pastores en el nacimiento de Mitra, veneración de los domingos, considerar el 25 de diciembre (fecha del nacimiento de Mitra) como día santo, y la creencia en la inmortalidad del alma, el juicio final y la resurrección.»[xlii]

Con respecto a lo anterior, es de saber también que los **judíos** --que practican una religión mucho más antigua que el cristianismo-- tampoco creen el embuste ese de que el clavado Jesús tuviera algo de divino y que fuera el hijo directo de la inexistente cosa esa llamada Dios. Los miembros de esta antigua religión entienden que, aunque el Jesucristo clavado pudo haber existido –que lo dudan muchísimo– su condición de Dios, de Mesías, de profeta de Dios, de hijo de Dios y muchos otros aspectos de su dudosa vida fueron una total fabricación. Lo que es más, todavía los judíos están esperando al Mesías judío que los redimirá y que les ofrecerá una justicia divina.

Por ende, entienden que el clavado Jesús curando enfermos, resucitando al tercer día de su muerte, naciendo de una virgen, naciendo un veinticinco de diciembre, caminando sobre el agua, convirtiendo el agua en vino, entre otros cuentos cristianos de su vida son puros embelecos cristianos. Hasta hay quien opina, como el **Rabino Moshe**, que:[xliii]

> Por todo lo anterior, podemos afirmar que, aunque Jesús pudo haber existido históricamente, no contamos con una evidencia creíble que soporte dicha existencia. Cuarenta y un historiadores no mencionaron a Jesús o sus discípulos, lo cual crea un argumento del silencio en contra de su historicidad.
>
> <u>Es muy probable que mucha de la información conocida sobre Jesús haya sido inventada por el Padre de la Iglesia Eusebio</u>, que, como dijimos, gustaba mucho de usar información falsa para sustentar sus tesis y mucho más sobre las doctrinas que estaban comenzando a tener importancia en los primeros siglos sobre Jesús de Nazaret.

Además de lo anterior, quisiéramos recordar aquí que es un hecho admitido que hace muchos años los heréticos inventores de los libros de la Biblia osaron discriminar en contra de las mujeres, colocándolas en una posición de inferioridad social ante los hombres, hasta el extremo de que se inventaron todo ese embuste de que su fabricada deidad creó a Eva dizque de la costilla de Adán, fortaleciendo así el sitial de inferioridad de la mujer.

Ahora bien, esto llegó a niveles descabellados muchos años después de que se publicara el cuento de hadas del clavado Jesucristo. Los líderes de la iglesia cristiana continuaron colocando a la mujer en una posición de inferioridad, hasta llegar a su punto más bajo durante la Edad Media, época en que los caballos, las espadas y los perros valían más que las mujeres. Y todo esto, a pesar de que el cuento de hadas del clavado Jesucristo establece: (1) que Jesucristo siempre abogó por el buen trato hacia las mujeres; (2) que muchas mujeres eran las más fieles seguidoras de los pensamientos e ideas de Jesucristo; y (3) que la mujer con la Jesucristo convivió y tuvo sexo, llamada María Magdalena, logró parir a su descendencia: un niñito llamado Judas.[xliv]

IV. La gran mentira del diablo

Otra farsa de las religiones –que viene a ser una de las más importantes– es la creencia de que existe un infierno, un Satanás, un Iblis, varios demonios y un monstruo come gente de siete cabezas. Al respecto, debe notarse que, gracias a la evidencia histórica de nuestros tiempos, sabemos que <u>los demonios, los infiernos, los monstruos come gente de siete cabezas y el demonio supremo «fue básicamente una invención de la iglesia.»</u>[xlv]

Así, en lo tocante a las invenciones demoníacas del embrutecedor cristianismo, valga saber que la evidencia demuestra que «en la Edad Media, <u>la teología cristiana elaboró</u> una complicada jerarquía de ángeles, relacionados con Dios, y de ángeles caídos o demonios, liderados por Satán.»[xlvi] Por su parte, en lo tocante a las invenciones demoníacas del violento e intolerante Islam, valga saber que la evidencia histórica demuestra que el <u>Islam copió e inventó la inmensa mayoría de los conceptos del infierno, de los demonios y de su demonio supremo llamado Iblis «de fuentes judeocristianas y zoroástricas.»</u>[xlvii]

Ahora bien, si profundizamos más en este tema, nos percataremos de que estos grotescos personajes de la ciencia ficción religiosa fueron creados y utilizados por los grupos religiosos: (1) para darle algo de sentido a sus inventadas y fraudulentas religiones; (2) para obtener dinero, sexo, poder y bienes muebles e inmuebles; (3) para poder solidificarse en el ámbito político; y (4) para poder tener un pretexto divino para poder deshacerse de sus detractores y de sus enemigos más odiados.

De hecho, valga saber que la evidencia empírica demuestra más allá de duda razonable que la creación del infierno, de Satanás, de Iblis, de los demonios y del monstruo come gente de siete cabezas, entre otras diabólicas ridiculeces, le permitió a las corruptas e inmundas iglesias tradicionales poder confiscarles los bienes a sus detractores, a sus enemigos y a todos aquellos que simplemente tuvieran mucho dinero. Y ello, una vez les fabricaban cargos criminales –de satanismo, de brujería, de apostasía y/o de blasfemia– y los mataban en el nombre de las inventadas cosas esas a las que ellos les llamaban dioses. Hasta hay quien opina, como Rafael Muñoz Saldaña, autor del artículo **Desde el infierno**, que:

> La invención del demonio hizo posible que la Iglesia tuviera una justificación espiritual para consolidar su posición; gracias a ella, adquirió licencia para eliminar a sus enemigos, participó en la brutal conquista de tierras recién descubiertas y hasta se deshizo de personas específicas que obstaculizaban sus propósitos: bastaba con acusarlas de satanismo y magia negra para que fueran ejecutadas.[xlviii]

Como muestra de lo que venimos explicando, podemos mencionar el ejemplificante caso de los **Caballeros de la Orden de los Pobres Caballeros de Cristo**. Esta orden cristiana, religiosa y militar –que fue aprobada por la corrupta e inmunda Iglesia católica en el año 1128– fue creada para que protegieran a los peregrinos que deseaban viajar a Jerusalén durante la época de las Cruzadas. Luego de varias décadas de operación, los miembros de la orden lograron obtener innumerables riquezas a través del desarrollo de un sofisticado sistema bancario, lo que les trajo su muerte y su eliminación eclesiástica posteriormente.

En 1307, el corrupto papa Clemente V y el corrompido Felipe IV el Hermoso, de Francia, como querían quedarse con los millonarios bienes de los miembros de la orden, les fabricaron varios casos eclesiásticos de satanismo, de sodomía, de apostasía y de sacrilegio. Y para que los casos fuesen más sólidos, ordenaron que los miembros de la orden fuesen arrestados y torturados hasta que decidieran confesar; y luego de sacarles esas confesiones a patadas, puñetazos y quemaduras, todos los arrestados y torturados fueron «quemados en la hoguera. La Orden fue suprimida en 1312 por el papa, y sus propiedades asignadas a sus rivales…».[xlix]

Por otra parte, no podemos pasar por alto que los inventos de los infiernos, de Satanás, de Iblis, de los demonios y del monstruo come gente de siete cabezas todavía les permiten a los religiosos en esta era poder embrutecer y engañar a millones de personas. Particularmente, con el interés: (1) de perpetuar en las mentes de sus imbéciles seguidores sus falsas e inventadas creencias demoníacas; (2) de apoderase de los bienes de sus seguidores de manera fácil y expedita.

Por eso es que opinamos que los mejores inventos de las religiones han sido los infiernos, los diablos, los Iblis, los castigos divinos, los demonios y los monstruos come gente de siete cabezas. Es a través de ellos que las iglesias les infunden temor a sus idiotizados seguidores, con el interés de que sigan al pie de la letra todo lo que expresen los líderes religiosos y, sobre todo, para que cumplan con todas sus peticiones sin vacilaciones.

Si los inventores de las religiones más numerosas – como el islamismo, el cristianismo y el judaísmo– no hubiesen inventado los infiernos, los exorcismos, los demonios, los diablos y al temeroso monstruo come gente de siete cabezas millones de personas hubiesen preferido no seguir alguna de estas religiones. Como no habría nada que temer en el inexistente más allá, hubiesen vivido sus cortas e insignificantes vidas a su soberana voluntad, y, sobre todo, sin seguir dogmas religiosos.

En resumen, debe quedar más que claro que Iblis, Satanás, el Diablo, los infiernos, los castigos divinos, los demonios, los exorcismos y el monstruo come gente de siete cabezas son unos inventos de las iglesias tradicionales, que son utilizados como armas de embrutecimiento y de atolondramiento masivo de mentes y vidas.

Tanto así, que se han utilizado (y todavía se utilizan) por los líderes religiosos para conquistar tierras, para quitarles los bienes a sus enemigos, para solidificarse como institución religiosa primaria de un país y para quitarle el dinero a tu padre, a tu madre, a tu hermano, a tu esposa, a tu abogado, a tu juez, a tu abuelita y, sobre todo, a ti. En fin, por todo lo anterior es que opinamos que el papa negro Szandor LaVey, Padre de la Iglesia de Satán, tenía mucha razón cuando dijo que «**Satán ha sido el mejor amigo que ha tenido la iglesia.**»[1]

V. Dioses a nuestra deleznable imagen y semejanza animal

Nótese que mencionamos anteriormente que los religiosos inventaron la cosa esa llamada Dios a su propia imagen y semejanza. Ahora bien, si profundizamos más en el asunto, nos percataremos de que, al crear la cosa esa llamada Dios a su propia imagen y semejanza, se puede notar claramente el egoísmo, el individualismo, el narcisismo y la egolatría de los creyentes, pues que cosa más absurda crear la cosa esa llamada Dios a su propia imagen y semejanza.

Esos creadores de la inexistente cosa esa llamada Dios —especialmente los que se inventaron el libro de cuentos llamado el Génesis y el cuento de hadas sobre el clavado Jesucristo— debieron haberlo creado con diez manos, con cien ojos, de doscientos pies de estatura y con grandes colmillos. En fin, debieron haber creado una deidad de apariencia más poderosa y no, repetimos, una tan miserablemente deleznable.

Es más, los cristianos son tan egoístas, perversos, narcisistas y maléficos que han creado dentro de sus mentes a un dios (Jesucristo) humano. Tan humano que lo han podido agredir, mutilar, flagelar, escupir, orinar, masacrar y clavar duramente a un pedazo de palo. Es decir, un dios al que lo han podido humillar con gusto y placer. Es más, ese egoísmo, individualismo, narcisismo y egolatría de los cristianos es tan extremista que, para recordar el poder que tienen y la humillación que le causaron a su inexistente dios humano, han realizado lo siguiente: (1) tienen a ese dios humano clavado por todas partes en una cruz; (2) tienen el desnutrido cuerpo de su dios humano casi desnudo en la cruz; (3) tienen la cabeza de su dios humano ensangrentada y con una corona de espinas.

De conformidad con esto de la creación de dioses a nuestra imagen y semejanza, valga saber que ello no sólo ha sucedido con los dioses de los cristianos y de los mahometanos, sino que ha sido una conducta frecuente de nosotros los animales humanos a través de nuestra corta y violenta historia. Así, recordemos: (1) al dios Zeus-Júpiter; (2) a la diosa Tetis; y (3) a la diosa Afrodita-Venus. Todos ellos tenían nuestra deleznable imagen y semejanza.

Pero, lo más patético de todo esto ha sido que hemos creado a los dioses a nuestra patética imagen y semejanza y, sobre todo, <u>con nuestros abominables vicios y estilos de vida</u>. Así, por ejemplo, no podemos olvidar que la diosa Cronos-Saturno sentía tanto miedo de ser desplazada del poder que mataba a sus hijos en aras de que no la fueran a desplazar de su trono. Recordemos también al dios Zeus-Júpiter, pues ese dios de apariencia humana: (1) mató a su padre en aras de convertirse en el dios supremo; y (2) era un gran fornicario allá en las camas del Olimpo, hasta el extremo de que le era constantemente infiel a su esposa-diosa.

No olvidemos tampoco que fuimos tan creativos creando dioses con apariencia humana que hasta les creamos un dios a los ladrones. ¡Sí, así como lo está leyendo, a los ladrones! Dicho dios fue conocido como el honorable **Hermes-Mercurio, dios «de la astucia de los ladrones»**. Por ende, es lógico pensar que todo aquel ladrón que fuese muy astuto realizando sus fechorías contaba con la bendición de este pintoresco dios. Pero, la creatividad llegó más lejos cuando se creó al dios Hefesto-Vulcano, dios éste que era feo, cojo, impedido y cabrón. Y era todo un cabrón porque su promiscua esposa-diosa fornicaba con otros dioses allá en los lechos del paraíso olímpico.

De lo antes anotado se pueden notar las grandes similitudes de estos dioses con nosotros. Así, nótese que nuestra enfermiza historia demuestra que cientos de miles de mujeres les han sido infieles a sus esposos, una vez éstos se volvieron discapacitados, impotentes, feos, viejos o rechonchos. Nótese también que estos dioses: (1) tenían penes, vaginas y senos; (2) se casaban; (3) fornicaban en las camas del paraíso olímpico; (4) les eran infieles a sus parejas-diosas; (5) se emborrachaban; (6) se enfadaban; (7) sentían envidia; (8) sufrían de enfermedades; (9) asesinaban; y (10) ordenaban matar a otros dioses.

Como vemos, los dioses siempre los hemos creado y los crearemos en el futuro lejano: (1) a nuestra deleznable imagen y semejanza; (2) con nuestros vicios, impedimentos y malos comportamientos; y (3) con nuestras condiciones mentales. En fin, parece que el perenne filósofo alemán Friedrich Wilhelm Nietzsche tenía toda la razón cuando nos dijo que:[li]

El hombre, en su orgullo, creó a Dios a su imagen y semejanza.

Llegados a este punto de la discusión, entendemos que es necesario profundizar un poco más en torno al hecho de que nosotros, los inventores de dioses a nuestra deleznable imagen animal, no tenemos nada de divinos. En ese contexto, debemos comenzar diciendo que a través de los siglos el ser humano se ha considerado a sí mismo como un ser especial, hasta el extremo de que la inmensa mayoría de las corrientes filosóficas y de los pensamientos del populacho siempre han considerado que los seres humanos estamos por encima de otros seres vivientes y, sobre todo, que somos dizque los hijos de un inexistente dios que nos creó a su imagen y semejanza.

En consecuencia, a través de todas esas corrientes de pensamiento, el ser humano se ha erradicado *motu proprio* del reino animal y se ha colocado de propia, libre y espontánea voluntad en el centro de la vida. Es decir, el ser humano cree que la vida en el planeta gira alrededor de él y que él es el ser perfecto de la creación evolutiva-natural. Sin embargo, eso no es correcto. El ser humano no tiene nada de especial y mucho menos es un ser superior a los demás seres vivientes.

Y la razón de ello es que usted, su padre, nosotros, sus hijos y la madre que lo parió a usted son meros animales humanos. Particularmente, unos mamíferos que son familia de los primates y, sobre todo, descendientes de unos ancestros similares a los simios que, por decir lo mínimo, eran unos seres irracionales dominados por impulsos salvajes, violentos y primitivos.

Dicho con mayor precisión, a través de miles de años, sus antepasados (y los míos también) comunes entre el animal humano y el chimpancé --los cuales estaban llenos de impulsos violentos y salvajes-- fueron evolucionando física y psicológicamente hasta convertirse en lo que son hoy en día: animales humanos. Lo anterior no debe ser sorpresa para nadie en este miserable y violento planeta, toda vez que «según algunos estudiosos, el último ancestro común entre el ser humano y el chimpancé, <u>nuestro primo más cercano</u>, existió hace 6 ó 7 millones de años.»[lii]

A fin de apoyar lo expuesto, es importante apuntar que los hallazgos de la investigación realizada por el biólogo británico **Dr. Charles R. Darwin** –hallazgos que Darwin plasmó en su libro «*Origin of Species by means of*

Natural Selection, or the Preservation of Favoured Races in the Struggle for Life»– demuestran con extrema claridad que «los seres humanos son descendientes de ancestros similares a los simios y que, en última instancia, comparten un ancestro común con todos los demás seres vivos del planeta.»[liii]

No obstante lo anterior, es pertinente hacer notar que dichos hallazgos son (y fueron en el momento que se publicaron) muy controvertibles para muchas personas, especialmente para los fanáticos y los líderes religiosos. Además, no podemos olvidar que las indestructibles conclusiones de Darwin también son (y fueron) muy chocantes para muchos seres que, aunque no son fanáticos religiosos, sí creen en los inexistentes dioses.

En fin, muchas personas consideran (y consideraban) que los hallazgos de Darwin son incorrectos, inmorales y pura herejía. Y no es para menos, ya que, a través de sus indestructibles hallazgos, el **Dr. Charles R. Darwin «va a destronar al ser humano de su radical separación del resto de los animales, que lo colocaba a la altura de los dioses, para ponerlos a la de los monos…».**[liv]

Ahora bien, es cardinal que advirtamos tres aspectos importantes sobre lo anteriormente señalado. Primero, que Darwin estaba al tanto de que muchas personas: (1) no iban a aceptar sus hallazgos; (2) lo iban a tildar de desequilibrado, de inmoral y de patrañero; (3) iban a decir que era imposible que los seres humanos compartan un ancestro común con los monos. Con eso en mente, valga saber que a ésos que dicen (y que decían) eso Darwin les contesta que «a los animales, a los que hemos hecho nuestros esclavos, no nos gusta considerarnos nuestros iguales.»[lv]

Segundo, otra importantísima cuestión que también debe saberse sobre los hallazgos de Darwin es que él sabía que muchos miembros de la comunidad científica iban a poner en duda sus hallazgos y conclusiones a través de estudios, escritos, manifestaciones e investigaciones. Ello causó que el propio Darwin les enseñara el camino a los miembros de la comunidad científica, en aras de que descubrieran las evidencias pertinentes para destrozar sus hallazgos. A tal propósito, Charles les dice a sus enemigos intelectuales lo siguiente: «Si se pudiera demostrar que existió un órgano complejo que no pudo haber sido formado por modificaciones pequeñas, numerosas y sucesivas, mi teoría se destruiría por completo.»[lvi]

Tercero, debemos advertir que hay muchas personas –entre ellos grandes intelectuales– que, aunque reconocen que el ser humano es un ser maléfico e ignominioso, no están de acuerdo con los hallazgos de Darwin. Buena prueba de ello es que el reconocido filósofo alemán Dr. Friedrich Wilhelm Nietzsche ha manifestado jocosamente que «**los monos son demasiado buenos para que el hombre pueda descender de ellos.**»[lvii] Ahora bien, si profundizamos en el mensaje de Nietzsche, nos percataremos de que él quiso decir que el animal humano es un ser malvado. Tanto así, que nos dice que los chimpancés son mejores que los animales humanos.

No obstante lo anterior, es importante advertir que antes de que Darwin publicara sus hallazgos sobre la evolución, ya otros grandes pensadores y filósofos entendían que nosotros los animales humanos no tenemos nada de divinos, pues, según ellos, en juicio que compartimos, nos parecemos bastante a otras bestias salvajes. Esa tesis la sostenían, al observar y comparar los comportamientos de las bestias libres con los comportamientos de las bestias humanas que existían en sus tiempos. (Y entendemos que, si estuvieran vivos en estos tiempos y tuvieran la oportunidad de observar nuestra inmundicia social, todavía sostendrían su tesis).

Esa comparación la hacían observando las maneras en que los animales humanos: (1) interactuaban; (2) comían; (3) cazaban; (3) peleaban; (4) fornicaban; y (5) mataban, para poder sostener sus vidas. Valga saber que uno de esos grandes pensadores fue el inmortal pintor e inventor **Leonardo Da Vinci**. Este perenne genio – considerado por muchos como uno de los seres humanos más brillantes que jamás hayan existido– manifestaba en la época del Renacimiento que los animales salvajes y nosotros los animales humanos somos «propiamente tránsitos y conductos de comida, sepulturas de animales, <u>albergues de la muerte, focos de corrupción; puesto que sólo sostienen su vida con la muerte de otros.</u>»[lviii]

VI. El fraude de los hechiceros, de los horóscopos y de los astrólogos

Como sabemos, las creencias en dioses y en poderes sobrenaturales afectan tanto las mentes de las personas que hacen que éstas lleguen al borde del desquicie, hasta el extremo de que les hace creer, entre otras cosas: (1) en engañosos horóscopos; (2) en falaces cartas del Tarot; (3) en fraudulentos y embrutecidos astrólogos; y (4) en inexistentes poderes esotéricos con capacidad de influenciar sus vidas.

Ello es un grave insulto al razonamiento que le ha dado la evolución natural y universal, ya que la ciencia ha comprobado más allá de duda razonable que ningún ser humano tiene el poder: (1) de predecir el futuro; (2) de analizar la posición de los astros y pronosticar el carácter y el destino de un ser humano.

Tampoco la ciencia acepta que las posiciones y los movimientos de los astros en el momento del nacimiento de una persona o durante el trayecto de su corta vida en este miserable planeta reflejen el carácter de esa persona o su destino. Mucho menos acepta que se puedan hacer conjuros, maldiciones y hechizos para influenciar los destinos de una persona natural o jurídica.[lix]

Por eso es que entendemos que es una grave blasfemia al razonamiento humano pensar que se pueda consultar a un astrólogo o a un lector del Tarot en busca de consejos matrimoniales, amorosos, médicos, económicos y sociales. Mucho más creer que realizando un conjuro, encendiendo una vela dizque mágica o encendiendo algún incienso se pueda tener algún tipo de asistencia de los inexistentes poderes esotéricos o de los inexistentes fantasmas. Por eso es que da grima observar a un animal humano –que la evolución natural le ha dotado de un enorme cerebro para poder razonar– leyendo apasionadamente el horóscopo, realizando dizque hechizos, aconsejándose con una astróloga o consultando a una lectora del Tarot.

También es motivo de consternación ver de la manera en que ciertas personas –aprovechándose de la estupidez de muchas otras– establecen fraudulentos negocios de astrología que les permite generar miles o cientos de miles de dólares al año. Como ejemplo de una astróloga que gana miles de dólares al año gracias al engañoso y fraudulento negocio de la astrología podemos mencionar a esa charlatana y alocada astróloga llamada **Rukmini**.

Esta farsante se pasa brindándoles alocados consejos astrológicos a las personas a través de los medios de comunicación masiva. Sus alocados consejos son tan falsos que ha llegado a decirles a las personas que los inexistentes «aspectos planetarios te brindan gran claridad mental para resolver dificultades en tu ambiente familiar.»[lx], lo que es, por decir lo mínimo, puro embeleco astrológico.

Otro ejemplo de un charlatán que se pasa engañando a las personas con horóscopos y astrología es **Walter Mercado**. Este afamado embaucador les dice a las personas: (1) que sus horóscopos son reales; (2) que «la energía de los planetas te imanta de buena suerte»; y (3) que «las estrellas te llenan de energía positiva.»[lxi] Lo que son, por decir lo menos, puros embelecos astrológicos y puras patochadas.

Dicho eso –y como los poderes astrológicos no existen, y como todos los astrólogos son unos embaucadores– sostenemos que todas aquellas personas que crean en astrólogos, en velas mágicas, en hechizos, en conjuros, en pócimas mágicas, en inciensos mágicos, en horóscopos, en fantasmas o en poderes esotéricos son, por decir lo menos, unos amantes de la imbecilidad, de la estupidez y de la falacia, que desperdician su corto tiempo de vida en sandeces esotéricas. En fin, toda(o) estúpida(o) que entienda que los poderes astrológicos, que las cartas del Tarot o que los horóscopos son reales debe tener presente que:

«Durante siglos los científicos han rechazado los principios de la astrología...». [lxii]

Para terminar, entendemos que podemos resumir los puntos sobresalientes de esta sección de la siguiente manera:

- ✓ La astrología es un fraude.
- ✓ Todos los astrólogos son embusteros y amantes de la falacia.
- ✓ Todas las personas que creen en astrólogos, horóscopos, velas mágicas, conjuros y en lectoras del Tarot son, por decir lo menos, amantes de la imbecilidad, de la estupidez y de la falacia.

Capítulo tres
Religión: arma sociológica y psicológica de destrucción masiva

«La Iglesia es una institución autoritaria y antidemocrática y...se caracteriza por su inutilidad social.»

Dr. Gazir Sued, profesor de la Universidad de Puerto Rico

«Las religiones atrasan al ser humano; van en contra de la ciencia y el progreso.»

Taslima Nasrin

«Millones de seres inocentes, hombres, mujeres y niños, desde la introducción del cristianismo, han sido torturados, asesinados, puestos en prisión, quemados...».

Thomas Jefferson

«Toda religión es un insulto a la dignidad mental del hombre...».

Herbert George Wells

«El buen cristiano debe permanecer alerta de los matemáticos...Ya existe el peligro de que los matemáticos hayan hecho una alianza con el demonio para oscurecer el espíritu y confinar al hombre en las ataduras del Infierno.»

San Agustín de Hipona

I. Egoísmo e individualismo en las religiones

Por otra parte, es de saber que, a través de las religiones –que embrutecen el pensamiento de las personas– se puede ver claramente toda la maldad, hipocresía, estupidez, egocentrismo y etnocentrismo del ser humano. Lo que es más, a través de las religiones los practicantes –que son descendientes de unos ancestros similares a los simios– encuentran la forma de manifestar las características antes mencionadas, sin ningún tipo de sanción social, pues las heréticas religiones lo que promueven tácitamente es eso mismo: que se sea etnocéntrico, malvado, hipócrita, estúpido, egocéntrico.

Para comprobar esto sólo hay que ir un día a la iglesia o escuchar a un religioso orar, y notará que es un vil egoísta que sólo se dirige a su inexistente dios para pedirle favores para su propio beneficio y para beneficio de su propia familia. Es decir, verá que las oraciones sólo dicen: *¡Ayúdame!*, *¡ayuda a mi hijo!*, *¡ayuda a mi esposa!*, *¡ayuda a mis padres!*, *¡dame dinero!*, *¡dame salud!*, etcétera.

También escuchará a esos hipócritas pedirle a su inventado dios que someta a las demás personas a su herética religión. Es decir, ni tan siquiera quieren que los demás billones de seres humanos practiquen la religión que les plazca o –como en nuestro caso– que despierten del sueño, que obtengan la iluminación y no crean ni practiquen ninguna de ellas.

Lo que es más, somos de opinión de que casi nunca escuchará a un practicante o a un líder religioso <u>orar primariamente</u> por los niños de África o por los niños que son abusados físicamente por los representantes de la inexistente cosa esa llamada Dios (los sacerdotes y los líderes religiosos). Tampoco los oirá pedirles a sus inventados dioses que hagan varios actos de sortilegios para que varios de los millones de euros que tiene la mendaz Iglesia católica depositados en cuentas bancarias desaparezcan y vayan a parar a manos de las personas más pobres del planeta.

Tampoco escuchará a un religioso pedirle a su inventado dios que le ilumine y que le haga <u>renunciar a todos sus bienes</u>, a los fines de repartírselos a las personas más necesitadas de África. Es más, el ser humano religioso es tan egoísta, hipócrita, pancista y malvado que le pide a su dios que les quite los platos de comida a los niños hambrientos de África para que se los den a él y a sus familiares más cercanos.

Si tiene dudas, hágase estas preguntas: *¿Cuántas veces usted, cuando se encuentra orando, le ha pedido a su inexistente deidad que le proporcione comida y salud a los niños de África? ¿Cuántas veces usted le ha pedido a la inventada cosa esa llamada Dios que le consiga un empleo bien remunerado a esas madres que tienen que criar a sus hijos solas? ¿Cuántas veces usted le pide al invento ese llamado Dios que haga el milagro de quitarle la mitad de todos sus bienes (los suyos) para repartírselos a los más necesitados?* Las contestaciones a todas esas interrogantes son sencillas: nunca o, en la alternativa, en muy pocas ocasiones.

Esto cobra tintes espeluznantes en los días de acción de gracias, regularmente celebrados en noviembre en el mundo Occidental. Ese día millones de personas les dan gracias a sus inventados dioses de que ellos tienen comida, salud y bienes, sin pensar: (1) que millones de personas no tienen nada que comer en ese día; y (2) que en ese mismísimo día miles de personas alrededor del mundo morirán por no tener nada que comer.

Y si profundizamos todavía más, nos daremos cuenta de que, detrás de las oraciones de agradecimiento que hacen millones de personas en ese día de pura hipocresía, los mensajes escondidos son los siguientes: (1) *¡Mi inventado dios es tan bueno porque me da comida a mí y a los míos, mientras deja morir a miles de personas al año!* (2) *¡Mi inventado dios es tan bueno porque me deja tener bienes (y a mis familiares también), mientras millones de personas no tienen ni tan siquiera un lugar llamado hogar!* (3) *¡Mi inventado dios es tan bueno porque mientras yo, mis familiares y mis amigos tenemos salud, millones de personas mueren al año precisamente por complicaciones de salud!*

En fin, si razonamos con detenimiento, es obvio que en esos días no hay nada que celebrar. En este insignificante, violento y corrupto planetita: (1) hay más pobres que ricos; (2) millones de personas sufren de mala nutrición; (3) millones de personas son abusadas sexualmente; y (4) la violencia va en aumento. En fin, ¡no sea tan hipócrita y egoísta; no hay razón alguna por la cual usted debe darle gracias a sus inventados dioses! Si todos somos hijos de la inventada cosa esa a la que usted le llama Dios, dígale que <u>todos</u> merecemos una vida digna. No unos cuantos privilegiados como usted y como yo. Aunque, obviamente, como la cosa esa llamada Dios no existe, estamos seguros de que usted no podrá expresárselo.

Además de lo anterior, no podemos perder de perspectiva que la experiencia también nos enseña que los seres humanos regularmente van a las iglesias y se arrodillan ante sus inventados dioses: (1) cuando tienen una necesidad garrafal; o (2) cuando tienen un enorme sufrimiento que les atormenta. Dicho de otra manera, los religiosos son tan hipócritas que, mientras sus vidas están bien, sin problemas y sin sufrimientos: (1) regularmente no se acuerdan de la inexistente cosa esa llamada Dios; (2) no visitan todos los días las asfixiantes y grotescas iglesias. Sólo las visitan casi todos los días de la semana, como regla general, cuando los problemas, las tragedias y los sufrimientos les invaden. Y esas visitas a las iglesias las realizan con el egoísta interés de que los dioses que han creado los liberen de todos sus males. Por eso es que el afamado poeta Silio Itálico tenía muchísima razón cuando escribió:

Cuando sufrimos es cuando veneramos a los dioses. El hombre feliz rara vez se acerca al altar.[lxiii]

Asimismo, resulta evidente que las prácticas religiosas son tan capaces de crear un egoísmo tan poderoso, que es común observar cómo muchísimos progenitores les entregan sus hijitos e hijitas a sus líderes religiosos a fin de que estos últimos:

(1) los penetren sexualmente, ya sea vaginal, anal, orogenital, digital y/o instrumentalmente; o

(2) ejecuten actos que, aunque no equivalen a una agresión sexual, son tendentes a despertar, excitar o satisfacer sus deseos sexuales.

Y todo ello bajo la estúpida creencia religiosa que establece que, al hacerle una ofrenda al líder religioso (que se entiende que es uno de los representantes de Dios en la Tierra), éste puede comunicarse con la inexistente cosa esa llamada Dios y decirle que anote a los padres en el inexistente libro de la vida, de manera que cuando mueran se los lleve en una nube al irreal paraíso prometido.

Nótese que lo anterior es una especie de permuta divina, en virtud de la cual los progenitores les entregan los anos y las vaginas de sus hijas a los líderes religiosos, y éstos les entregan a los padres la inexistente vida eterna en el imaginario paraíso.[lxiv]

Debe apuntarse, además, que muchísimos creyentes y líderes religiosos son tan egoístas que, además de que se pasan diciendo que las estultas religiones que ellos practican son las únicas religiones verdaderas en el mundo, también tratan por todos los medios posibles (violentos o pacíficos) que los ateos y los practicantes de otras religiones abandonen sus creencias y adopten las suyas.

Incluso, ese egoísmo religioso llega hasta el extremo de que muchos practicantes y líderes religiosos: (i) critican a todas aquellas personas que tienen estilos de vida disímiles a los que establecen sus creencias religiosas; (ii) no les permiten a los miembros de sus congregaciones religiosas abandonarlas; (iii) difaman, castigan, golpean, mutilan o asesinan a los practicantes que abandonan las congregaciones.

Como ejemplo de este último punto podemos mencionar lo que pasa con la intolerante, discriminatoria, violenta, estulta, maca y egoísta religión islámica, ya que muchísimos de sus practicantes y líderes son tan egoístas que osan condenar con cárcel, con castigos físicos o con la pena de muerte estatal o populachera a todas aquellas personas que apostatan de la religión islámica. Veamos un ejemplo. En Malasia, país que es dominado por la religión islámica, una profesora tomó la valiente decisión de abandonar la recalcitrante, imbécil, aberrante, egoísta y embrutecedora religión islámica. Como consecuencia de ello, fue condenada por el Poder Judicial de Malasia a cumplir dos años de cárcel por haber cometido el delito de «apostasía del Islam».[lxv]

Ahora bien, ese egoísmo religioso llega a niveles extremos en el **judaísmo**, por razón de que todos sus practicantes y líderes religiosos opinan que ellos son el pueblo preferido de la inexistente cosa esa llamada Dios, toda vez que, según sus idiotizadas creencias, la imaginaria cosa esa llamada Dios hizo un pacto con ellos en el Sinaí.

Cabe señalar, además, que esa alocada creencia ha llevado a los judíos a creer que el pueblo de Israel: (1) se encuentra entre la inexistente cosa esa llamada «Dios y la humanidad, como mediador entre ambos»; (2) es «un modelo para la humanidad»; (3) «está llamado a ser 'el reino de los sacerdotes', y el orden social ideal, que se establecería de acuerdo con las leyes divinas…».[lxvi]

A la luz de todo lo anterior, es forzoso concluir que el inmortal filósofo y filólogo alemán Friedrich Wilhelm Nietzsche tenía muchísima razón cuando nos advirtió que todo líder y practicante religioso «sólo piensa en sí mismo.»[lxvii]

II. Persecuciones religiosas en contra de académicos, periodistas, delatores, desertores, escritores, cineastas, investigadores y filósofos

En otro orden de cosas, sépase que las religiones con dioses (o poderes sobrenaturales) castigadores y obsequiadores son, como regla general, una de las creaciones más perniciosas del ser humano. A través de ellas lo que se fomenta es el embrutecimiento del pensamiento, la mentira, la ignorancia y sobre todo, no querer saber la verdad científica de las preguntas filosóficas más trascendentales de todos los tiempos, como, por ejemplo: (1) el origen del Universo; (2) las leyes físicas que gobiernan el Universo; (3) la existencia de otros sistemas planetarios; (4) la creación y la evolución natural del animal humano; (5) la creación natural de otros seres vivientes; (6) las posibilidades de encontrar vida en otros planetas. En fin, la experiencia histórica enseña «de forma evidente, [que] el cristianismo y la mayoría de las religiones no están comprometidas de manera directa con ninguna explicación científica concreta sobre el origen del universo.»[lxviii]

Sobre este aspecto, es de saber que el deseo de muchos líderes religiosos (especialmente de los cristianos y de los musulmanes) de embrutecer el pensamiento del populacho ha sido tan enorme que, a través de los años, se han dedicado a difamar, criticar, perseguir, azotar o asesinar a muchos metafísicos, ateos y sobre todo, a los seres humanos más racionales: a los científicos y a los filósofos, por razón de que los líderes religiosos saben que los únicos que pueden destruir sus grandes y oscuras mentiras religiosas –con las que pueden mantener sus lujos, sus negocios y el control mental sobre las masas populacheras– son las personas antes mencionadas, pero sobre todo, los científicos con sus pruebas empíricas, fehacientes y razonables.

De hecho, a través de la historia podemos observar que la iglesia, al igual que numerosos practicantes, nunca ha tenido tolerancia con aquellas acciones que vayan en contra de sus falsas y ridículas posturas, especialmente con aquéllas que puedan destruir sus embelecos religiosos.

Es más, si miramos la historia con detenimiento, nos percataremos de que numerosos líderes religiosos (al igual que miles de practicantes) nunca han sido tolerantes con las acciones y con las investigaciones empíricas, razonables y fehacientes de los científicos, y mucho menos con los escritos y las manifestaciones de los liberadores de las mentes: los filósofos, hasta el extremo de que, repetimos, los han acechado, difamado, intimidado, escupido, torturado, asesinado, mutilado o enjuiciado injustamente, en el nombre de sus inexistentes dioses omnipresentes.

Acaso el mejor ejemplo de épocas pasadas para demostrar lo anterior fue lo que le hizo la corrupta e inmunda Iglesia católica, especialmente el papa Clemente VIII en 1600, al sacerdote *Giordano Bruno*. Ese año, los asesinos de la Iglesia católica –bajo el pretexto de que actuaban en el nombre de su inexistente deidad– «sacaron de prisión a Giordano Bruno, para llevarle en una macabra procesión hasta Campo de Fiori. Allí sería quemado en la hoguera (...) **¡Por haberse atrevido a decir que la Tierra giraba alrededor del Sol!** (...) Con este inocente se cometió un verdadero asesinato contra la ciencia.»[lxix]

Asimismo, sépase también que otros ejemplos de esto fueron los incidentes que tuvieron los científicos Galileo y Copérnico contra la corrupta y atontada Iglesia católica. Sobre el caso de **Galileo**, valga apuntar que la corrupta y cabrona Iglesia católica –bajo el pretexto de que actuaba como su inexistente dios le había ordenado– «condenó a Galileo en el siglo XVII por defender la teoría heliocéntrica de Copérnico, que establecía que la Tierra y los demás planetas giraban en torno a un Sol estacionario, mientras que la doctrina de la Iglesia defendía que la Tierra era el centro del Universo.»[lxx]

Por su parte, en el caso del **doctor Nicolás Copérnico**, es de saber que, después de que éste expusiera científicamente la teoría heliocéntrica –que establece, entre otras cosas, que nuestro contaminado planeta gira alrededor del Sol– fue enérgicamente criticado por académicos y por varios líderes de la mendaz Iglesia católica, que basaban sus críticas en que la investigación del doctor Copérnico contradecía el libro de cuentos de hadas llamado la Biblia. Esto tuvo como consecuencia –para vergüenza de los católicos– que, en 1616, la Iglesia católica se atreviera a colocar «el trabajo de Copérnico en su lista de libros prohibidos.»[lxxi]

Con relación a esto, es de saber que algunas personas piensan que lo anteriormente ocurrido con los científicos son unas acciones que en estos tiempos no ocurren, es decir, que hoy en día la iglesia no se entromete en los asuntos científicos y que los científicos no son inducidos a no realizar sus investigaciones, con el fin de que no se sepan las verdades científicas del Universo.

Sin embargo, es importante que se sepa, quizás para consternación y asombro de unos cuantos, que eso no es cierto. La iglesia, especialmente la mendaz Iglesia católica, por temor a que se sepan las verdades científicas de nuestro expansivo Universo, sigue presionando a los científicos, especialmente a los más inteligentes y famosos:

(1) para que no hagan ciertas investigaciones; o

(2) para que no continúen con ellas.

Teniendo en cuenta lo anterior, es de saber que el afamado **Dr. Stephen Hawking**, astrofísico y Catedrático de la Universidad de Cambridge, «asegura que el Papa Juan Pablo II llegó en una ocasión a pedir a los científicos que no investigaran el origen del Universo, puesto que éste sólo compete a Dios.»[lxxii]

A tono con lo expuesto, es preciso tomar en cuenta que la iglesia de estos ensombrecidos tiempos, además de que se entromete y estorba muchas de las investigaciones de los físicos y de los astrónomos, también lo hace con algunas de las investigaciones que realizan los médicos, los neurólogos y los neurocirujanos, particularmente, con aquéllas que buscan descifrar los misterios del cuerpo humano con el interés de alargar la vida y curar enfermedades degenerativas. Como ejemplo de ello, llama la atención lo que están haciendo los líderes de la mendaz y embrutecedora Iglesia católica en torno a las investigaciones científicas que se están realizando sobre el uso de las células madre que se extraen de los embriones humanos.

Constantemente, se puede ver cómo los embrutecidos líderes de la Iglesia católica se pasan realizando conferencias de prensa en las que:

(1) condenan la utilización de las células madre;

(2) critican a los científicos que realizan esas investigaciones;

(3) les exhortan a los científicos que no continúen con dichas investigaciones.

Y todo ello, a pesar de que la evidencia científica demuestra que **las células madre extraídas de embriones humanos** «constituyen una gran esperanza para la medicina, incluso en tratamientos de enfermedades neurodegenerativas como la de Parkinson o el Alzheimer. Las células madre tienen la capacidad de desarrollarse en otro tipo de células y reemplazar en otras partes del cuerpo a aquellas muertas o dañadas por enfermedades.»[lxxiii]

En otro orden de cosas, es de conocimiento público que la Iglesia católica ha odiado a través de la historia las verdades que se puedan decir sobre ella. Como resultado, se ha atrevido a agredir, difamar, calumniar, encarcelar y asesinar a muchas de las personas que han encontrado, investigado o publicado sus nebulosas, sangrientas, corruptas y maquiavélicas acciones realizadas en el nombre del padre, del hijo y del espíritu santo, amén.

El primer ejemplo, que es de carácter histórico, nos proviene de Italia. Entre 1606 a 1608 al sacerdote **Paolo Sarpi** le fue permitido examinar los archivos de la cabrona Inquisición, los matones y torturadores a sueldo de la Iglesia católica. Al realizar dicho examen, Sarpi se enteró de los delitos, de las masacres, de las violaciones y de los asesinatos cometidos por la Iglesia católica, y como buen amante de la verdad, decidió publicar las atrocidades encontradas en los archivos.

Sin embargo, cuando los líderes de la mendaz Iglesia católica se enteraron de esa idea, además de que excomulgaron a Sarpi, también contrataron a varios asesinos –entre ellos varios sacerdotes– para que lo asesinaran a sangre fría, a los fines de que la oscura y sangrienta verdad eclesiástica no saliera a la luz pública.

Para asesinar a Sarpi se realizaron dos atentados. El primero de ellos fue evitado, gracias a que los organismos de seguridad pudieron detener a los asesinos –entre ellos un sacerdote– antes de que cometieran el atroz delito. Sin embargo, el segundo atentado tuvo algo de éxito, pues, aunque Sarpi no murió, fue salvajemente atacado por varios malhechores –entre ellos un sacerdote– que lograron infligirle varias heridas punzantes en la cabeza y en otras partes de su cuerpo. Como consecuencia de dicho ataque, «en la República de Venecia todos culparon al Vaticano del atentado. Pasados unos meses, se pudo reconstruir la huida de los fallidos criminales, se supo que se encontraban en Roma y que su cabecilla había sido otro sacerdote.»[lxxiv]

En el segundo ejemplo, que está estrechamente relacionado con el anterior, ocurrió lo siguiente: en 1624, el obispo **Marco Antonio de Dominis** se enteró de las atrocidades cometidas por la cabrona Inquisición, gracias a varios de los escritos de Sarpi. Una vez enterado, Marco Antonio tomó la valiente decisión de publicar en el Reino Unido los macabros hallazgos de las investigaciones de Sarpi. Como consecuencia de dichas acciones, los corruptos líderes de la iglesia le fabricaron un caso de herejía que tuvo como resultado que Marco Antonio fuera arrestado, acusado, torturado y asesinado durante uno de los interrogatorios a los que fue sometido.

Ahora bien, lo más sorprendente de este asesinato fue que, ante la violenta muerte de Marco Antonio, por increíble que parezca, su juicio no se detuvo. El juicio continuó, a pesar de que el acusado ya estaba muerto y que el proceso de putrefacción corporal había comenzado. La razón para tan aberrante y patológica conducta fue que el corrupto y asesino Urbano VIII, Papa de la corrupta y fraudulenta Iglesia católica, le ordenó a sus inquisidores continuar con el juicio «y dado que la condena fue la hoguera, se realizó todo el macabro ritual con el ataúd y el cadáver, que fue quemado en el Campo de Fiori, el mismo lugar donde se hizo lo mismo con el inocente Giordano Bruno.»[lxxv]

Otro sangriento ejemplo que demuestra con claridad la forma y manera en que la Iglesia católica trataba a todas aquellas personas que se atrevían a pregonar informaciones negativas sobre sus creencias o sobre sus líderes también proviene de Florencia, Italia. Allí, el clérigo florentino Girolamo Savonarola se dedicaba: (1) a predicar; y (2) a criticar duramente a la mendaz Iglesia católica y al Papa. Sus críticas, entre otras cosas, iban dirigidas a demostrar cómo el Papa se había alejado de las enseñanzas de humildad del clavado Jesús y cómo los altos líderes de la mendaz Iglesia católica sólo se preocupaban por mantener sus lujos, sus propiedades y sus banquetes.

En resumen, sus discursos demostraban cuán enorme era la depravación moral de la alta plana de la corrupta Iglesia católica. Como consecuencia de ello, la cabrona y corrupta Iglesia católica emitió una orden papal para que *–in Nomine Patris, et Filii, et Spiritus Sancti–* se excomulgara, difamara, torturara y asesinara en una hoguera al inocente **Girolamo Savonarola.**[lxxvi]

Debe destacarse, además, que las persecuciones religiosas en contra de las personas que se han atrevido a desertar de sus atolondradas congregaciones religiosas o que le han informado al mundo las atrocidades humanas que se cometen dentro de ellas todavía siguen siendo unas prácticas comunes en nuestro tiempo.

Un ejemplo sobre ello proviene de la violenta y corrupta isla de Puerto Rico. Allí, hay una congregación de atolondrados llamada **La Misión de la Virgen del Rosario del Pozo** que se ha dedicado a perseguir, difamar e insultar a varios ex miembros de la congregación que denunciaron, entre otras cosas, que, cuando los miembros «incumplen alguna tarea, no alcanzan las cuotas demandadas o no pueden asistir a las reuniones…reciben diferentes castigos, como comer grillos, cebollas, ajíes y ajos o el rito del paño negro.»[lxxvii]

Debe recordarse, además, que en estos tiempos las religiones siguen causando tanto embrutecimiento en el pensamiento de los practicantes, que todavía se persiguen escritores, caricaturistas, cineastas, productores, investigadores y periodistas, por razones puramente religiosas. Particularmente, por haber realizado libros, documentales, películas o reportajes investigativos que tratan sobre los aspectos negativos (pero verídicos) de alguna religión.

Así, por ejemplo, recordemos que el periodista **Alexander Sdvizhkov** fue encarcelado en la República de Belarús por haber publicado unas caricaturas del asesino Mahoma en un periódico local. Además, recordemos el caso del valiente cineasta **Theo Van Gogh**; todos sabemos que él fue perseguido y asesinado por los islamitas, por haber publicado un libro y un documental sobre los aspectos negativos del intolerante, peligroso y cabrón Islam.[lxxviii]

III. Libros, películas, objetos y escritos prohibidos eclesiásticamente

Por otra parte, en nuestra época, es de saber que, en muchísimas ocasiones, muchos líderes religiosos han llegado a interferir con la libertad de pensamiento y de movimiento de sus feligreses, y les han recomendado, a través de comentarios y sugerencias difamatorias: (1) que quemen ciertos libros, películas y juguetes; (2) que no patrocinen ciertos negocios y productos alimenticios; (3) que no lean ciertos libros; y (4) que no vean alguna película.

Sabido es también que, para intentar ser más efectivos en sus sugerencias, osan realizar actos públicos en los que se queman libros, películas, camisetas, juguetes y otros objetos. También realizan, a través de los medios de comunicación: (1) campañas de persecución; (2) ataques verbales; (3) grotescas difamaciones, especialmente por la red de Internet. Eso, sin contar con esos necios comentarios que sugieren que los productos boicoteados son obras dizque de los duendes verdes, de la bestia come gente de siete cabezas, de los demonios o de Satanás.

No hay que olvidar que las razones principales para tales conductas resultan ser sorprendentemente sencillas. Ello ocurre cuando los líderes religiosos entienden que dichos productos provienen de personas que no creen en las embusteras religiones o cuando esos productos o artefactos –como algunos libros y películas– ponen en duda las fraudulentas e inventadas creencias religiosas. Lo que, sin lugar a dudas, puede poner en peligro las fortunas y los lujos de los líderes religiosos.

Ello ocurrió, por ejemplo, con los libros y con las videocintas basadas en la novela El Código Da Vinci, escrita por el afamado escritor **Dan Brown**. Muchos líderes religiosos –para su vergüenza– llegaron a ordenarles a miles de sus embrutecidos feligreses que no leyeran la novela y que no fueran al cine a ver la película.

Todo porque que la novela y la película se basan en la teoría de que el inexistente Jesucristo copuló, se enamoró, se casó y tuvo hijos (por lo que su descendencia existe hoy en día entre nosotros) con María Magdalena, su discípula preferida. Lo que es, según la mayoría de los desviados líderes religiosos del cristianismo, una gran blasfemia en contra de sus inventados dioses y santos pues, claramente, atenta contra el principio mágico-cristiano de que el inexistente Jesucristo era dizque un ser divino y sexualmente virgen.

Pero, si profundizamos más sobre las razones de las críticas de los líderes religiosos en contra de *El Código Da Vinci*, nos daremos cuenta de que, en realidad «...la histeria de muchos líderes religiosos estaba basada incorrectamente en que sus fieles eran tan tontos que después de ver la película dejarían de creer en lo que creían y por lo tanto <u>la asistencia a los templos, y por ende las ofrendas, disminuirían considerablemente.</u>»[lxxix]

Véase el Índice de Libros Prohibidos

Otro ejemplo de persecuciones religiosas en contra de la disidencia lo podemos ver en un catálogo publicado y compilado desde el año 1559 por la corrupta y procaz Iglesia católica, llamado el *Índice de Libros Prohibidos*. En dicho catálogo, como se sabe, los herejes de la Iglesia católica osaron anotar y sacar de circulación todos aquellos escritos y libros que ellos consideraban que representaban un peligro claro e inminente para su inventada fe cristiana, sin contar con que a muchos de los autores de dichos escritos los excomulgaron, los censuraron, los arrestaron o los mataron en el nombre del padre, del hijo y del espíritu santo, amén.

A ello hay que añadirle que, no sólo los autores de esos escritos eran castigados, sino que los feligreses que no obtuvieran una dispensa de la procaz y mendaz Iglesia católica para poseer, leer o discutir el contenido de esos libros también eran excomulgados y castigados duramente.

Ahora bien, debe destacarse que, después de siglos de persecuciones, difamaciones, torturas, castigos y asesinatos por escribir, vender, poseer, leer o discutir el contenido de esos maravillosos libros llenos de sabiduría, «la última edición del Índice se publicó en 1948. <u>La Iglesia anunció en 1966 que no se publicarían nuevas ediciones y que el catálogo actual ya no era vinculante</u>. Se retiró la pena de excomunión por leer los libros del Índice.»[lxxx]

Como se observa, sólo hace unos cuantos años que la mendaz y asesina Iglesia católica dejó: (1) de compilar oficialmente libros para incluirlos en su herético índice; y (2) de excomulgar personas por el simple hecho de escribir, vender, poseer, leer y discutir el contenido de esos libros. Sin embargo, no podemos pasar por alto que todavía en estos tiempos democráticos en donde existe libertad de expresión y libertad de prensa numerosos practicantes y líderes del catolicismo se pasan investigando el contenido de los libros, de las videocintas, de los videojuegos, de las páginas de Internet, de los periódicos y de las revistas, a fin de censurarlos, criticarlos, boicotearlos y, en ocasiones, <u>quemarlos en sus</u>

hogueras personales del oscurantismo cristiano, como hacían hace unos cuantos años, cuando tenían censores estatales que estaban pendientes de todo lo que se escribía a fin de: (1) colocar su contenido en los archivos de los libros prohibidos; (2) multar a los autores; (3) colocar a muchos de sus autores en cárceles y en fétidos calabozos, claro está, si es que se apiadaban de ellos.

Ahora bien, no se debe entender por lo anterior que únicamente la cabrona Iglesia católica ha censurado y condenado ciertas publicaciones. La historia demuestra con extrema claridad que numerosas sectas cristianas en diferentes partes del mundo también lo hicieron, hasta el extremo de que muchas de ellas: (1) perseguían a los autores; (2) hacían hogueras para quemar esas publicaciones; (3) hacían listas de libros prohibidos; y (4) mataban ocasionalmente a los autores de los escritos.

Pero téngase presente que todavía en estos tiempos existen sectas cristianas y comunidades protestantes que: (i) hacen listas de libros prohibidos; y (ii) hogueras en donde lanzan todos esos libros al canto de coritos y alabanzas, con el pretexto de que esos libros son: (1) blasfemias; (2) perversos; (3) fomentadores de la brujería, del oscurantismo y de la magia negra; (4) fomentadores del maravilloso ateísmo; (5) obras del diablo, entre otras imbecilidades. En fin, no hay duda alguna que todo esto demuestra el grave embrutecimiento mental que provoca el protestantismo en las mentes de muchos de sus practicantes.

Un ejemplo sencillo de esto ha ocurrido en Estados Unidos de América desde que se publicaron los libros de **«Harry Potter»** de la afamada escritora J. K. Rowling. En varias partes de dicha nación, numerosas sectas cristianas –como los miembros de una secta sita en Nuevo México llamada Iglesia de la Comunidad Cristiana de Alamogordo– se han dedicado: (1) a catalogar las novelas antes mencionadas como satánicas y fomentadoras de la brujería; (2) a boicotear los lugares en donde las venden; y (3) a realizar hogueras para quemar miles de esos libros.

Hasta el herético líder de la secta de imbéciles antes mencionada ha fomentado las hogueras y el boicot a los libros de «Harry Potter», por los estúpidos fundamentos de que: (1) la Dra. Rowling le enseña «a los niños actos de brujería»; (2) detrás de la cara del personaje de «Harry Potter» se esconde dizque «el poder satánico de las tinieblas»; (3) «Harry Potter es el diablo y está destruyendo a la gente.»[lxxxi]

A tono con lo anterior, es inconcebible e irrazonable pensar que en estos tiempos todavía haya en los países tecnológicamente más avanzados comunidades cristianas que han llegado a tales niveles de embrutecimiento mental que: (1) prohíben comprar, poseer y leer algunos libros; (2) prohíben el uso de algunos objetos de uso común, como, por ejemplo, películas, objetos para maquillajes, condones, pantalones ajustados, camisas sin mangas, computadoras y juguetes sexuales.

Así sucede, por ejemplo, en una secta cristiana sita en Estados Unidos de América (Utah) llamada Iglesia de Jesucristo de los Santos de los Últimos Días. Los miembros de esta secta tienen totalmente prohibido, entre otras cosas:[lxxxii] (1) ver películas y programas de televisión; (2) poseer películas; (3) poseer o utilizar computadoras; (4) utilizar la Internet; (5) utilizar camisas de mangas cortas; (6) poseer televisores; (7) poseer bienes inmuebles.

Ahora bien, más preocupante es observar la forma en que los nuevos miembros de esta aturdida secta cristiana hacen pequeñas hogueras personales en los patios de sus residencias para quemar todos aquellos objetos que estén en la lista de los objetos prohibidos, so pretexto de que, si no lo hacen:

(1) serán expulsados de la secta de idiotas;

(2) serán enviados –una vez mueran– al inexistente infierno que se han inventado en sus perturbadas mentes.

Otro ejemplo de persecuciones religiosas por publicar libros prohibidos proviene del amoroso y misericordioso mundo islámico. Allí, los gobiernos de la mayoría de esos países hacen listas de libros, revistas, novelas, periódicos y páginas de Internet prohibidas. Además, también arrestan, encarcelan y multan a sus autores. Como ejemplo de esto, valga saber que en algunos de estos países islámicos se ha llegado a colocar en la lista de libros prohibidos una novela del ganador del **Premio Nobel de Literatura Gabriel García Márquez**.

Yuxtapóngase a eso que en muchos de esos países islámicos no sólo el sistema de justicia criminal confisca y destruye toda aquella publicación, dibujo, libro, pasquín, videojuego, película y reportaje que describa despectivamente al asesino Mahoma, a la inexistente cosa esa llamada Alá o al islamismo, sino que también es común observar la forma en que el sistema de justicia criminal y el populacho se encargan de perseguir, arrestar, enjuiciar, encarcelar y, en muchísimas ocasiones, asesinar a sus autores y publicadores.

Así, nuevamente, recordemos el ejemplo de las caricaturas de Mahoma. Todos sabemos que un gran número de líderes religiosos del Islam le pidieron a sus embrutecidos seguidores que en el nombre de Mahoma y de la inexistente cosa esa llamada Alá:[lxxxiii]

(1) persigan y asesinen a los caricaturistas;

(2) persigan y asesinen a los publicadores.

Llegados a este punto de la discusión, tenemos que decir que nos parece extremadamente alarmante que en estos tiempos modernos de libertad intelectual –cuando se desea que la publicación de libros, revistas, periódicos y de páginas de Internet sea libre– existan censores de literatura (ya sean líderes o fanáticos religiosos) que se pasen buscando eliminar o restringir el contenido de ciertas publicaciones impresas o electrónicas, ya sean los artículos, las caricaturas o los anuncios que se publican en ellas.

Ellos son los que menos tienen legitimación activa para hacerlo. No podemos olvidar que estas embrutecidas y tiránicas figuras (los líderes religiosos y miles de sus seguidores) choteaban, perseguían, apresaban y asesinaban a las personas que escribían algo que a ellos no les gustaba, ya fuese en algún libro o en algún texto breve.

Sólo basta recordar –para comprobar lo anterior– en el caso del estúpido cristianismo: (1) los archivos de los libros prohibidos; (2) las hogueras en donde quemaron millones de escritos; (3) los millones de seres humanos que fueron torturados;(4) las hogueras en donde quemaron a cientos de miles de personas; y (5) los casos de Galileo, de Martín Lutero y de Nicolás Copérnico.

Por su parte, en el caso del peligroso y discriminatorio Islam, baste con recordar las millones de almas que han sido (y que todavía son) perseguidas y asesinadas desde su surgimiento, por el simple hecho de haber realizado algún dibujo o escrito sustancialmente negativo:

(1) sobre el asesino y alocado Mahoma;

(2) sobre la inexistente cosa esa llamada Alá; o

(3) sobre el cabrón y discriminatorio Islam.

En fin, es alarmante que hoy en día miles de practicantes y líderes religiosos –que están idiotizados por las religiones que practican– se pasen buscando restringir o eliminar el contenido de los libros, de las páginas de Internet y de la prensa escrita, ya sean sus anuncios, sus caricaturas o sus artículos. No lo podemos permitir nuevamente. Ello sería regresar nuevamente al embrutecedor oscurantismo intelectual y social que vivió la humanidad por siglos.[lxxxiv]

Por último, resulta apropiado agregar que en muchos países islámicos –como Arabia Saudita e Irán– se han creado unas listas de objetos religiosamente prohibidos, dirigidos, particularmente, a las mujeres. Así, esas listas le prohíben a las damas utilizar, entre otras cosas:(1) bicicletas; (2) maquillajes; (3) mahones; (4) pantalones; (5) vehículos de motor; (6) faldas cortas; y (7) camisas ajustadas.[lxxxv]

a. Bellas Artes vedadas

Como nota adicional, valga saber que las religiones son el peligro más grande que tienen las Bellas Artes, particularmente, las esculturas, las pinturas, las estatuas, las obras de artes milenarias, los dibujos, las nuevas imágenes digitalizadas y las obras teatrales. De hecho, a través de los siglos, la humanidad ha podido ver la forma en que los fanáticos y los líderes religiosos se han atrevido (u ordenado) a difamar, agredir, perseguir, arrestar y encarcelar a muchos actores, actrices, pintores(as), dibujantes y escultores(as), por el simple hecho de haber realizado una obra de alta calidad catalogada por los líderes y/o por los fanáticos religiosos como herética, blasfemante, satánica o atea.

Incluso, a través de la historia, han sido muchísimos los casos en que la comunidad intelectual y académica ha tenido que ver y soportar que los líderes y los fanáticos religiosos: (1) censuren sus obras; (2) destruyan sus obras; (3) confisquen sus obras; (4) cancelen sus exposiciones artísticas; y (5) les multen por publicar sus obras. Podríamos citar cientos de miles de ejemplos, pero nos limitaremos a sólo cinco.

El primero de ellos proviene de Italia, particularmente, de la Italia renacentista. Allí, la comunidad artística tuvo que ver y soportar que el líder religioso Girolamo Savonarola: (1) difamara, criticara y condenara a los artistas; (2) quemara y dañara *motu proprio* un sinnúmero de esculturas, de cuadros, de pinturas y de dibujos; (3) le ordenara a sus seguidores quemar en gigantescas hogueras un sinnúmero de esculturas, de cuadros, de dibujos y de pinturas.

El segundo ejemplo proviene de Viena. Allí, en el 2008, la herética comunidad cristiana difamó y criticó severamente un cuadro pintado por Alfred Hrdlicka, que se estaba exhibiendo en el museo de la Catedral de Viena. Las protestas llegaron hasta el nivel de que los embrutecidos religiosos lograron que el cuadro –**que tenía «la imagen de un Jesús inmerso en una orgía**

homosexual con los doce apóstoles»– fuera retirado de la exhibición del museo.

El tercer ejemplo proviene de Nuevo México, en Estados Unidos de América. Allí, en 2001, la herética comunidad cristiana protestó, difamó, criticó y tildó de sacrilegio una preciosa imagen digitalizada por la artista Alma López, que se estaba exhibiendo en el Museo de Arte Folclórico Internacional de Santa Fe. Las protestas llegaron hasta el nivel de que los embrutecidos cristianos lograron que la imagen digitalizada –**que tenía la «imagen de la Virgen María vistiendo un bikini floral»**– fuera retirada del museo antes de que concluyera el plazo de exhibición que se había establecido.

El cuarto ejemplo proviene de España. Allí, el reputado actor Leo Bassi realizaba una obra teatral llamada *Revelación*, en la que criticaba duramente el cristianismo y defendía el maravilloso ateísmo con vehemencia. Esto tuvo las siguientes consecuencias:

(1) que se hicieran protestas religiosas frente al teatro;

(2) que se le presentara una querella al actor; y

(3) que los idiotizados cristianos intentaran asesinar al artista, con una bomba que colocaron en el teatro.[lxxxvi]

Como hemos visto, los ejemplos plasmados están relacionados con el cristianismo. Veamos ahora el quinto ejemplo, proveniente del atolondrado mundo islámico, particularmente de Afganistán. Allí, el inútil régimen del Talibán se atrevió a destruir con dinamita –bajo protestas de la comunidad internacional– unas estatuas milenarias de Buda consideradas por la *Organización de las Naciones Unidas* como patrimonio de la humanidad, con el pretexto de que esas estatuas, de aproximadamente dos mil años de antigüedad, podrían causar que los pobladores del país:

(1) abandonaran el violento islamismo; y

(2) comenzaran a practicar el budismo.

No hay que ser muy inteligente para saber que este horripilante crimen cultural del régimen Talibán fue condenado por la comunidad internacional. Tanto así que: (1) «**la Asamblea General de las Naciones Unidas condenó la decisión de los líderes del gobierno afgano del Talibán de ordenar la destrucción de los monumentos budistas milenarios de Afganistán**»; (2) el Hon. Koichiro Matsuura, entonces Director de la Organización de las Naciones Unidas para la Educación, la Ciencia y la Cultura (UNESCO), criticó severamente las acciones del gobierno afgano del Talibán, hasta el extremo de que llegó a manifestar que «este crimen contra la cultura fue cometido mientras en todo el mundo se elevaban voces en contra. Los talibanes no tuvieron en cuenta ni la movilización internacional sin precedente ni la oposición expresada espontáneamente por las más altas autoridades religiosas del Islam.»[lxxxvii]

IV. Persecuciones y guerras religiosas

a. Cristianos persiguiendo y matando

Como se sabe, la incontrovertible realidad histórica demuestra con sangrienta claridad las formas y maneras en que los seres humanos hemos estado matándonos unos a otros por razones religiosas. De hecho, esa sangrienta historia demuestra que la religión «ha encendido algunos conflictos intensos, lanzado a los judíos en contra de los palestinos en Israel; los musulmanes contra los drusos y cristianos en el Líbano; los hindúes contra los sikh y los musulmanes en la India; los protestantes contra los católicos en Irlanda del Norte.»[lxxxviii]

Sobre las persecuciones y los conflictos entre los cristianos y los musulmanes, es importante recordar que desde cientos de años atrás los cristianos han estado asesinando, masacrando y peleando en contra de los mahometanos por razones religiosas, ya sea para imponerles sus heréticas creencias cristianas por la fuerza de las espadas o para extender sus territorios.

En este sentido, tómese en cuenta que la razón bíblica por la cual los heréticos cristianos se han pasado cientos de años matando y degollando a los mahometanos y a los ateos es porque ellos creen que a la inexistente cosa esa llamada Dios le fascina la sangre y el asesinato de esas personas. De hecho, si le damos una ojeada al cuento de hadas llamado **San Lucas (19:27)** notaremos que dice claramente lo siguiente: «Y también á aquellos mis enemigos que no querían que yo reinase sobre ellos, traedlos acá, y degolladlos delante de mí.»

A tono con lo anteriormente tratado, es apropiado mencionar que **Las Cruzadas** fueron unas guerras (declaradas por el papa Urbano II) en las que los amorosos cristianos se pasaron degollando a sus enemigos para imponerle su amorosa y misericordiosa religión como a su inventado dios le gustaba. Además, dichas guerras fueron realizadas para expandir los territorios de la iglesia y, sobre todo, para recuperar la Tierra Santa de los mahometanos, especialmente la vieja ciudad de Jerusalén.

No resulta demasiado aventurado anotar que dichas Cruzadas fueron la encarnación de la pura malignidad, especialmente por las acciones de los brutos y bárbaros cristianos hacia los mahometanos y los judíos. Valga un ejemplo: en junio de 1099, después de apoderarse de la ciudad de Jerusalén que se encontraba bajo el dominio de los mahometanos, los brutos y bárbaros cruzados-cristianos decidieron masacrar a la inmensa mayoría de los musulmanes y de los judíos que se encontraban dentro de la ciudad en el nombre del padre, del hijo y del espíritu santo, amén.

El motivo por el cual los brutos y bárbaros cruzados-cristianos decidieron masacrar a los habitantes fue que pensaron que ésa era la única forma de purificar la ciudad conquistada, que estaba infectada con mahometanos y judíos. Es decir, «según la concepción de los cruzados, la ciudad quedó purificada con la sangre de los infieles.»[lxxxix]

Ahora bien, eso no terminó ahí. Años más tarde, los mahometanos decidieron vengar la masacre antes señalada y recuperar la insignificante ciudad de Jerusalén. Así que, en 1187, el poderoso ejército del islamismo, bajo el mando de Salah al-Din Yusuf (Saladino I), se enfrentó al ejército de los herejes del cristianismo en Galilea, bajo el mando del rey *Guy de Lusignan*. Allí, Saladino le propinó una humillante y sangrienta derrota. Tan sangrienta y humillante que todos los Caballeros Hospitalarios de San Juan y todos los Caballeros Templarios «fueron degollados en el campo de batalla o en sus proximidades» en el nombre del amoroso y misericordioso Alá.[xc]

A tono con lo anterior, no podemos olvidar que la historia nos demuestra a través de pruebas claras, robustas y convincentes que América tuvo la desgracia de ver la manera en que los brutos y rudos cristianos degollaron a los aborígenes para imponerles su amorosa y misericordiosa religión. En tal sentido, valga recordar que, en América, el caso más sangriento de persecución religiosa fue el proceso de evangelización de los aborígenes americanos, una vez llegaron los españoles a América Latina con la herética bendición de la corrupta y mendaz Iglesia católica.

No hay dudas de que dicho proceso de evangelización latinoamericano fue extremadamente sangriento y abusivo. Tanto así que millones de nuestros aborígenes fueron masacrados, perseguidos, esclavizados y asesinados en el nombre de la inexistente cosa esa llamada Dios, entre otras razones, por el simple hecho de negarse a abandonar sus originales prácticas religiosas – prácticas religiosas que sus antepasados habían estado practicado por muchísimos años– para adoptar la creencia en un inexistente dios en el que ellos nunca habían creído.

Nunca se sabrá a ciencia cierta el número exacto de indígenas latinoamericanos que fueron maltratados, esclavizados y asesinados debido a esa herética evangelización cristiana. Pero, de lo que no hay duda es que esa cifra llega fácilmente a varios millones.

En fin, a ese herético proceso de evangelización cristiana de nuestros indígenas se le puede llamar el **Holocausto Cristiano-Indígena**, pues, no hay duda de que millones de nuestros indígenas latinoamericanos fueron abusados y exterminados –en el nombre del padre, del hijo y del espíritu santo, amén– por el simple hecho de:

(1) creer en otros inexistentes dioses;

(2) profesar y cumplir los ritos y prácticas de su religión;

(3) ser originales y diferentes.

Comentando sobre este particular, el **Hon. Hugo Chávez, Presidente de la República de Venezuela**, se expresa en el sentido de que en América «ocurrió algo mucho más grave que el holocausto (judío) en la Segunda Guerra Mundial, y nadie puede negar esa verdad que a nosotros tiene que dolernos todavía, 500 años después. Nadie puede negarlo, ni su Santidad puede venir aquí a nuestra propia tierra a negar el holocausto aborigen. Murieron por millones»; y agregó al respecto lo siguiente: «Yo le voy a pedir con todo respeto… <u>yo le ruego a su Santidad que ofrezca disculpas a los pueblos (indígenas)</u> de nuestra América. Creo que es lo correcto.»[xci]

Igualmente, valga saber que otro violento ejemplo de persecuciones y conflictos entre disímiles prácticas religiosas proviene de Cuba, particularmente desde la época del descubrimiento de América hasta 1959. Allí, después de que la isla se llenara de esclavos provenientes de África hubo sangrientas persecuciones por parte de los embrutecidos cristianos de la mendaz Iglesia católica hacia los esclavos africanos, ya que estos últimos se negaban a seguir las heréticas prácticas religiosas del catolicismo, debido a que tenían sus propias prácticas religiosas, como la adoración de los Orishas africanos y la brujería. Dichas persecuciones fueron tan violentas que se llegó a establecer en las normativas jurídicas que las personas que practicaran la brujería serían castigadas con todo el peso de la ley, incluso, la pena muerte.

Valga saber que estas persecuciones a los practicantes de la brujería, aunque fueron mermando poco a poco a través de los siglos, se mantuvieron hasta el mismísimo siglo XX, específicamente hasta 1959–1960. De hecho, el propio **Código Penal de Cuba**, antes de que se dejara de perseguir a los brujos, «…contenía el agravante delictivo de 'practicar la brujería'.»[xcii]

b. Mahometanos persiguiendo y matando

Por otro lado, y no nos importa repetirlo nuevamente, no debemos olvidar que el maco y machetero Mahoma le ha ordenado a sus fanáticos –con el pretexto de que la inexistente cosa esa llamada Alá se lo dijo– que, cuando vayan a perseguir a un practicante de una religión que no sea el Islam, utilicen las mismísimas tácticas que utilizaron los cristianos para expandir su fe, es decir, puños, patadas, espadas y cuchillos para tratar de intimidar y disuadir a las personas, con miras a que se unan al maco Islam. De hecho, sobre esta orden del maco Mahoma de imponer su inventada religión a través de objetos filosos, nos dice el emperador Manuel II Paleólogo lo siguiente:

Muéstrame lo que Muhammad trajo de nuevo, y encontrarás sólo cosas malvadas e inhumanas, tales como su orden de imponer la fe por la fuerza de la espada…y esto es irracional.

Ahora bien, lo que nunca sabrá este *imperātor* es que la inexistente cosa esa llamada Alá ha sido renovada y actualizada, y en estos tiempos le ha ordenado (eso dicen los líderes del mahometanismo) a sus estultos fanáticos que impongan su cabrona religión por la fuerza, particularmente a través de persecuciones en las que sea común la utilización de: (1) armas de fuego; (2) pistolas eléctricas; (3) granadas; (4) dinamitas; (5) rifles AK-47; (6) balas; (7) bombas; (8) armas químicas; y (9) morteros.[xciii]

Al respecto, tenemos que decir que causa grima ver en estos tiempos la forma en que miles de personas son difamadas, perseguidas, amenazadas, agredidas, torturadas, encarceladas y asesinadas cada año por muchísimos de los practicantes del mahometanismo por: (1) ser practicantes de otras religiones; (2) dejar de creer en el chalado Islam; (3) no creer en ninguna idiotez religiosa.

Así, nos viene a la mente un triste caso ocurrido en el 2004 en Toba Tek Singh, Paquistán. Allí, unos idiotas practicantes del Islam se percataron de que un ciudadano practicaba la religión cristiana, por lo que decidieron aplicar las idioteces establecidas por Mahoma –creador del Corán– de que se debe usar la fuerza para que un ciudadano renuncie a su fe y se abrace al embrutecedor islamismo, y para ello lo secuestraron y lo llevaron al interior de un seminario islámico.

Allí le exhortaron a que rechazara el cristianismo y que se acogiera al violento Islam, lo que el joven rechazó tajantemente. Como consecuencia de ello, estos embrutecidos fanáticos del Islam «comenzaron a someterlo a abusos físicos durante un periodo de 5 días. Según se informa, recibió descargas eléctricas y le arrancaron las uñas; cuando su estado físico se hizo crítico, le llevaron al puesto de policía acusándole de robo. Su padre lo recogió del puesto de policía y lo llevó al hospital donde murió...».[xciv]

Por otra parte, no podemos dejar de mencionar que en el mundo de los islamitas –desde que el abellacado Mahoma se inventó el Corán– se han perseguido con vehemencia a las personas que practican la hechicería. Tanto es así, que desde el inicio del Islam se le ha impuesto la pena capital a los practicantes de esta milenaria práctica religiosa.

Con eso en mente, es de saber que en la actualidad el maco Islam ha demostrado que sigue siendo igual de embrutecedor y peligroso que en esos tiempos pasados. La razón de ello es que se siguen persiguiendo, encarcelando, agrediendo y asesinando a los practicantes de la **hechicería** en la inmensa mayoría de los países islámicos. Tanto es así, que en algunos de estos países se le impone la pena capital a las personas antes mencionadas en la plaza pública: (1) cortando su cabeza con un filoso sable; o (2) en una flamante horca.

Como ejemplo de esto, llama la atención un horripilante caso ocurrido en Arabia Saudita en 2007. En ese caso, un ciudadano egipcio llamado Mustafa Ibrahim fue difamado, perseguido, arrestado, torturado y ejecutado con un filoso sable «tras haber sido condenado a muerte por 'hechicería'».[xcv]

A tono con lo anterior, valga saber que lo

anteriormente anotado no es el único tipo de persecución religiosa que se ejecuta en muchos de los países islámicos. En muchos de ellos –como Arabia Saudita, Egipto e Irán– son igualmente perseguidos los **homosexuales**, tanto así que: (1) el Derecho Islámico ha establecido en las legislaciones penales que ser homosexual es un delito grave; (2) los homosexuales son constantemente perseguidos, arrestados y ejecutados (debido a que le imponen la pena capital) por los miembros del sistema islámico de justicia criminal.

No olvidemos tampoco que en muchos de estos países islámicos los idiotizados líderes y practicantes de esta religión también se pasan persiguiendo, difamando, arrestando, encarcelando y en ocasiones asesinando a los **periodistas** que hayan presentado alguna información sustancialmente negativa en contra del cabrón Islam. Tampoco podemos olvidar que, en Afganistán, el imbécil e inútil régimen Talibán osaba perseguir, arrestar, encarcelar y condenar a muerte (por lapidaciones) a las **mujeres** que se vieran acompañadas por «hombres con los que no tenían relación familiar.»[xcvi]

c. Persecuciones actuales entre cristianos, hindúes y mahometanos

Por otra parte, y como ya hemos visto, las persecuciones y los sangrientos conflictos armados entre los embrutecidos religiosos –especialmente entre los cristianos, los hindúes y los mahometanos– no han desaparecido todavía en este siglo. Todavía en muchos países se golpean, torturan y asesinan personas meramente por sus creencias religiosas, hasta el extremo de que, en muchísimas ocasiones: (1) se golpean, torturan y asesinan a aquellas personas que se han atrevido a hablar negativamente sobre alguna religión o sobre alguna deidad; (2) se realizan contratos y se ofrecen recompensas para que alguna persona lleve a cabo lo anterior. Valga un ejemplo.

En 2001, en la ciudad de *Jos*, en Nigeria, mayormente habitado por cristianos, se desataron unos sangrientos disturbios armados entre cristianos y mahometanos, meramente por razones religiosas. Durante dichos disturbios armados, los partidarios de ambas religiones –en el nombre de sus inexistentes dioses– realizaron lo siguiente: (1) dañaron y quemaron iglesias, viviendas, mezquitas y otros bienes muebles e inmuebles; (2) difamaron, intimidaron y agredieron a miles de personas; y (3) asesinaron a cientos de personas.[xcvii]

Nótese que indicamos líneas arriba que todavía en estos tiempos modernos surgen persecuciones y sangrientos conflictos armados entre miembros de las disímiles religiones, cuando alguna persona o algún líder religioso dice, escribe o dibuja algo negativo en contra de otra religión. Veamos un ejemplo.

En 2006, el papa Benedicto XVI manifestó, citando un texto de la era medieval, que «**algunas de las enseñanzas del profeta Mahoma, fundador del Islam, eran 'malignas e inhumanas'**. También en el texto se vinculaba a esa religión con la violencia.»[xcviii] Como resultado de ello, por increíble que parezca, se confirmaron parcialmente las palabras manifestadas por Benedicto, ya que muchísimos miembros de la discriminatoria comunidad mahometana reaccionaron con violencia hacia la comunidad cristiana.

Así, por ejemplo, surgieron violentas manifestaciones en las que: (1) se dispararon armas de fuego; (2) se quemaron bienes muebles e inmuebles; (3) se colocaron bombas en edificios e iglesias cristianas que causaron graves daños; (4) se atacaron a tiros varias iglesias cristianas; (5) se agredieron a muchos cristianos; y (5) varios partidarios de la religión mahometana que tenían embrutecidos sus pensamientos asesinaron a sangre fría a una inofensiva y desarmada monja que se dedicaba a ayudar a los más necesitados en un hospital de Somalia.

Valga saber que por esos bárbaros hechos de sangre el jefe supremo de la Iglesia católica, el embustero Benedicto XVI, «reconoció a la monja por su labor 'realizada con gozo al servicio de la población de Somalia y ofreció su bendición apostólica a sus familiares y colegas monjas', así como a todos los que lamentan su pérdida.»[xcix]

Por otra parte, la India es otro lugar en donde se masacran personas por razones puramente religiosas. Allí, es común ver sangrientos **enfrentamientos entre los musulmanes y los hindúes**, tan violentos y sangrientos que es común ver cómo se queman personas vivas (entre ellas, niños pequeños) en las calles, en las casas y en los centros religiosos. Al respecto, valga conocer que dos de los enfrentamientos más violentos y recientes entre los hindúes y los mahometanos ocurrieron en 1992 y 2002. En los de 1992 fueron asesinadas en el nombre de los inexistentes dioses mahometanos e hinduistas más de dos mil personas.

Por su parte, en los enfrentamientos del 2002, cientos de personas fueron asesinadas, y una de las matanzas más sangrientas de ese año ocurrió «cuando un grupo de musulmanes extremistas prendió fuego a un tren que transportaba activistas hindúes, <u>matando a 58 de ellos, principalmente mujeres y niños. Como represalia, hindúes enardecidos asaltaron áreas musulmanas, quemando vivas a personas de esta religión dentro de sus hogares.</u>»[c]

Nótese que todo lo anteriormente anotado dejó sentado con extrema firmeza que todos los combatientes que participaron en esos violentos, intimidantes y sangrientos conflictos tenían extremadamente embrutecidos sus pensamientos debido a las heréticas religiones que practicaban. Nótese, además, que estos embrutecidos combatientes: (1) se alejaron de las enseñanzas de paz de sus religiones; (2) le causaron daños a innumerables bienes por razones religiosas; y (3) mataron seres humanos (incluyendo niñitos pequeños) por razones puramente religiosas.

Por último, no hay que ser muy inteligente para saber que esos violentos enfrentamientos religiosos les causan a los países que se les perciba como inseguros, intolerantes, violentos, atolondrados e ignorantes, lo que los expone a perder millones de dólares al año en ganancias turísticas y comerciales. Eso, sin contar con que las mentes más brillantes y pacíficas del país buscarán salir del país a toda costa, a fin de conseguir una mejor calidad de vida en otro lugar, tanto para ellas como para sus familiares.

Incluso, esa violencia religiosa causa que los políticos y los dirigentes decentes del país se sientan abochornados de su propia patria. Como muestra de esto, podemos mencionar las emotivas palabras de Atal Behari Vajpayee, entonces Primer Ministro de India, cuando ocurrieron las matanzas entre los mahometanos y los hindúes en 2002. Él le dijo al mundo y a sus conciudadanos que «quemar gente viva, incluyendo mujeres y niños es una deshonra para el país.»[ci]

d. Persecuciones en contra de los respetables masones

Por otra parte, otro ejemplo de persecución religiosa por el simple hecho de tener pensamientos disímiles que las religiones tradicionales proviene de los iluminados masones. Es de conocimiento público que muchas de las personas que pertenecen (y han pertenecido) a las logias masónicas son personas (y han sido personas) extraordinarias. Es más, la masonería ha sido a través de los siglos la organización perfecta para que sus miembros, aunque sean creyentes de alguna de las religiones tradicionales, puedan expresar y desarrollar sus ideas, toda vez que su doctrina básica fomenta la igualdad, la fraternidad, el libre pensamiento, la libertad de culto, la libertad de expresión, entre otras libertades.

Ahora bien, es sabido que esas maravillosas doctrinas básicas de la masonería no le agradan (ni le han agradado) a millones de personas que practican (o han practicado) alguna de las violentas religiones tradicionales, por lo que, a través de los siglos, se ha podido ver cómo muchos practicantes y líderes religiosos han perseguido, golpeado, asesinado o difamado a los masones.

Sobre esto último, valga saber que, actualmente, cientos de miles de personas alrededor del mundo, especialmente los practicantes de las ridículas religiones tradicionales, dicen que los masones: (1) son una secta satánica; (2) quieren apoderarse del mundo; (3) hacen sacrificios humanos; (4) tienen rituales sexuales. En fin, la lista de difamaciones es infinita.

Todo lo anterior ha hecho que los masones, –a través de su historia– hayan tenido que realizar muchas de sus sesiones en secreto, por el temor de ser perseguidos y criticados. Sobre este asunto, nos dice la **Logia Masónica de Puerto Rico** (Respetable Logia Sol de Oriente #40) que «durante gran parte de la historia, los masones han sido perseguidos por sus ideas de libertad, de igualdad, de fraternidad, y han requerido del más absoluto secreto para sesionar.»[cii]

Ahora bien, es justo señalar que hoy en día la persecución física de los masones es mínima, aunque no ha sido así con las persecuciones escritas y expresivas. Sobre esto último, es cuestión de observar los miles de artículos publicados en la red de Internet y en publicaciones escritas, para ver las injustas atrocidades y difamaciones que se dicen de los masones, por el simple hecho de ser diferentes y tolerantes del libre pensamiento.

e. Persecuciones religiosas en contra de ateos, filósofos y críticos

No hay que olvidar, por otra parte, que a través de los siglos los alocados líderes y fanáticos religiosos le han declarado la guerra a los ateos y a los que critican sus fraudulentas creencias religiosas, por lo que se han dedicado a perseguirlos con vehemencia. Esas persecuciones han variado a través de los siglos. Así, cuando la Iglesia católica era un Estado poderoso y ejercía una gran influencia sobre los monarcas y el ordenamiento jurídico de otros países, las persecuciones consistían en arrestar, difamar, torturar, encarcelar y asesinar a los perseguidos principales y a sus familiares más cercanos.

En cambio, hoy en día, las persecuciones de los ateos, de los que critican las religiones y de los que se mofan de las religiones ocurren de dos maneras, como regla general. Así, en los países occidentales y en muchos países de Europa, las persecuciones de estas personas son mayormente psicológicas, difamatorias y legales. Es decir, muchos ateos y muchos críticos de las religiones son difamados, demandados, amenazados e insultados por los practicantes y líderes religiosos. Aunque no podemos pasar por alto que en algunas ocasiones los religiosos han agredido o asesinado: (1) a los críticos de las religiones; (2) a los familiares de los críticos; y (3) a los amigos de los críticos.

Quizás un ejemplo de esto es lo que le ocurre a los directivos, empleados, caricaturistas y vendedores de una revista francesa de sátira –llamada «*Charlie Hebdo*»– que constantemente le lanza a las religiones tradicionales fuertes críticas fundamentadas a través de unas tirillas cómicas. Estas personas tienen que lidiar constantemente con los embrutecidos religiosos que se pasan constantemente protestando, criticando, difamando y entablando pleitos civiles y criminales en su contra.

De hecho, valga saber que, en 2007, varias organizaciones religiosas del peligroso Islam con base en Francia decidieron demandar a la revista, por haber publicado varias caricaturas de Mahoma, un desgraciado dictador, asesino y machista que fue autor de crímenes de lesa humanidad mientras vivía. Luego de varios trámites procesales, el caso llegó hasta el **Tribunal Correccional de París**, y este tribunal determinó --protegiendo el sagrado derecho a la libertad de expresión-- que los directores de la revista no habían violado ninguna ley al publicar los dibujos del desquiciado y asesino Mahoma.

Por su parte, en algunas partes de Europa, del Oriente Próximo y del Oriente Medio las persecuciones en contra de los ateos y de los críticos de las religiones tradicionales (como el islamismo) siguen siendo injustas, sangrientas, asesinas y, lo peor de todo, con la bendición del Derecho, de los tribunales y de los jueces.

Quizás un buen ejemplo de esto es el caso del valiente periodista **Alexander Sdvizhkov**. Todos sabemos que, por valientemente atreverse a publicar varias caricaturas del herético y asesino Mahoma en un periódico de la República Bielorrusa, él fue acusado y sentenciado a tres años de cárcel por cometer el delito de odio religioso.[ciii]

Además, merece destacarse que, en estos tiempos,

también ocurren persecuciones religiosas por parte de los practicantes de los cultos y de las religiones no tradicionales en contra de las personas naturales o jurídicas que se han atrevido valientemente a criticar, informar, reportar o manifestar públicamente las verdades que se puedan decir sobre sus prácticas no tradicionales. Debido a ello, muchos de esos practicantes y líderes religiosos no tradicionales se han atrevido a ejecutar o intentar agresiones, acechos, difamaciones y fabricación de casos penales en contra de las personas antes indicadas.

Un ejemplo de esto está ocurriendo en muchas partes del mundo con el culto religioso de la *Cienciología*. Se han informado muchísimos casos en los que las personas (hasta reporteros de los medios de comunicación masiva) que se han atrevido a expresar públicamente algunas de las idioteces y de las dudosas prácticas de este manipulador culto seudo-religioso han sido agredidas, demandadas, acechadas y difamadas públicamente por algunos de sus practicantes y líderes.

Hasta tal extremo han llegado varios casos, que algunos practicantes y líderes de este culto han osado: (1) acechar por días a sus detractores: (2) levantarles carpetas a sus detractores (con su información personal; la información de sus hijos; la dirección de sus residencias; sus números telefónicos; y su información médica) para posteriormente colocarlas en algún portal de Internet, con el interés de que se retracten de sus críticas o se intimiden.[civ]

Además, no podemos dejar de mencionar que hasta en la antigua Grecia se llegaron a castigar y perseguir por razones religiosas a muchas personas que valientemente se atrevieron a contradecir o injuriar las burlescas creencias religiosas. Así, por ejemplo, la historia enseña que el científico *Anaxágoras* fue heréticamente acusado por haberse atrevido a decir con extrema valentía que nuestra estrella llamada Sol --la cual era una deidad entre los habitantes de la antigua Grecia-- «no era más que una masa de piedra en ignición.»

Como consecuencia de esa expresión, este extraordinario científico fue injustamente acusado y condenado por los griegos, utilizando para ello el Derecho vigente de la época. Sin embargo, Anaxágoras, sabiamente, decidió «huir a Lampsaco para evitar el castigo» de sus embrutecidos juzgadores.[cv]

Por otra parte, y llegados a este punto de la discusión, cabe preguntarse lo siguiente: ¿Qué hubiese pasado si los imbéciles practicantes y líderes del mahometanismo y del cristianismo (y los de cualquier otra religión), en vez de destruir los libros de los filósofos, de los científicos y de las mentes más brillantes que llegaron a perseguir, juzgar, chotear, arrestar, escupir, encarcelar y matar, les hubiesen dejado tranquilos y no hubiesen hecho lo anteriormente anotado?

Para dar respuesta a esta interrogante, valga saber que Catherine Fahringer --activista norteamericana a favor de la separación entre la mentirosa iglesia y el Estado-- la ha contestado. Ella entendía, en juicio que compartimos, que **estuviéramos «mil quinientos años más adelantados, si no hubiera sido por la Iglesia, arrastrando a la ciencia tomada de sus faldones y quemando nuestras mejores mentes en la hoguera**.»[cvi]

Siendo eso así, no tenemos la menor duda de que los avances y los descubrimientos en las ciencias, en la tecnología y en la medicina estuviesen mucho más adelantados. Tampoco tenemos la menor duda de que muchas de las enfermedades que sufrimos hoy en día ya tendrían una cura. Incluso, millones de personas que han muerto por causa de una enfermedad hubiesen podido alargar sus vidas mucho más. Lo que es más, la humanidad hubiese podido sacarle el máximo provecho a muchos de esos perseguidos y asesinados, que eran, por decir lo menos, las mentes más brillantes de esas épocas.

Discutido todo lo anterior, la pregunta que nos tenemos que hacer ahora es la siguiente: **¿Cuáles han sido las razones principales por las que a muchos fanáticos y líderes religiosos les fascina (y les ha fascinado) perseguir, denunciar, encarcelar,**

demandar, sentenciar, criticar, difamar, torturar, agredir o asesinar a los ateos y a los valientes que se han atrevido a criticar sus embrutecedoras religiones?

La respuesta parece sencilla: los ateos, los filósofos laicos y los críticos de las religiones: (1) matan las ridículas ideas de que luego de la muerte habrá otra vida; (2) matan la ridícula idea de que existe una probabilidad de reencuentro con algunos de nuestros seres queridos en el inexistente paraíso; (3) matan la idiotizada idea religiosa de que los seres humanos tendremos una vida en un paraíso en donde no habrá problemas y en donde todo será paz y amor.

Por eso es que muchos de los herejes del razonamiento humano --entiéndase por ello los líderes y los fanáticos religiosos-- están tan dispuestos a difamar y a causarle daños físicos y psicológicos a los ateos, a los filósofos laicos y a los críticos de sus ridículas creencias religiosas.

¡Y no es para menos! Estos seres pensantes y racionales le hacen ver a la humanidad que la mayoría de los creyentes: (1) son personas con parte de sus pensamientos idiotizados; (2) son unos imbéciles que creen en antiguos cuentos de hadas y de ciencia ficción. En fin, colocan a los creyentes en una posición de extrema ridiculez cognoscitiva ante el mundo racional.

Pues, imagine, ***decirle a usted*** –un embrutecido creyente de una religión con dioses castigadores y premiadores– que su religiosa madre que leía su libro sagrado todos los días, que su religioso padre que se arrodillaba en los templos los días de culto y que sus queridos familiares que cantaban coritos en los detestables templos nunca se podrán levantar de las tumbas en donde están podridos y que nunca podrán reunirse con usted en el inexistente paraíso divino son unas verdades muy perturbadoras y desalentadoras, que pueden generar en usted (y en otros creyentes) molestia o agresividad.

O imagine usted que se le diga a un empobrecido o a un hambriento que cree en la existencia de Alá, de

Yahvé o de Jesucristo que él seguirá siendo un empobrecido o un hambriento por más que ore. Y que no espere que su situación mejore en una próxima vida, toda vez que no hay más ninguna, pues los dioses en los que él cree son puras falacias mentales, es una noticia muy escandalosa e impactante.

También son unas verdades muy chocantes y emocionalmente impactantes para los engañados religiosos decirles que deben aprovechar al máximo sus cortas e insignificantes vidas, pues no hay: (1) paraísos celestiales; (2) una próxima vida después de la muerte; (3) dioses o poderes sobrenaturales premiadores y castigadores; (4) profetas divinos; (4) profetas divinos (como la inexistente cosa esa llamada Jesucristo) que hayan resucitado.

En resumen, decir las anteriores verdades es tan impactante para la inmensa mayoría de los religiosos que por eso es que: (1) la inmensa mayoría de los religiosos siente odio hacia los ateos y hacia los filósofos laicos; (2) algunos fanáticos religiosos son capaces de causarles daños a los bienes, papeles y personas de los ateos y de los filósofos laicos.

Por último, otra razón de gran peso por la cual muchos líderes religiosos sienten placer (o sentían placer) al perseguir, denunciar, encarcelar, demandar, sentenciar, criticar, difamar, torturar, agredir o asesinar a los ateos y a los valientes que se han atrevido a criticar sus corruptas religiones es que **los corruptos líderes religiosos siempre le han temido a los ateos**, por razón de que los ateos pueden hacer que muchos practicantes religiosos dejen de creer en inexistentes dioses omnipresentes y, sobre todo, que dejen de asistir a las iglesias, lo que puede traer como consecuencia que bajen considerablemente las ofrendas en las iglesias y, sobre todo, que los líderes religiosos no puedan costear sus lujos, sus banquetes, sus amantes, sus sirvientes, sus deudas y sus bienes materiales más preciados.

V. Embrutecimiento jurídico y educativo debido a las religiones

a. Yahvé, Dios, Jesucristo y el embrutecimiento jurídico y educativo

Además de lo anterior, es necesario puntualizar que, en esta época (siglos XX y XXI), ese embrutecimiento del pensamiento ocasionado por las religiones ha causado, para desgracia de millones de personas, interferencias con el Derecho, con los sistemas de justicia y con la educación, hasta el extremo de que, en el caso de la interferencia con el Derecho y con la Justicia, se ha llegado al absurdo de perseguir, denunciar y sentenciar a personas, por el simple hecho de haber realizado manifestaciones en contra: (1) de los dogmas religiosos; y (2) de las opiniones de los líderes religiosos.

Lo que es más, también se ha llegado al absurdo de: (1) no intervenir en casos de violencia doméstica; y (2) no conceder divorcios en casos claros de tratos crueles, fundándose en que las religiones permiten esas conductas. Incluso, se ha llegado – en el caso de la interferencia de las religiones en la educación – a discriminar, perseguir, denunciar y despedir de sus empleos a aquellos pedagogos que les han enseñado teorías científicamente aceptables a sus estudiantes. Valgan varios ejemplos.

Para 1925, el estado de Tennessee – para su vergüenza – aprobó una normativa jurídica llamada ***Butler's Act***, debido a que miles de fanáticos religiosos se escandalizaron por el hecho de que en las escuelas se le estaba enseñando a los estudiantes la verdadera e indisputable teoría de la evolución del Dr. Charles Darwin.

Dicho estatuto prohibía, en lo pertinente, que se enseñara en las escuelas que el animal humano desciende de ancestros similares a los simios y que comparte un ancestro común con todos los seres vivientes de nuestro planeta. También prohibía que se le enseñara a los estudiantes cualquier teoría que negara la creación del animal humano por los inexistentes dioses. Así las cosas, los funcionarios del sistema de justicia de Tennessee se atrevieron a llevar ante los tribunales a un valiente maestro de biología llamado John T. Scopes, por haber violado el estatuto anteriormente señalado. Como resultado de ello, el maestro fue injustamente condenado a pagar una multa.[cvii]

Otra muestra palpable de la perniciosa influencia de las religiones en los sistemas educativos también proviene de EE.UU. La historia de dicho violento imperio demuestra con una claridad terrible que, en muchas ocasiones, los encargados de las instituciones de educación superior de carácter religioso eran maleantes y charlatanes sociales, pues, con el pretexto de que sus instituciones educativas eran instituciones religiosas y que el Estado no podía intervenir con ellas debido a que la doctrina de separación entre la iglesia y el Estado les protegía, se atrevían a cometer actos de discrimen racial en contra de grupos minoritarios, en el nombre de sus inexistentes dioses.

Como consecuencia de dicha práctica que se llevó a cabo por numerosos años, miles de personas fueron injustamente discriminadas, por el simple hecho de tener un color de piel diferente o por haber nacido en otras partes del mundo. Sin embargo, luego de muchos años, la **Corte Suprema de EE. UU.** determinó de forma clara que las instituciones de educación – por más religiosas que sean – no pueden invocar la doctrina constitucional de separación entre la iglesia y el Estado con el fin de violentar las normativas jurídicas que prohíben el ignominioso discrimen racial.[cviii]

Además de lo anterior, sépase que el otro ejemplo de la intervención de los religiosos con la educación raya, según nuestro criterio, en el maltrato psicológico de menores de edad. Nos explicamos. Los adultos religiosos se han inventado una forma de jugar, manipular, controlar y embrutecer las mentes de los pequeñines, para poder perpetuar y reproducir sus ridículas creencias mágico-religiosas en las mentes de esos indefensos seres.

Ello lo han realizado a través: (1) de las oraciones; (2) de las <u>explicaciones religiosas</u> sobre la creación del

Universo; y (3) de las clases de religión, en las que se les leen y se les explican a los niños, en sus hogares, en sus iglesias y/o en sus escuelas, los embustes que aparecen en los libros dizque sagrados de las religiones.

Pero, lo más trágico de ese maltrato es que los adultos (padres y maestros) les dicen a los indefensos niños a través de todos sus años de juventud, que todos los embustes que tienen los libros principales de sus religiones (como la Biblia, el Corán y la Torá) y todo lo que dicen sus embrutecidos líderes religiosos son verdades incuestionables, logrando así que los niños reproduzcan las mágicas-necedades religiosas cuando lleguen a la adultez legal.

Ahora bien, sépase que muchos de estos asuntos educativos y religiosos han sido considerados en varias ocasiones por la **Corte Suprema de EE. UU**. Este alto foro judicial ha dejado más que claro – por lo menos por el bienestar de los niños que estudian en las escuelas públicas, ya que no pueden regular muchos aspectos de la educación religiosa que se ofrecen en las escuelas privadas – que es inconstitucional que en las escuelas públicas:

(1) se lleven a cabo actos obligatorios de rezos (como los minutos de rezos matutinos);

(2) se ofrezcan clases en las que se les lean a los estudiantes las sandeces que se han escrito en los libros dizque sagrados de las religiones.[cix]

Otro ejemplo en el que podemos ver la manera en que la idiotez cristiana ha penetrado dentro de los recintos educativos también proviene de Estados Unidos de América. Allí, el Departamento de Educación ha cometido la aberración académica de reconocer como agencias de acreditación de universidades y escuelas a organizaciones privadas, religiosas y cristianas; como, por ejemplo, a la Transnational Association of Christian Colleges and Schools. Pero, más atroz ha sido el hecho de que el Departamento de Educación de EE.UU, ha permitido que las universidades y las escuelas reconocidas por esta agencia de acreditación cristiana puedan recibir ayudas y fondos federales.

De hecho, la misma organización cristiana le dice al mundo que «TRACS accredited/candidate (preaccredited) institutions <u>are eligible to participate in federal financial aid programs</u>.»[cx] Lo que es, según nuestro criterio, una crasa violación a la sagrada doctrina constitucional de separación entre la iglesia y el Estado, toda vez que la decisión de permitir que algún colegio o alguna universidad reciba fondos y ayudas federales (federal financial aid programs) otorgados por el Estado está en manos de una organización religiosa y cristiana que ha osado decir públicamente que sólo acredita universidades y colegios cristianos. Al respecto, véase lo que dice esta agencia cristiana de acreditación: «TRACS is a voluntary, non-profit, self-governing organization that <u>provides accreditation to Christian postsecondary institutions</u> offering associate, baccalaureate, and graduate degrees».[cxi]

Y si eso es inquietante, más alarmante es saber que los fondos y las ayudas federales que reciben esas universidades y escuelas se utilizan para embrutecer el pensamiento de los estudiantes con la ciencia ficción religiosa. Es decir, el gobierno federal de Estados Unidos de América le paga a esas universidades o escuelas cristianas, a través de las ayudas federales que se les otorgan a los estudiantes, para que sus estudiantes reciban una educación deficiente, ridícula y basada en embustes y en cuentos de hadas.

En este sentido, somos de opinión de que obtener un bachillerato, una maestría o un doctorado en divinidad, en ministerio, en teología, en estudios bíblicos, en estudios islámicos, en estudios judíos o en educación cristiana significa que se ha recibido una educación deficiente, basada en mentiras y en la ciencia ficción religiosa.

Lo que es más, todos los grados religiosos son unas grandes blasfemias al intelecto y al razonamiento humano. Como observa el doctorando Bernat Tort, profesor de la prestigiosa Universidad de Puerto Rico y especialista en filosofía: «**Ser un teólogo es un sinsentido** porque Dios no es una materia conocible como para ser experto en ella…es como invitar a alguien porque **es experto en ovnis o en hadas madrinas**.»[cxii]

Es por todo lo anterior que entendemos que el Departamento de Educación de Estados Unidos de América debe eliminar su política de estar reconociendo gubernamentalmente a entidades privadas y religiosas como agencias de acreditación de universidades y de escuelas. Lo que están haciendo es:

(1) violentando la sagrada cláusula de separación entre la iglesia y el Estado; y

(2) fomentando que miles de personas obtengan (con dinero público) embrutecedores, inútiles y burlescos grados religiosos.

También entendemos que el Departamento de Educación de Estados Unidos de América debe establecer en sus reglamentaciones jurídicas que las agencias de acreditación no religiosas, como la Commission on Higher Education of the Middle States Association of Colleges and Schools, no puedan acreditar universidades o escuelas controladas por grupos religiosos.

La razón por la cual recomendamos lo anterior es, principalmente, porque si profundizamos en lo que ocurre en dichos lugares nos daremos cuenta de que las ganancias obtenidas – gracias a las ayudas federales que se le otorgan a los estudiantes para que paguen sus estudios – terminan beneficiando a los grupos religiosos, lo que es, por decir lo menos, otra burla a la sagrada doctrina de separación entre la Iglesia y el Estado.

Por ende, dos instituciones acreditadas a las que se les debe retirar la acreditación son al **Seminario Evangélico de Puerto Rico** y a la **Catholic Distance University**. Los fundamentos para ello son que:

(1) ofrecen embrutecedores e inútiles grados religiosos; y

(2) están administradas y lideradas por religiosos.[cxiii]

Por otra parte, otro ejemplo de la manera en que las malditas religiones embrutecen los sistemas educativos y los cerebros de los niños y de los jóvenes (poniendo en peligro nuestro futuro) también proviene del cristianismo. Muchos profesores de las universidades y de las escuelas cristianas (y también la mayoría de los progenitores cristianos) se pasan diciéndole a los niños y a los universitarios que nuestro planeta se formó por arte de magia hace unos diez mil años.

Incluso, el embrutecimiento llega a tal nivel, que estos idiotas le dicen a nuestros jóvenes la loquera esa de que los dinosaurios y los seres humanos coexistieron durante el mismo tiempo. Es decir, que al lado de los gigantescos dinosaurios caminaban los seres humanos. Lo que es, por decir lo menos, un embuste. La evidencia científica ha demostrado más allá de duda razonable:[cxiv]

(1) que para la fecha en que estaban vivos los dinosaurios no había seres humanos; y

(2) que nuestro insignificante planeta se formó hace unos 4,500 millones de años y desde entonces ha ido evolucionando y cambiando.

Por otra parte, un claro ejemplo de la manera en que las necias creencias de los cristianos han destrozado el Derecho y los sistemas de justicia proviene de la violenta islita de Puerto Rico. Allí, los legisladores han cometido el aberrante error de permitir que los sacerdotes, los pastores de sectas religiosas, los monjes budistas, los rabinos, los imanes y los ministros de congregaciones religiosas – que la inmensa mayoría son inexpertos en Derecho – puedan:

(1) celebrar matrimonios entre un varón y una mujer; y

(2) llenar algunos de los documentos legales relacionados con el matrimonio.

Sin embargo, los abogados y notarios no pueden celebrar matrimonios, a pesar de que: (1) se consideran expertos en Derecho; (2) obtienen el grado de **Doctor en Jurisprudencia**; (3) tienen que pasar una reválida general y otra notarial; (4) tienen que ser investigados por un comité de reputación para poder ejercer como abogados y notarios. De hecho, valga saber que el derecho puertorriqueño establece que, si un abogado y notario celebra un matrimonio, es nulo.

Ello quiere decir, por ejemplo, que el derecho puertorriqueño permite que un ministro protestante que sólo haya cursado hasta el primer grado de escuela primaria y que tenga una congregación religiosa de quince mequetrefes en la marquesina de su casa pueda celebrar un matrimonio y llenar algunos de los documentos legales aplicables, pero un catedrático de derecho notarial con grados académicos de doctor en Derecho o doctor en Jurisprudencia y autorizado a ejercer la abogacía y la notaría no lo pueda hacer, lo que es, según nuestra opinión, una aberración jurídica de gran envergadura.[cxv]

Por otra parte, este otro ejemplo también proviene de las normativas jurídicas de Puerto Rico. Allí, el Derecho permite, en grave perjuicio a los menores de edad, que los padres no tengan que vacunar a sus hijos menores de edad, si los primeros y/o los segundos pertenecen a una organización religiosa cuyos dogmas confligen con la vacunación de menores de edad, lo que es, según nuestra opinión, otra aberración jurídica de gran envergadura.

La razón por la cual decimos lo anterior es, principalmente, porque la comunidad científica ha comprobado más allá de duda razonable que la vacunación de seres humanos no sólo es una efectiva «técnica de medicina preventiva cuyo objetivo consiste en procurar resistencia inmune frente a un organismo infeccioso», sino, además, que «las vacunas son la forma más eficaz de protección frente a los virus y otros organismos relacionados contra los que los antibióticos no son eficaces.»[cxvi]

Por último, otro ejemplo en el cual podemos ver la manera en que las necias creencias de los cristianos destrozaron el Derecho y los sistemas de justicia proviene de la Edad Media. En esa época, los cristianos introdujeron a los procesos judiciales *la ordalía*. Esto era un proceso en el cual los religiosos oraban e invocaban a los inexistentes dioses al comienzo de los procesos judiciales, en busca de que esos inexistentes dioses hicieran un acto de sortilegio para saber quién tenía la razón entre las partes envueltas.

Así, por ejemplo, si durante un pleito el juez quería saber si Bush decía la verdad o tenía la razón, le ordenaba a Bush que metiera su mano en un recipiente lleno de agua o de aceite hirviendo. Si Bush sufría quemaduras, era que la inexistente cosa esa llamada Dios no le había protegido, ya que era la parte que no tenía la razón o porque era un vil mentiroso.

Ahora bien, hay que señalar que había algunos de estos embrutecidos procesos judiciales que no eran tan violentos. Así, había uno en el cual los jueces cristianos le daban «a cada uno de los contendientes una vela encendida, entendiéndose que el poseedor de la vela que tardara más tiempo en apagarse era el que tenía la razón…».[cxvii]

b. Alá, Mahoma y el embrutecimiento jurídico y educativo

Como se puede notar, los ejemplos que hemos apuntado provienen de lugares en donde se sigue la herética religión cristiana. Pasemos ahora a ver varios ejemplos del embrutecimiento del ordenamiento jurídico de algunos países, debido a la adopción de aspectos islámicos en el Derecho. Veamos el primero de ellos.

Un fabuloso libro del escritor latinoamericano Gabriel García Márquez, llamado la «**Memoria de mis putas tristes**», fue puesto en venta en la República Islámica de Irán en 2007, país éste en donde muchas de las enseñanzas del Islam son parte del ordenamiento jurídico y en donde los líderes religiosos ocupan posiciones gubernamentales de alta jerarquía dentro del sistema de justicia.

Entonces, después de que se vendieron los primeros ejemplares del libro, varios de ellos llegaron a manos de algunos heréticos y aburridos líderes del mahometanismo.

Ello ocasionó que esos líderes: (1) se molestaran al leer el libro que «relata la vida de un anciano que siempre se ha acostado con prostitutas, pero que, cuando cumple 90 años, se decide regalar una noche de 'amor salvaje' con una virgen de 14 años»; (2) le ordenaran al gobierno que colocaran el libro en el índice de los libros islámicamente prohibidos. De esa manera: (1) le prohibieron a la ciudadanía poseer y leer el libro; (2) le prohibieron al afamado autor, ganador del premio Nobel de Literatura en 1982, seguir vendiendo su libro en dicha atormentada nación islámica. Y todo esto, repetimos, a través del herético Derecho Islámico.[cxviii]

El segundo ejemplo, que también proviene de la República Islámica de Irán, claramente demuestra que miles de los miembros del sistema de justicia criminal tienen embrutecidos sus pensamientos, toda vez que, en vez de estar investigando, arrestando y sentenciando a los narcotraficantes, a los terroristas, a los abusadores de niños y a los agresores de mujeres se pasan todos los días del año – debido al derecho islámico y a los ridículos consejos de sus líderes religiosos – vigilando, carpeteando, deteniendo y arrestando a mujeres indefensas:[cxix]

(1) por vestirse con mahones, con faldas cortas, con vestidos ajustados y/o con camisas cortas;

(2) por utilizar maquillajes;

(3) por ponerse sombreros;

(4) por no ponerse los discriminatorios velos mahometanos sobre sus cabezas o por ponérselos incorrectamente.

El tercer ejemplo, que tiene que ver con la intervención de la religión islámica con los sistemas de justicia, proviene de Alemania. Allí, una mujer marroquí de veintiséis años de edad era víctima de un patrón de violencia doméstica por parte de su abusivo esposo. Como consecuencia, la mujer decidió solicitar su divorcio en los tribunales de Alemania.

Sin embargo, para sorpresa de ella y de su abogada, una irresponsable juez del Tribunal Municipal de Frankfurt denegó su solicitud, por el absurdo fundamento de que <u>«la violencia que ejercía su marido contra ella está justificada por el Corán.</u>» Al respecto, no es necesaria mucha elucidación para saber:

(1) que se presentó una querella en contra de la jueza;

(2) que suspendieron a la jueza; y

(3) que los tribunales determinaron posteriormente que lo solicitado por la víctima *sí* procedía en la democrática Alemania.[cxx]

Otro ejemplo del embrutecimiento del Derecho y del sistema judicial de un país debido al islamismo proviene de Sudán. Allí, el ordenamiento jurídico-islámico está tan embrutecido que se considera un delito grave nombrar algún objeto inanimado o una mascota con el nombre de Alá o de Mahoma. Hasta tal extremo llega la imbecilidad de ese ordenamiento jurídico-religioso, que este delito es castigado con cárcel y con unos cuarenta latigazos públicos.

Por si fuese poco, sépase también que el embrutecimiento del Derecho en Sudán es tan enorme que son los embrutecidos líderes del Islam los que fungen a manera de asesores del sistema de justicia y del sistema educativo, lo que, sin ningún genero de dudas, pone en peligro la libertad física e intelectual de los habitantes del país.

Sobre lo que venimos explicando, valga saber que se ha llegado a tal grado de imbecilidad en dicho país que se llegó a utilizar el sistema de justicia criminal para acusar y sentenciar a una maestra británica llamada Gillian Gibbons, de 54 años de edad por cargos de:

(1) insultar el Islam;

(2) despreciar el Islam;

(3) incitar al odio religioso porque permitió que unos pequeños niñitos le pusieran el nombre de Mahoma a un peluche que estaba en el salón de clases.

El herético tribunal sudanés que juzgó a la maestra: (1) la halló culpable; (2) la sentenció a quince días de cárcel; y (3) le ordenó abandonar el país luego de cumplir su sentencia. Sobre la pena de los latigazos, valga saber que no se la aplicaron, gracias a que la opinión pública mundial y varios cabilderos lograron convencer a las autoridades de Sudán de lo impropio de imponerle dicha pena a la profesora.[cxxi]

Otro ejemplo de la estupidez que producen las religiones en los sistemas de justicia también proviene de un país islámico, específicamente, Arabia Saudita. Allí, una dama fue brutalmente violada por varios hombres amantes del Islam. Luego del incidente, la dama se querelló ante las autoridades policiales, buscando que el sistema se encargara de sus violadores y se le hiciera justicia.

Sin embargo, para sorpresa de nuestro violento y corrupto mundo, la que terminó acusada y sentenciada fue la dama, ya que había violado una discriminatoria y herética normativa del derecho islámico que le ordena a las mujeres no estar en lugares públicos con hombres que no sean sus familiares. Como consecuencia de ello, la discriminatoria Corte General de Qatif, en el nombre del inexistente Alá, sentenció a la violada joven «<u>a seis meses de cárcel y 200 latigazos</u>...por estar en un automóvil con un hombre que no era familiar suyo.»[cxxii]

Otro lamentable ejemplo en el que podemos ver la manera en que las malditas religiones pudren los sistemas de justicia en los países también proviene de Arabia Saudita. Allí, el discriminatorio régimen estatal:

(1) les ha impedido a las mujeres (a través del derecho islámico) conducir vehículos de motor;

(2) obliga a las damas que van como pasajeras en algún vehículo de motor a estar acompañadas por algún familiar masculino, so pena de ser castigadas con cárcel y con latigazos públicos.

Como se ve, es justo inquietarse por lo anterior, puesto que el derecho islámico, cuya fuente primaria es el cuento de hadas llamado el Corán, ha osado interferir con la libertad de movimiento de las damas, lo que es, por decir lo menos, aberrante, injusto y ridículo. Todas las damas, al igual que los varones, deben ser dejadas conducir. No creemos que a la inexistente cosa esa llamada Alá le importe que una mujer conduzca un carro o una motora. Como observa **Fawziyah al-Oyouni**, fundadora de la Comisión de Peticionarias del Derecho Femenino a Conducir Automóviles de Arabia Saudita, conducir vehículos de motor es un «derecho. Es un asunto social, no religioso.»[cxxiii]

Otro ejemplo de cómo las malditas religiones producen una gran imbecilidad en las normativas jurídicas y en los sistemas de justicia criminal también proviene del discriminatorio y violento mundo islámico. Allí, varios países han establecido en sus normativas jurídicas que toda persona que se atreva a realizar, publicar o vender alguna imagen de Mahoma o de la inexistente cosa esa llamada Alá será arrestada, sentenciada y castigada. Ello llega hasta el extremo de que en muchos de esos países realizar lo anterior es sancionado con la pena de muerte.

Cabe señalar, además, que en otros países no islámicos la intromisión del Islam ha sido tan marcada que también se penaliza lo anterior con meses o con años de cárcel. Así, por ejemplo, en la República Bielorrusa la intervención de la religión mahometana en el sistema de justicia ha permitido que un periodista llamado Alexander Sdvizhkov haya sido difamado, perseguido, arrestado y sentenciado, debido a que valientemente publicó una caricatura de Mahoma en un periódico local, dándole así la religión islámica un duro golpe a los sagrados derechos humanos a la libertad de expresión y de prensa.[cxxiv]

Por último, uno de los ejemplos más kafkianos proviene de Afganistán. Allí, el discriminatorio, violento, tolondrón y dictatorial régimen Talibán había establecido en sus normativas jurídicas que toda aquella dama que se le viera acompañada en un lugar público con un hombre que no fuese su esposo, su padre o su familiar sería arrestada, enjuiciada, encarcelada y sentenciada a la pena de muerte por medio de una horripilante lapidación pública.[cxxv]

c. Hinduismo y el embrutecimiento jurídico y educativo

Otro sistema judicial embrutecido por las religiones es el de la India. Allí, es común que los jueces les garanticen tanto a las partes envueltas su derecho de poder citar testigos a su favor, que <u>continuamente se observan magistrados citando a los inexistentes dioses, con el interés de que comparezcan como testigos</u>.

Pero, más absurdo todavía es el hecho de que muchos abogados también les piden a los jueces que realicen este tipo de atolondrada gestión judicial, con el interés de que las partes obtengan una justicia rápida, justa y económica. Un ejemplo sencillo de esto ocurrió en el 2007 en el estado de Jharkhand, al este de la India. Allí, el juez Sunil Kumar Singh tenía tan afectado su pensamiento debido a la religión que emitió una orden para que comparecieran a un pleito los inexistentes dioses del hinduismo Ram y Hanuman.

Se suma a eso que, como el magistrado temía que los inexistentes dioses no se iban a presentar al pleito, ordenó que la citación se publicara en periódicos de circulación general, con el interés de que los dioses quedaran debidamente notificados. Pero, eso no fue todo, hasta el abogado del demandado apoyó el atolondrado hecho de que el magistrado citara a los inexistentes dioses, por razón de que «como la tierra ha sido donada a los dioses, es necesario hacerlos parte del caso.»[cxxvi]

Conviene en este punto mencionar que el matrimonio, en la mayor parte del mundo civilizado, es un acto jurídico que requiere que se realice conforme a las solemnidades más importantes del Derecho. Requiere que los contrayentes firmen un contrato civil en el cual establecerán sus deberes, obligaciones y derechos dentro del matrimonio.

En la mayoría de los países, pero no en todos, los matrimonios sólo se pueden celebrar con todas las solemnidades judiciales cuando los contrayentes son hombres y mujeres. Así, en muchos países se pueden casar un hombre con una mujer y un hombre con varias mujeres. En cambio, en algunos países se pueden casar hombres con hombres y mujeres con mujeres.

Sin embargo, en la India, la intromisión de la religión dentro del Derecho ha sido tan atroz que en algunas zonas se permiten matrimonios entre animales y seres humanos, especialmente cuando hay de por medio asuntos mágico-religiosos. Veamos un ejemplo.

En el 2007, en el estado de Tamil Nadu de la India, un hindú que creía tener dentro de su cuerpo un maleficio que le había causado daños físicos y morales <u>se casó en un templo con una perra,</u> en aras de liberarse del maleficio, como le había recomendado su inteligentísimo líder religioso. Pero, lo más sorprendente fue que algunos de los feligreses ayudaron a la «novia» a vestirse, bañarse, perfumarse y presentarse a la ceremonia matrimonial en óptimas condiciones de belleza, a los fines de que su esposo la encontrara bella y preciosa.

Ahora bien, con relación a lo que estamos exponiendo, valga saber que éste no es un caso aislado en la India. La historia enseña que «los pobladores rurales de la India organizan, en ocasiones, matrimonios entre seres humanos y animales, por creer que con ello evitan ciertas maldiciones.»[cxxvii]

Por otro lado, otro ejemplo que nos permite ver lo embrutecido que está el sistema de justicia criminal en la India es el hecho de que su derecho penal y muchas de sus legislaciones locales establecen que las vacas son objetos sagrados, por lo que cualquier persona que molesta, golpea, mutila o mata ilegalmente a una vaca es arrestada y sentenciada a varios años de cárcel.

Como ejemplo específico de esto podemos mencionar lo ocurrido en el estado de Uttaranchal, sito en la parte norte de la India. Allí, las autoridades estatales aprobaron **«una ley que establece hasta diez años de** prisión para quien sea declarado culpable de matar a una vaca, animal sagrado en la religión hindú...».[cxxviii]

Por último, otro ejemplo de lo embrutecido que llegó a estar el sistema de justicia hindú tiene que ver con los juicios que se les realizaban a las mujeres sospechosas de adulterio. Esos procedimientos, que estaban debidamente reglamentados en los códigos de ley hindúes, comenzaban con una invocación a los inexistentes dioses. Se le pedía que demostraran la culpabilidad o la inocencia de la mujer a través de un acto de sortilegio.

Ese acto de magia que realizarían los inexistentes dioses consistía en que el juez obligaría a la dama sospechosa de adulterio a pasar a través de una hoguera. «La ausencia de quemaduras era la prueba de su fidelidad, mientras que la presencia de las mismas demostraba que era culpable.»[cxxix]

VI. Embrutecimiento del pensamiento contemporáneo debido a las religiones y a la estulta creencia en dioses

Por otro lado, es alarmante y produce náuseas ver en estos tiempos cómo las religiones han hecho que millones de personas embrutezcan y radicalicen sus pensamientos, hasta el extremo de convertirse en personas que no toleran:

(1) las críticas que se le realicen a sus dogmas religiosos;

(2) las críticas que se le realicen a sus inexistentes dioses;y

(3) los pensamientos y los estilos de vida diferentes de los establecidos en sus dogmas religiosos o por sus líderes religiosos.

Esto ha traído como consecuencia que, en muchísimas ocasiones, los practicantes y los líderes religiosos hayan cometido actos delictivos de extrema perversidad, como, por ejemplo, amenazas de muerte, agresiones, mutilaciones, daños a la propiedad, tentativas de asesinatos y, sobre todo, asesinatos a sangre fría. Veamos varios ejemplos modernos.

La cantante de música pop Madonna, durante su gira artística del 2006, realizaba en pleno escenario un magnífico acto de crucifixión muy parecido al que fue objeto el inexistente Jesucristo. Es decir, en dicho acto de crucifixión, la cantante aparentaba estar clavada en una cruz y se colocaba sobre su cabeza una corona de espinas.

Cuando la cantante se encontraba en Ámsterdam, Holanda, efectuando uno de sus fabulosos conciertos, le fue hecha una amenaza que decía que sería asesinada con una bomba, por un alocado sacerdote de la cabrona Iglesia católica que pretendía que la cantante no se «crucificara» con su corona de espinas, por considerar que dicho acto era una blasfemia. Sin embargo, afortunadamente, el alocado sacerdote «fue detenido casi inmediatamente después de realizar la amenaza...».[cxxx]

Veamos ahora otro lamentable y violento ejemplo islámico. Varios caricaturistas - entre ellos, uno de Dinamarca - realizaron caricaturas de lo más cómicas del asesino Mahoma, antiguo líder de la religión islámica. Entre las viñetas se encontraba una en las que el asesino Mahoma estaba vestido con un turbante con una bomba. Además, había otra sumamente cómica, en la que el desquiciado Mahoma le pedía a sus violentos seguidores que no siguieran inmolándose en el nombre de su religión porque en el paraíso mahometano ya no había mujeres vírgenes con grandes senos para recompensarlos.

Los efectos que tuvieron esas fabulosas caricaturas en el mundo mahometano fueron, por decir lo mínimo, extremadamente bochornosos y violentos. Así, por ejemplo, en Paquistán, miles de alocados islamitas osaron causar disturbios callejeros en los que: (1) destrozaron bienes muebles e inmuebles; y (2) asesinaron a varias personas. Lo que es más, esos disturbios mahometanos fueron tan violentos que los gobernantes de Dinamarca ordenaron cerrar su embajada en Islamabad.

También debe tenerse en cuenta que varios líderes y practicantes del intolerante islamismo anunciaron que les pagarían una recompensa a los islamitas que tuvieran la valentía de matar a los caricaturistas y a sus familiares. Así, por ejemplo, un poderoso grupo de practicantes del Islam que estaba integrado por comerciantes llegó a ofrecerles a los posibles asesinos un millón ($1, 000,000) de dólares.

Véanse las comiquísimas caricaturas de Mahoma publicadas en Jyllands-Posten

Por su parte, un líder religioso del Islam, llamado Mohamed Yousaf Qureshi, logró que todos los líderes de plegarias del Islam se pusieran de acuerdo para ofrecerle al que matara al caricaturista danés una recompensa de unos veinticinco mil ($ 25,000) dólares y un flamante carro último modelo. Cabe agregar que este violento líder religioso se molestó tanto que llegó a decir sobre esta cuestión lo siguiente: «Se trata de una decisión unánime de todos los imanes (líderes de plegarias) del Islam. **Cualquier persona que insulte al profeta merece ser asesinado** y cualquiera que cause el fin de este hombre que ha insultado a Mahoma recibirá el premio.»[cxxxi]

Otro ejemplo contemporáneo de actos repudiables realizados por personas fanáticamente religiosas ocurrió en el Teatro Alfil, en España. Allí, el artista italiano Leo Bassi presentaba su obra titulada **Revelación**, en la que ese reputado actor, entre otras cosas, defendía el laicismo con vehemencia, se vestía como un Papa y criticaba duramente algunas de las religiones, especialmente el cristianismo.

No es necesaria mucha elucidación para saber que debido a esa magnífica obra miles de cristianos se sintieron ofendidos, al extremo de que: (1) realizaron protestas frente al teatro, en las que decían que la obra era una blasfemia; (2) le presentaron una querella al artista, para que cancelara la obra; y (3) amenazaron con matar al artista. Ahora bien, lo más siniestro fue que un alocado practicante del cristianismo intentó matar a Leo y a cientos de personas, pues en una de las funciones ese siniestro cristiano colocó un artefacto explosivo en el teatro.

De hecho, después de que las autoridades policiales fueron avisadas, éstas decidieron desalojar el edificio «inmediatamente después de que se detectara una mecha ardiendo junto a un bote de pólvora con aluminio y una botella de gasolina ubicados en las inmediaciones de bobinas de papel, telas, cortinas y otro material inflamable. Según las autoridades, <u>la intención era que el artefacto estallara en medio de la función teatral</u>. Según Bassi - quien se declaró 'consternado'- <u>esto indica que los</u>

<u>responsables del ataque fallido 'quería matar a mucha gente.'</u>»[cxxxii]

Por otro lado, y para colmo de males, tenemos que decir que es lamentable observar en esta era cómo millones de embrutecidas personas alrededor de este miserable planeta creen que hay personas que tienen la capacidad de poder predecir los acontecimientos del futuro. Pero, más lamentable es observar cómo millones de personas alrededor del mundo le solicitan a esos adivinadores consejos para su futuro.

A tono con ello, valga saber que, en muchas ocasiones, estas prácticas religiosas tienen magnos eventos mágico-religiosos, en los que estos farsantes visionarios del futuro se reúnen para predecirle el futuro: (1) al mundo; y (2) a las personas que lo soliciten.

Así, por ejemplo, en Cuba, al principio de todos los años, se reúne un millar de sacerdotes supremos de la santería (conocidos como babalaos) y miles de sus seguidores —entre ellos, artistas, políticos, abogados, profesionales, empresarios y ricachones de todas partes del mundo— en un evento llamado «La Letra del Año», en interés de que los sacerdotes realicen lo anteriormente señalado.

Pero, eso no termina ahí. Luego de ese evento, si se determinó que el nuevo año sería desastroso para el mundo, para alguna familia o para alguna persona en particular —pues el año está lleno de dificultades alimentarias, desgracias, problemas interpersonales, traiciones, etcétera— los practicantes buscan una manera de contrarrestar esos malignos pronósticos realizando:

(1) numerosas plegarias; y

(2) sangrientos y abominables sacrificios de animales.

Y todo ello, por razón de que las alocadas creencias de la santería establecen que «las desgracias anunciadas por los babalaos pueden ser evitadas, si se realizan las ceremonias y los sacrificios adecuados es posible 'reducir los daños y las lágrimas' de los afectados.»[cxxxiii]

a. Ciencia, tecnología y religión

Por otro lado, valga saber que la experiencia ha demostrado que las cabronas religiones: (1) son las amenazas más grandes que pueden tener los avances en las ciencias, en las matemáticas y en la tecnología; (2) son las amenazas más graves a utilizar sabiamente los descubrimientos en las ciencias, en las matemáticas y en la tecnología. Incluso, en ocasiones, afectan tanto el uso y el avance de la tecnología, de las ciencias y de las matemáticas que producen un efecto sustancialmente negativo por partida doble. Nos explicamos.

En muchísimas ocasiones, las religiones fomentan que ocurran muertes, problemas sociales y restricciones a los derechos constitucionales y/o a los derechos humanos. Y lo más absurdo de ello es que la mayoría de los líderes religiosos sabe los daños que causan, pero, lamentablemente, continúa con sus posturas religiosamente estúpidas e intransigentes en contra de la tecnología y de las ciencias, con el estúpido pretexto de que ellos tienen dizque el mandato divino de sus fabricados dioses de asumir tales posturas.

Esa intolerancia de la mayoría de las religiones hacia las ciencias, la tecnología y las matemáticas siempre ha estado presente desde el <u>comienzo oficial</u> de las religiones. Así, por ejemplo, desde pleno siglo IV -- cuando el sangriento cristianismo se convirtió en la religión oficial del Estado -- podemos ver claros indicios de peligrosa intransigencia cristiana hacia las matemáticas, hasta el extremo de que uno de los padres de la corrupta Iglesia católica, específicamente, Agustín de Hipona, le decía a los atolondrados cristianos de su época que **«el buen cristiano debe permanecer alerta de los matemáticos…existe el peligro de que los matemáticos hayan hecho una alianza con el demonio para oscurecer el espíritu y confinar al hombre en las ataduras del Infierno.»**[cxxxiv]

Esa intolerancia de la mayoría de las religiones hacia las ciencias, las matemáticas y la tecnología sigue siendo muy marcada en nuestros días. De hecho, entre las acciones religiosas que son un grave ataque en contra del avance de las ciencias, de las matemáticas o de la tecnología – y que, a su vez, son actos que afectan adversamente la vida, los derechos constitucionales y/o los derechos humanos – se encuentran los intentos religiosos de lograr que los Estados o los proveedores privados de servicios de Internet bloqueen todas aquellas páginas de Internet que contengan informaciones negativas sobre las religiones. Lo más sorprendente de ello es que lo realizan aunque el contenido de esas páginas electrónicas esté fundamentado con evidencias preponderantes.

También es común observar boicoteos religiosos a películas, documentales o discos de música. Incluso, también se realizan boicoteos en contra de publicaciones electrónicas (como enciclopedias y libros electrónicos), para impedir que sus contenidos lleguen a las manos del populacho.

Sobre esto de documentales y películas religiosamente afectadas en esta era tecnológica, es de saber que el fundamentalismo religioso las afecta de disímiles maneras. Así, es común que los gobiernos que están controlados por líderes religiosos o por fundamentalistas les impidan a los ciudadanos de sus países poder disfrutar de la magia de las películas y de los documentales de estos tiempos – que regularmente se producen con artefactos tecnológicos de alto costo – si dichas películas y documentales tienen un contenido sustancialmente adverso a sus creencias religiosas.

Igualmente, valga saber que lo anterior también ocurre con las tiendas virtuales de libros. Es común observar a muchos gobiernos que están controlados por líderes religiosos o por fundamentalistas prohibiéndoles a sus compatriotas acceder a las páginas electrónicas de estas tiendas virtuales, particularmente si esas tiendas virtuales venden libros de todos los temas posibles.

Además de lo anterior, no olvidemos tampoco que en esta era de alta tecnología, por increíble que parezca, también es común observar a líderes religiosos asumiendo posturas de total rechazo hacia muchas de las investigaciones que realizan las organizaciones científicas de elevado prestigio, aunque esas investigaciones sean: (1) para alargar las vidas humanas; (2) para curar enfermedades; y (3) para que el ser humano tenga medidas anticonceptivas sanas para controlar el nacimiento de niños no deseados o traídos a nuestro violento planeta en momentos en que sus progenitores no tienen la capacidad económica, mental o física para poder velar por su mejor bienestar.

Incluso, las religiones atentan tanto en contra de las ciencias y de las tecnologías que están al servicio de humanidad que: (1) se oponen a que se les brinde a las personas condones para que puedan tener sexo casi seguro; (2) se oponen a que los científicos hagan investigaciones con el interés de desarrollar profilácticos lo suficientemente seguros como para minimizar al máximo posible que una persona se pueda contagiar con enfermedades de transmisión sexual.

Son innumerables los ejemplos que se podrían exponer para que se pueda entender mejor todo lo que venimos explicando, pero nos conformaremos con brindar sólo dos. El primero de ellos se relaciona con la enciclopedia virtual llamada *Wikipedia*, pues, después que se colocaran en una de sus páginas electrónicas varias imágenes del asesino Mahoma, particularmente varias ilustraciones muy antiguas que datan del siglo XV, cientos de miles de mahometanos alrededor del mundo se molestaron muchísimo, toda vez que las normativas del Islam prohíben que se publiquen, se dibujen o se reproduzcan imágenes del asesino Mahoma. Todo este asunto provocó que los mahometanos comenzaran a recoger firmas, con el interés de que los directivos de Wikipedia eliminaran todas esas imágenes del cabrón Mahoma.

Por otro lado, el segundo ejemplo proviene de Paquistán. Allí, las autoridades gubernamentales les ordenaron a todos los proveedores de servicios de Internet que bloquearan todos los accesos electrónicos al portal de

YouTube, en donde millones de personas tienen la oportunidad de poder observar, bajar y cargar vídeos de forma gratuita.

La disparatada razón por la cual el gobierno de Paquistán ordenó bloquear todos los accesos electrónicos a este portal electrónico – lo que es un claro atentado en contra de los derechos humanos a la libertad de expresión y de prensa libre – fue la siguiente: varios funcionarios gubernamentales se molestaron muchísimo cuando se percataron de que en este portal muchos usuarios han colocado vídeos: (1) en contra del cabrón Islam; (2) en donde se analizan y se discuten muchas de las atrocidades que se cometen en contra de las personas en los países mahometanos.[cxxxv]

VII. Sacrificios, ofrendas religiosas y los muñecos inanimados dizque sagrados

Por otro lado, debemos señalar que las heréticas religiones afectan tanto el pensamiento de las personas, que causan que muchas personas ejecuten o permitan que se ejecuten actos desgraciados en contra de otras personas, incluso, en contra de sus propios familiares y amigos, a los efectos de que sus inventados dioses les recompensen con las inexistentes vidas eternas en los inexistentes paraísos siderales. Es decir, para que la inexistente cosa esa llamada Dios – que es un mero invento de la imaginación humana – los anote en el quimérico libro de la vida eterna, los monte en una nube y se los lleve al inexistente paraíso divino en donde todos y todas vestirán trajecitos blancos.

Así, por ejemplo, la historia está llena de casos en que los padres: (1) han sacrificado a sus propios hijos; (2) se han atrevido a entregarles sus hijas a sus embrutecedores líderes religiosos para que las esclavicen o las vendan en el bajo mundo como esclavas o sometidas sexuales; (3) les han entregado sus hijas a sus heréticos líderes religiosos, con el interés de que estos últimos las agredan sexualmente. Y todo ello, repetimos, a cambio de que sus oportunistas líderes religiosos se comuniquen con los inexistentes dioses y les digan que los anoten (a los padres) en los inexistentes libros de las vidas eternas.

Sobre lo anterior, no debemos olvidar jamás que esta conducta de padres entregándoles sus hijas(os) a sus líderes religiosos para que las(os) agredan sexualmente o para que sean utilizadas(os) en sangrientos rituales religiosos, lamentablemente, ha sido una irresponsable conducta humana que se ha realizado por siglos. Al respecto, veamos dos ejemplos de tiempos diversos.

El primero de ellos, que ocurrió hace unos quinientos años, proviene de Argentina. Allí, los habitantes de una tribu inca realizaban un ritual religioso sumamente irresponsable, llamado **capacocha**, en el que los padres de niños hermosos, saludables y físicamente perfectos permitían -- ya que era un honor para ellos -- que sus hijitos de entre siete y quince años de edad: (1) consumieran una especie de bebida alcohólica; (2) masticaran y consumieran hojas de coca; y (3) fuesen engordados con suculentos alimentos por todo un año, para que, posteriormente, fuesen llevados a la inhóspita y frígida cima del Monte Llullaillaco y allí: (1) fuesen enterrados vivos en nichos subterráneos; o (2) fuesen asfixiados.

La razón por la cual los padres permitían esos maltratos religiosos era la siguiente: según sus ridículas creencias, cuando sus hijitos morían -- ya fuera congelados o asfixiados -- sus inexistentes espíritus se unían a los de sus antepasados y todos ellos formaban una especie de guardia mística angelical que vigilaban sus aldeas desde las alturas de las frías montañas.

Otro ejemplo de lo anterior proviene de la corrupta y violenta isla de Puerto Rico. Allí, había un culto cristiano llamado **Tabernáculo Branham**, que estaba compuesto por unos imbéciles que tenían la costumbre de entregar sus hijas a José Oscar Candelario, su líder religioso, a fin de que éste le introdujera su pene en las vaginas y anos, en el nombre de la inexistente cosa esa llamada Dios.

Profundizando en este lamentable caso, valga saber que el proceso de entrega de las niñas-ofrenda se hacía a través de un ritual, en el que los irresponsables padres comprometían a las niñas con su líder, cuando éstas tuvieran diez años de edad. Luego, cuando las jovencitas cumplían quince años de edad, los padres y el líder religioso hacían una grandiosa celebración en la que este último les entregaba a las niñas una sortija y una cadena. Luego de dicha ceremonia, el pastor – que era llamado por sus imbéciles seguidores como el profeta de Dios – se llevaba a las niñas por tres días y durante ese tiempo les destrozaba sus vaginas y sus anos en el nombre de la inexistente cosa esa llamada Dios.

Valga saber que una de las razones por las cuales este pastor chingaba con las niñas-ofrenda era porque él tenía la misión divina - pues así se lo había comunicado directamente la inexistente deidad de los cristianos - de tomar a una niña-ofrenda y tratar de embarazarla, pues una de ellas pariría al próximo hijo-profeta de la inventada cosa esa llamada Dios.[cxxxvi]

En conexión con lo dicho, es preciso tomar en cuenta que, en muchas ocasiones, los alocados practicantes llegan a tener tan afectados sus pensamientos, que osan convertir sus cuerpos en ofrendas para sus inexistentes dioses. Nos referimos aquí a esas prácticas religiosas de mortificaciones o auto-torturas corporales, bajo las alocadas creencias de que: (1) les agradarán más a sus inventados dioses; (2) fortalecerán su alocada fe; (3) redimirán ciertas culpas que, en muchas ocasiones, pueden llegar a ser extremadamente crueles y raras.

Así, por ejemplo, es común ver personas que pertenecen a grupos religiosos que: (1) se arrodillan o se acuestan sobre clavos; (2) se flagelan la espalda y el pecho con objetos cortantes; (3) caminan de rodillas por horas; (4) se colocan un cilicio en uno de sus muslos; (5) dejan de comer durante días; y (6) se dejan crucificar en pedazos de madera. Por cierto, esto nos hace pensar en «Santos católicos como San Antonio Abad y Santa Gema Galgani, <u>con una vida de sacrificios</u>, así como grupos extremistas como Chiitas Islámicos de Irak, <u>que se flagelan</u> para recordar la masacre de quien consideraron el sucesor del Profeta…».[cxxxvii]

Lo anterior también nos hace pensar en los irreflexivos miembros de una congregación religiosa sita en Puerto Rico llamada **La Misión de la Virgen del Rosario del Pozo**. Es de conocimiento público que para muchos de sus miembros es una acción normal «<u>quemarse las manos para marcarse 'como si fueran reses'. Comer grillos vivos, cebollas, ajos y ajíes. Colocarse en la cintura un 'cilicio' de alambre de púas. Orar hincado sobre una madera con objetos punzantes. Flagelarse.</u>»[cxxxviii]

Del mismo modo, también pensamos en los cientos de miles de atolondrados que pertenecen al **Opus Dei**, pues estos alocados: (1) se colocan un cilicio con puntas de metal cortante en uno de sus muslos todos los días por dos horas; y (2) azotan sus cuerpos una vez por semana con unas cuerdas que tienen unos pequeños nudos que causan extremos dolores corporales.[cxxxix]

De conformidad con lo que estamos tratando, nos parece atinado recordar que es alarmante y nos produce náuseas saber que en cierto momento histórico los seres humanos llegaron a tener tan embrutecidos sus pensamientos, debido a las religiones, que, por increíble que parezca, llegaron a asesinar a miles de personas – incluyendo niñitos pequeños – con el interés de **sacrificarlos como ofrendas religiosas**.

Como ejemplos de momentos históricos cuando se sacrificaban humanos, recordemos que los antiguos sacerdotes hindúes del período védico sacrificaban animales y seres humanos. Igualmente, recuérdese que, en la antigua China, los chinitos sacrificaban animales y seres humanos en el nombre de sus antepasados y en el de sus inexistentes dioses.[cxl]

Ahora bien, lo más alarmante es saber que, en muchas ocasiones, esa idiotez en el pensamiento humano debido a las religiones llegó a tal nivel que, aunque usted no lo crea, los practicantes y los líderes religiosos de muchas de las sociedades antiguas llegaron a comerse a las personas ofrecidas como ofrendas. Es decir, en el nombre de sus inexistentes dioses secuestraban, mataban y realizaban actos de **canibalismo religioso** con las personas-ofrendas que les presentaban a los inexistentes dioses.

Cabe agregar sobre esto que los rituales que hacían los practicantes y los líderes religiosos de estas sociedades antiguas eran muy similares. Así, lo primero que hacían era seleccionar a sus víctimas, luego las mataban, las preparaban y hacían toda una fiesta en la que invocaban a los inexistentes dioses y les presentaban las ofrendas. Luego de la presentación de las ofrendas, los cadáveres eran suculentamente devorados por los líderes religiosos y por los embrutecidos practicantes.

Como ejemplo de casos de canibalismo religioso se sabe que en las Antillas, en la India, en Mozambique y en México se realizaban estas atolondradas prácticas religiosas. En lo tocante a la India, se sabe que los binderwurs se comían suculentamente a los viejos decrépitos y a los enfermos, ya que creían que esas aberrantes acciones eran del agrado de una diosa que se habían inventado, llamada Kali.

Por su parte, en lo tocante a Mozambique, es de saber que todavía ocurren actos de canibalismo religioso por parte de los practicantes de la brujería. Estos alocados creen que matando, comiéndose y sacrificando a otras personas sus inventados dioses les darán más poderes para realizar sus trabajos de brujería.

Por su parte, en lo tocante a México, es interesante saber que, en la época antes de la llegada de los abusivos conquistadores cristianos, los aztecas realizaban sacrificios humanos en el nombre de su alocada religión. Y sobre este último punto, es de saber que los aztecas **sacrificaban más de veinte mil seres humanos todos los años,** en el nombre de sus inventadas divinidades. Valga saber, además, que su sangriento ritual consistía «en extraer el corazón de la víctima y ofrecerlo al dios. La ceremonia incluía, algunas veces, el ofrecimiento de la sangre del sacrificado, el desollamiento del cadáver y el consumo de su carne.»[cxli]

Por otro lado, otra demostración palpable sobre cómo las religiones afectan el pensamiento de la humanidad lo podemos ver en esas religiones que permiten y fomentan que los practicantes les oren, les pidan milagros y les presenten ofrendas a figuras hechas con materias muertas. Dicho de otra manera, las religiones perturban tanto el pensamiento de las personas que es común observar a muchísimas personas arrodillándose, llorando, adorando, pidiéndoles milagros y presentándoles ofrendas a objetos inanimados fabricados con yeso, papel, cera, plástico, cemento, madera, ladrillo, aluminio, cobre y/o tela. Tal es, por ejemplo, lo que ocurre cuando los embrutecidos religiosos hacen lo anterior ante las figuras de los santos y/o ante las imágenes de los dioses.

Un ejemplo que demuestra cómo se manifiesta nuestra estupidez humana a través de la adoración de objetos religiosos inanimados se relaciona con el **Sudario de Turín** (objeto que es mantenido bajo custodia por la cabrona Iglesia católica). Millones de personas alrededor del mundo han pensado (y todavía piensan) que dicho objeto: (1) es una tela de lino con la que el inexistente Jesucristo de la cristiandad fue envuelto, una vez murió en la cruz; (2) muestra claramente el cuerpo, el rostro y las heridas que sufrió Jesucristo -- un personaje de la ciencia ficción cristiana -- durante su crucifixión.

En ese contexto, valga saber que esas erróneas creencias han traído las siguientes consecuencias: (1) que cada vez que el sudario (que es un fraude católico) es puesto en exhibición, miles de personas alrededor del mundo viajen hasta Roma para verlo o fotografiarlo; (2) que muchísimas personas lloren de la emoción ante su presencia; (3) que muchísimas personas le pidan milagros; (4) que muchas personas le presenten ofrendas; (5) que miles de personas se confiesen ante su presencia; y (6) que miles de personas piensen que están ante una imagen real de su inventado dios humano. Lo que son, por decir lo mínimo, unos comportamientos alocados, descabellados y sin sentido, toda vez que el Sudario de Turín es, por decir lo mínimo, uno de los fraudes más grandes cometidos por la embustera Iglesia católica.

Nuestra opinión se basa en que varios estudios que se le han realizado al sudario, especialmente uno realizado en 1988 a través de técnicas de datación por radiocarbono (proceso por el cual se puede determinar la edad que tienen los objetos que contienen carbono), han determinado <u>que la tela del Sudario de Turín fue hecha por un ser humano entre los años de 1260 a 1390</u>. A eso hay que añadirle que hay una cintilla de evidencia que sugiere que el maestro Leonardo Da Vinci – utilizando una tela de la época antes mencionada – participó en la creación de este fraude católico, según le fuera pedido por una gran monarca de la época.

Sobre los estudios científicos realizados al sudario, es de saber también que el prestigioso McCrone Research Institute --sito en Chicago-- sostiene que la tela del sudario fue hecha entre los años de 1325 al 1356. Al respecto, véase lo manifestado por el ***McCrone Research Institute***:

> According to Dr. Walter McCrone and his colleagues, the 3+ by 14+ foot cloth depicting Christ's crucified body is an inspired painting produced by a Medieval artist just before its first appearance in recorded history in 1356. (...) In 1987, carbon dating at three prestigious laboratories agreed well with his date: 1355 by microscopy and 1325 by C-14 dating. [cxlii]

En fin, por razón de lo antes discutido, somos de opinión de que es una ridiculez y una acción sin sentido estar arrodillándose, ofrendándole y pidiéndole favores a objetos inanimados de tela, de cristal, de cemento, de barro, de papel, de madera, de cera o de cualquier otro material, por razón de que se obtienen los mismos beneficios – que son ningunos – al realizar lo anterior con un recipiente de basura.

Es por ello que opinamos que lo más increíble sobre esto de la adoración de objetos inanimados dentro de las religiones es el absurdo e irreal valor cognoscitivo que las sociedades les otorgan *vis a vis* el valor que les otorgan a otros objetos inanimados. Nos explicamos. En la mayoría de las sociedades en las que las religiones permiten adorar figuras de materia muerta, las personas que así se comportan son catalogadas como personas normales, personas sin ningún problema cognoscitivo. En cambio, si una persona dentro de esa misma sociedad, en vez de adorar imágenes religiosas, decide arrodillarse, adorar y pedirle milagros a imágenes de artistas famosos, a muñecos de extraterrestres o a un recipiente de basura es catalogada como una persona mentalmente desajustada.

Igualmente, es preciso tomar en cuenta sobre esto de objetos sagrados e inanimados que se deben incluir las cruces, las hostias y las imágenes de los ángeles, de los Budas panzones, de los Cristos clavados, de los Cristos resucitados, entre otras. También se deben incluir las cadenas, las pulseras y los amuletos mágico-religiosos que las personas colocan en sus hogares, en sus oficinas, alrededor de sus cuellos y alrededor de sus muñecas y los tatuajes religiosos que las personas se realizan.

Abundando sobre lo anterior, valga saber que muchos creyentes portan y poseen objetos inanimados y dizque sagrados, como los antes mencionados, porque entienden que esos objetos: (1) los acercarán más a sus inexistentes dioses; (2) harán que sean más agradables para sus irreales dioses; (3) harán que sus inexistentes dioses bendigan sus vidas; (4) harán que sus inexistentes dioses los sanen de todas aquellas enfermedades que les afecten su salud; (5) harán que les traigan suerte; (6) les demuestran al mundo que ellos son más religiosos que los demás; (7) harán que sus inexistentes dioses los liberen de todos sus males.

Ahora bien, es falso hasta el absurdo considerar que lo anterior sea cierto. Portar o colocar en algún lugar las cosas esas por las razones antes mencionadas es otro ejemplo de cómo las malditas religiones afectan los pensamientos de los seres humanos. En fin, los embrutecidos religiosos deben darse cuenta:

(1) que los dioses no existen;

(2) que portar, tener o pedirle milagros a objetos inanimados no tiene ningún beneficio sobre sus vidas;

(3) que portar o tener objetos inanimados dizque sagrados no demuestra que sean personas buenas; y

(4) que las oraciones son una pérdida de tiempo, pues los dioses no existen.

Con este panorama en mente, valga saber que muchos de los criminales más despiadados que han existido y que existen en las sociedades: (1) creen en muchas de las doctrinas de las religiones que practican; (2) llevan consigo a las escenas de sus actos criminales objetos y/o tatuajes con emblemas mágico-religiosos; (3)

se «tripean» hasta la saciedad este tipo de infundada creencia.

Así, por ejemplo, es común observar que un narcotraficante tiene en las paredes de su casa crucifijos con Cristos clavados; que un agresor sexual tiene una cadena o un tatuaje religioso en el momento de cometer sus agresiones sexuales; y que un sacerdote de la corrupta Iglesia católica tiene alrededor de su cuello un crucifijo mientras penetra sexualmente (ya sea vaginal, anal, orogenital, digital y/o instrumentalmente) a un menor de edad.

También es común observar: (i) a un asesino en serie portando una cadena con un clavado Jesucristo mientras comete sus fechorías; (ii) a un criminal de cuello blanco con un lustroso crucifijo de oro alrededor de su cuello mientras comete actos fraudulentos; y (iii) a miles de presos que han sido condenados por disímiles transgresiones penales, con tatuajes religiosos.

Sobre esto que estamos explicando, sépase que el **Lcdo. Juan Carlos Bircann**, de la Procuraduría Fiscal de Santiago, República Dominicana, nos dice lo siguiente:

> La experiencia religiosa en el delincuente es muy rica y variada. En muchos de los allanamientos en que nos tocó participar, verificamos que en las puertas de las casas era muy frecuente hallar litografías de santos, algunas veces acompañadas de una penca de sábila o un trozo de pan. El uso de medallas con la figura de San Lázaro es una constante. Dentro de las billeteras comúnmente se encuentran oraciones y postalitas, así como 'resguardos'....[cxliii]

Por su parte, valga saber también que el **Dr. Cesare Lombroso** encontró en sus estudios criminológicos que la mayoría de los reclusos que se encuentran tras las rejas «...es creyente, aun cuando se haya formado en una religión estrecha y acomodaticia, que hace de Dios una especie de benévolo tutor de los delitos...Tortora, que había dado muerte por su propia mano a doce soldados y también a un sacerdote, se creía invulnerable porque llevaba en el pecho la hostia consagrada...Religiosísimo, y de familia santurrona inclusive, era Verzein, estrangulador de tres mujeres.'»[cxliv]

A tono con lo anterior, resulta apropiado agregar que la adoración de imágenes de dioses, de santos y de vírgenes paridoras de muchachitos hechas con plástico, cemento, papel, barro, yeso, madera y/o cera ha llegado a tal grado de imbecilidad en algunas partes del mundo que cientos de miles de personas (especialmente prostitutas, asesinos, narcotraficantes, corruptos, estafadores, abusadores de niños y traficantes de seres humanos) oran y le piden milagros a las imágenes y a los muñecos del santo de los ciudadanos delincuentes. ¡Sí, así como lo está leyendo; en estos días, hasta los hampones tienen su propia capilla y su propio santo-hampón religioso!

Un ejemplo sencillo de esto proviene de México y de California. En esos lugares, miles de ciudadanos (especialmente asesinos a sueldo, pandilleros, prostitutas, cortabolsas y narcotraficantes) se hincan y le piden milagros al **Santo Jesús Malverde** (el santo de los hampones y de los narcotraficantes) en las capillas que han construido o ante las imágenes de madera, de papel, de yeso, de cera y/o de plástico que han colocado en sus oratorios privados.

Debe tenerse presente que este santo-hampón es un santo que está en la clandestinidad religiosa. Es decir, no es un santo reconocido por los líderes de la mendaz Iglesia católica, sino que es considerado un santo sólo por sus seguidores, mayormente ubicados en México, en Latinoamérica y en la ciudad de Los Ángeles, en EE. UU.

A tono con lo anterior, es necesario apuntar dos datos curiosos sobre este santo. Primero, que miles de sus seguidores le piden a las imágenes (de Malverde) que le brinden éxito en sus actividades criminales. Así, por ejemplo, es común que un narco-asesino le pida a una estatua de San Malverde que le ayude en su misión de depositarle unas veinte balas a su víctima. También es común ver a un narcotraficante pidiéndole a un dibujo de San Malverde que intervenga divinamente en su transacción, a los fines de que todo salga bien y pueda ganar miles de narco-dólares.

Segundo, es común poder observar la manera en que miles de seguidores de este narco-santo le oran y le cantan coritos, alabanzas y canciones. Al respecto, véase una de las oraciones que se le hace a este santo-hampón:[cxlv]

> Hoy ante tu cruz postrado ¡oh Malverde!, mi señor, te pido misericordia y que alivies mi dolor. Tú que moras en la gloria y estás muy cerca de Dios, escucha los sufrimientos de este humilde pecador. ¡Oh Malverde milagroso! ¡oh señor!, concédeme este favor y llena de gozo mi corazón. Dame salud, señor de mi reposo, dame bienestar y seré dichoso.

Por otro lado, opinamos que es extremadamente irrazonable pensar que las iglesias o los templos son lugares: (1) sagrados; (2) en donde se puede encontrar la paz de los inexistentes dioses; (3) que se puedan considerar los hogares de los dioses que hemos inventado. Tampoco es razonable pensar que, si se acude a esos lugares, se estará en plena comunicación con los inexistentes dioses. Los razonamientos detrás de nuestra tesis son sencillos.

Primero, los dioses no existen, son invenciones de la mente humana. Segundo, la sangrienta historia del ser humano ha demostrado con claridad que muchos de esos lugares han sido escenarios de aberraciones delictivas. Así, y por decir lo mínimo, sépase que ha habido miles de casos en los que hampones, líderes religiosos y practicantes han asesinado, agredido, sodomizado, envenenado y defraudado a otras personas dentro de los templos.

También se han visto miles de casos en que miembros de la sociedad civil o miembros de algún cuerpo militar han masacrado mujeres, niños, ancianos y animales dentro de esos lugares, mientras las víctimas les rezaban a sus inexistentes dioses. No olvidemos tampoco los miles de casos en los cuales hemos podido observar a cortabolsas escalando iglesias o asaltando a los feligreses y/o a los líderes religiosos.

Por cierto, esto nos hace pensar en un incidente ocurrido en **Kenia**. Allí, cientos de personas se refugiaron dentro una iglesia debido a una enorme ola de violencia que estaba ocurriendo por causa de un conflicto político-partidista. Mientras las personas estaban orando y confiadas de que su inventado dios les protegería de todos los males -- por entender que estaban en la casa terrenal de su inexistente dios -- de repente se presentaron varias personas que capturaron y quemaron vivas a unas cincuenta personas.

Igualmente, recordamos un penoso caso ocurrido en Hato Rey, **Puerto Rico**, en donde una persona, agobiada por los múltiples problemas económicos que tenía, lamentablemente, decidió quitarse la vida en pleno altar de una Iglesia católica.

También recordamos un escalofriante caso ocurrido en **Ruanda** en 1994. Veamos los hechos: unas dos mil personas (tutsis) que se habían refugiado en una iglesia, con el interés de salvarse del espeluznante genocidio que estaba ocurriendo en el país, fueron asesinadas dentro de ella mientras le oraban y le pedían a la inexistente cosa esa llamada Dios que los salvara de la masacre. De hecho, valga saber que los rezos de los refugiados (entre ellos varios niños) y el hecho de que se encontraban en una iglesia no lograron detener a un conductor de una pala mecánica que derribó la iglesia y que aplastó a los refugiados. Los rezos tampoco pudieron detener a la turba de asesinos que mató a los sobrevivientes del derrumbe con machetes y armas.[cxlvi]

Otro ejemplo de la manera en que la estupidez religiosa atrofia el razonamiento de muchísimas personas proviene de los templos de la Iglesia católica. Millones de sus idiotizados líderes y practicantes tienen la imbécil creencia de que los pedacitos de pan que se tragan durante las misas:

(1) tienen poderes divinos;

(2) les permiten comunicarse con la inexistente cosa esa llamada Dios-Jesucristo-Espíritu-Santo-Amén.

Incluso, muchos feligreses piensan que en el instante en que se tragan esos pedazos de pan barato se encuentran en la mismísima posición de agrado que tenían los afamados discípulos del clavado Jesucristo, que es un personaje de la ciencia ficción cristiana, en el momento de la última cena.

Lo que es más, muchos líderes y practicantes del catolicismo consideran que los pedazos de pan (las hostias) son tan importantes que: (1) los guardan bajo llave en algunas iglesias, a fin de que no se los vayan a llevar ilegalmente o para que no les causen daño; (2) toda aquella persona que se los lleve ilegalmente es un criminal que ha cometido un sacrilegio de gran magnitud. Es más, si profundizamos más en el asunto, nos percataremos de que el católico común y corriente tiene tan afectado su pensamiento, que le es preferible que un ciudadano delincuente se lleve una cadena de oro, una guitarra, un piano u otro objeto de gran valor de la iglesia, a que se lleve los vinos y los panes esos llamados hostias.

Todo ello obedece a que los practicantes del catolicismo consideran que robar o dañar las hostias y los vinos baratos que se utilizan en las misas es lo mismo que robar o dañar el cuerpo y la sangre del inexistente Jesucristo de la cristiandad.

En fin, y conforme lo anterior, tenemos que decir que nos causan lástima y pena los creyentes que tienen tan embrutecidos sus pensamientos por causa de las creencias religiosas, que osan considerar que un trozo de pan y un vino barato puedan ser dizque el cuerpo y la sangre de la inexistente cosa esa llamada Dios, el creador del expansivo Universo. Sólo un imbécil puede creer tal cosa.

Incluso, también nos causan lástima los embrutecidos humanos que desperdician el poder del razonamiento que le ha brindado la evolución cósmica y planetaria para poner «su confianza en cosas muertas, y que dan el nombre de dioses a lo que ha salido de manos humanas: oro, plata, cincelada, figuras de animales y hasta la piedra inservible, que un buen día fue esculpida por alguien.»[cxlvii]

Por otro lado, otra cuestión que no debe pasarse por alto sobre las ofrendas religiosas es que a través de la historia hemos visto la manera en que los distintos dioses que hemos inventado fueron creados para que fuesen despiadados con los animales no humanos. Esa malignidad en los inventados dioses se debió a que los creadores de los dioses y los editores de los libros dizque sagrados de las religiones permitieron:

(1) que se escribieran en los libros sagrados que los inventados dioses amaban las matanzas de los animales no humanos;

(2) que se les dijera a los creyentes que los inventados dioses amaban las matanzas de animales no humanos en su nombre.

Como ejemplo de esto, podemos mencionar que parte de la historia del sangriento cristianismo está escrita con la sangre de los millones de animales no humanos que han matado sus seguidores con el interés de ofrecérselos a sus inexistentes dioses. Además, no olvidemos tampoco que las inventadas divinidades de los santeros fueron creadas con tanta malignidad imaginativa, que todavía en esta modernidad los practicantes de esa religión fomentan, permiten, coadyuvan, instigan y adoran que se maten animales no humanos sin razones legítimas, particularmente en rituales en los que esos animales sacrificados les son ofrecidos a esas inventadas divinidades con el interés de que liberen de todos los males a los presentadores de las ofrendas.[cxlviii]

Sobre estos mismos asuntos de la santería y de la brujería, no podemos olvidar que el saqueo de tumbas es otro ejemplo palpable de la enorme destrucción que causan dichas creencias religiosas en las mentes de algunas personas. Profundizando más sobre esto, valga saber que muchísimos líderes de la santería y del espiritismo fomentan, instigan y permiten que sus alocados practicantes vayan a los cementerios, saquen algunos de los cadáveres de las tumbas (aunque sean cadáveres de pequeños niñitos) y les corten algunas partes de sus putrefactos cuerpos, preferiblemente las cabezas, a fin de usarlas en algunos de sus atolondrados rituales religiosos.

Ahora bien, es preciso saber que lo más impactante y dañino de lo anterior es el grave daño emocional que ello le causa a muchos de los familiares de los profanados muertos, pues, el llegar a los cementerios, y ver que los putrefactos cuerpos de sus seres queridos están fuera de las tumbas y que les han cortado las cabezas u otras partes de sus podridos cuerpos son unas escenas horripilantes e impactantes.

De hecho, sobre esto del impacto psicológico que tiene la profanación de tumbas en las mentes de los familiares de los muertos, valga saber que el distinguido profesor **Carlos Sosa** --psicólogo y Catedrático de la Universidad del Sagrado Corazón de Puerto Rico-- nos explica que la «profanación de la tumba de un ser querido puede tener efectos emocionales devastadores para esos familiares…los afectados pueden experimentar desasosiego, tristeza y hasta caer en una depresión.»[cxlix]

VIII. Objetos mágico-sagrados en el hinduismo

Por otro lado, no podemos dejar de señalar que algunas religiones creen que los cuerpos o algunas extremidades de sus santones y líderes religiosos: (1) son divinas; y (2) tienen la capacidad de curar enfermedades mentales y físicas. Ello ha causado que sus seguidores hagan extensos viajes y largas filas, a fin de tocar alguna parte de los cuerpos de estos santones. También ha traído la consecuencia de que, cuando los líderes religiosos o los santones se mueren, algunos feligreses saqueen sus sepulcros, a fin de cortarles un pedazo de sus putrefactos cuerpos y así poseer las mágico-extremidades.

Ahora bien, es de saber que, en muchas ocasiones, esto ha llegado a niveles espeluznantes, pues los practicantes se han atrevido a mutilar o asesinar a sus santones (mientras están vivos) con el interés de cortarles algunas partes de sus cuerpos. Valga saber que esto que estamos explicando ocurre con mucha frecuencia en la India; allí, varios santones del hinduismo han sido víctimas de lo que venimos explicando.[cl]

Debe tenerse presente, además, que el hinduismo ha embrutecido tanto el pensamiento de sus creyentes que todos ellos consideran: (1) que <u>todos los monos</u> pulgosos son sagrados; y (2) que <u>ciertos monos</u> pulgosos son la reencarnación de la inexistente cosa esa llamada dios Hanuman.

Sobre el punto número dos, valga saber que esa creencia ha traído como resultado que cientos de miles de personas traten de llegar hasta donde está el divino mono pulgoso para: (1) dejarle ofrendas; (2) pedirle deseos; (3) tocarlo; (4) besarlo; (5) orar frente a él.[cli]

Siguiendo en parte lo anteriormente apuntado, valga saber que el embrutecimiento del pensamiento por culpa del hinduismo llega a niveles nauseabundos, pues, como se sabe, los hindúes creen que las vacas son animales sagrados. Hasta tal extremo llega esa estúpida creencia que:

> (1) es común observar a las vacas caminando y defecando por las aceras y por las calles de la India sin ser molestadas;

> (2) es común observar a los funcionarios del sistema de justicia criminal arrestando, acusando, sentenciando y encarcelando a personas, por el simple hecho de matar una vaca regordeta para poder darle comida a sus familiares.

La razón por la cual en la India se ha establecido como un delito grave matar a una vaca es que el hinduismo (que considera a las vacas como objetos sagrados y prohíbe sus matanzas) ha penetrado tanto dentro del Derecho, que muchas de las leyes penales son textualmente prohibiciones que fueron escritas en los libros dizque sagrados. Ahora bien, más sorprendente todavía es el hecho de que en muchas partes de la India miles de adultos y niños mueren al año por causa del hambre, a pesar de estar rodeados por miles de vacas gordas y saludables.[clii]

IX. Actuaciones delictivas y poco ortodoxas por fanáticos y líderes religiosos

a. Destrucción de anos y vaginas de niños

Además de las situaciones expuestas, no podemos dejar de mencionar que a través de la historia de la humanidad se han podido observar actos de maltrato hacia menores de edad por parte de rabinos, pastores, reverendos, monjes budistas, imanes y, sobre todo, por sacerdotes de la peligrosa Iglesia católica.

Al respecto, hay que recordar los miles de casos que han salido a la luz pública, en los que se han visto y discutido las maneras en que miles de estos sacerdotes católicos han osado penetrar sexualmente --vaginal, anal, orogenital, digital y/o instrumentalmente-- a miles de menores de edad. Recuérdese, además, aquellos casos en los que miles de estos cabrones sacerdotes realizaron descabellados actos sexuales (sin penetraciones) tendentes a despertar, excitar o satisfacer su pasión o sus deseos sexuales con niñitos(as) y adolescentes.

Sobre las agresiones sexuales por parte de los bellacos sacerdotes de la Iglesia católica, valga saber que la evidencia empírica demuestra que en Estados Unidos de América ocurrió lo siguiente: (1) durante un período de cincuenta y dos años (particularmente desde 1952 al 2004) cerca de catorce mil (14,000) menores de edad fueron agredidos(as) sexualmente por más de cuatro mil (4,000) sacerdotes; (2) los corruptos líderes de la Iglesia católica encubrieron por años las penetraciones sexuales a los menores, con el fin de salvar la reputación de su bellaca institución; (3) la mayoría de las víctimas (81%) de las agresiones sexuales (realizadas en el nombre del padre, del hijo y del espíritu santo, amén) fueron varones.

Ahora bien, es de advertir que no se debe entender por ello que esas cifras reflejan la realidad del asunto; meramente reflejan los casos oficialmente informados en Estados Unidos de América. Por consiguiente, entendemos que las cifras sobre este asunto en EE. UU. (y en cualquier país) deben ser multiplicadas por diez, para obtener un panorama un poco más cercano a la realidad, por razón de que hay miles de personas en EE. UU. (y en otros países) que han sido penetradas sexualmente (vaginal, anal, orogenital, digital y/o instrumentalmente) por algunos abellacados sacerdotes de la Iglesia católica, que no han tenido la valentía de querellarse, por temor a las represalias y al bochorno público, entre otras razones.

De conformidad con lo anterior, valga saber que en México la situación es más dramática y repugnante, ya que se estima que en ese país el treinta por ciento (30 %) de los sacerdotes católicos, con mucho sentido de gozo en su ser, han agredido sexualmente (vaginal, anal, orogenital, digital y/o instrumentalmente) a miles de sus feligreses, y la mayoría de esas agresiones, por supuesto, en contra de menores de edad.[cliii]

Cónsono con lo anterior, debe tenerse en cuenta que la evidencia empírica relacionada con estos horripilantes casos ha demostrado que para realizar estas agresiones sexuales -- en el nombre del padre, del hijo y del espíritu santo, amén -- la mayoría de los sacerdotes han utilizado tácticas similares para tener acceso a los anos y/o a las vaginas de los menores. Así, se ha encontrado que muchos sacerdotes acuden a instituciones psiquiátricas para menores de edad y, con el pretexto de que van a realizar algún servicio eclesiástico a favor de los menores, logran tener acceso a ellos y los penetran sexualmente, ya sea vaginal, anal, orogenital, digital y/o instrumentalmente.

También se ha encontrado que muchos de estos sacerdotes violadores les han explicado a los niños: (1) que el hecho de que sean agredidos sexualmente por algún sacerdote católico no tiene nada de malo para su religión, ni mucho menos para su inventado dios; (2) que una de las formas de agradarle al inexistente dios y tener libre acceso al inventado paraíso es que se dejen agredir sexualmente; (3) que es normal que los sacerdotes les estén introduciendo sus penes en sus vaginas y/o en sus anos, por motivo de que esos son dizque unos actos que les ayudan en sus desarrollos físicos.[cliv]

Con relación a lo anterior, merece destacarse el hecho de que la alta plana de la bellaca Iglesia católica se ha pasado a través de los años tratando de esconder de la palestra pública los casos de agresiones sexuales de los sacerdotes a los menores de edad, a pesar de saber que la exposición pública de los casos ayuda a que otras víctimas se querellen en contra de los abusadores.

Para lograr lo anterior, han realizado varias acciones, entre ellas: (1) fabricar defensas; (2) esconder a los responsables de las agresiones sexuales, una vez se presentaron las respectivas querellas ante los foros civiles de justicia; (3) encubrir a los agresores sexuales; (4) utilizar el privilegio evidenciario de confesión entre sacerdote y penitente para tratar de encubrir a otros sacerdotes; y (5) reprender, sancionar y apartar de las instalaciones católicas a todas aquellas personas que han dado la voz de alerta a las autoridades policiales sobre las aberraciones de los sacerdotes.[clv]

b. Rituales religiosamente sexuales

Como sabemos, la historia nos demuestra que en muchísimas ocasiones los practicantes y los líderes religiosos se envuelven en rituales sexuales y secretos dentro de sus grupos religiosos, a pesar de que: (1) se pasan diciendo públicamente que los rituales sexuales y religiosos son unas prácticas inmorales; (2) se pasan criticando las prácticas sexuales de la ciudadanía.

Como ejemplo de esto, llama la atención que muchísimos sacerdotes y feligreses de la cabrona Iglesia católica practicaban un pintoresco ritual llamado el ***Risus Paschalis***. Dicho ritual, que se llegó a efectuar por la corrupta Iglesia católica desde el siglo VI hasta el año 1886, consistía en que los bellacos sacerdotes se reunían con otros miembros de su moralista iglesia durante la ceremonia de la Pascua de Resurrección, y con mucho sentido de gozo en su ser «se subían los ropajes, mostraban sus genitales y se masturbaban ante los fieles, lo que provocaba risas. Además, durante la liturgia había palabras y cantos que podrían calificarse como obscenos, pronunciados por el sacerdote.»[clvi]

Por otra parte, recordemos nuevamente los casos en que varios grupos cristianos integrados por imbéciles entregaban sus hijas a sus líderes religiosos, para conseguir que estos últimos las agredieran genitalmente en el nombre de la inexistente cosa esa llamada Dios.

Recordemos también aquellas prácticas religiosas en que mujeres adultas de inteligencia promedio se entregaban sexualmente a sus líderes religiosos --a pesar de que muchas de ellas estaban casadas y vivían en matrimonios felices-- con el interés de que esos líderes las penetraran sexualmente y de esa manera se ganaran el pasaporte al inexistente paraíso del embrutecedor cristianismo.

Ahora bien, esto de sacerdotes, monjes budistas, rabinos, pastores(as), imanes, reverendos(as), Papas y líderes religiosos participando en rituales sexuales o en misas sexuales no es nada nuevo bajo nuestra estrella. La historia enseña con extrema claridad que en varias prácticas religiosas de la antigüedad también se realizaba lo anterior. Así, por ejemplo, en los tiempos de la Antigua Roma <u>había unos templos con unas **sacerdotisas** que «se ataban falos artificiales</u> y paseaban en procesiones y cantaban canciones satíricas y obscenas durante los festejos.»[clvii]

c. Asesinatos, violaciones de derechos humanos y venta de drogas

Por otro lado, no podemos olvidar que a través de la historia hemos podido ver millones de casos en los que sacerdotes, monjes budistas, Papas, pastores, reverendos, rabinos, imanes y líderes religiosos han participado, directa o indirectamente: (1) en crímenes de lesa humanidad; (2) en asesinatos; (3) en ventas y distribución ilegal de narcóticos; (4) en torturas; y/o (5) en fraudes. En ese contexto, y sin pretensión de exhaustividad, a continuación se exponen algunos ejemplos:

➢ En el 2008, un sacerdote católico de Bolivia -- en el nombre de la inexistente cosa esa llamada Dios -- se ató tres kilos de cocaína a su cuerpo e intentó introducirlos a Holanda. Al llegar al aeropuerto vestido con su sotana, los agentes de aduana lo registraron minuciosamente. «El registro mostró que ocultaba bajo la sotana y pegados a las piernas unos paquetes, de los que dijo que contenían 'arena santa', aunque la comprobación posterior mostró que eran tres kilos de cocaína.»[clviii]

Véase en la imagen a Christian Von Wernich

> De 1976 a 1983, en Argentina hubo una horripilante dictadura militar dedicada a torturar, perseguir, difamar, acusar, encarcelar y asesinar a los disidentes de tal régimen. En esos actos de lesa humanidad, Christian Von Wernich, sacerdote de la bellaca Iglesia católica, tuvo una participación muy activa, hasta el extremo de que --en el nombre de la inexistente cosa esa llamada Dios-- participó en difamaciones, secuestros, asesinatos, torturas, amenazas e intimidaciones. A consecuencia de esto, en 2007, el **Honorable Tribunal**

Federal Oral número 1 de La Plata encontró más allá de duda razonable que el sacerdote era culpable de delitos de lesa humanidad, por lo que lo sentenció a cadena perpetua, habida cuenta de que se comprobó que este cabrón participó en «siete homicidios, 31 casos de tortura y 42 secuestros.»[clix]

- En México, un sacerdote de la Iglesia del Sagrado Corazón de Jesús decidió sostener una relación sexual con una de sus fanáticas religiosas, lo que trajo como consecuencia que naciera una niñita. Esto dio lugar a que la pareja tratara de ocultar su relación y el nacimiento de la niñita, pues, lógicamente, el padre quería seguir siendo sacerdote y un vividor de las ofrendas de sus imbéciles fanáticos religiosos. Así las cosas, durante la semana santa del 2006 -- particularmente después de que el sacerdote ofició la misa de resurrección -- se personó a la iglesia la madre de la niña y le pidió al sacerdote dinero para poder costear la alimentación de su hija. El sacerdote se molestó tanto que -- en el nombre del padre, del hijo y del espíritu santo, amén -- agarró a la muchacha por el cuello, la asfixió y la desmembró en el baño de la iglesia, para luego embolsarla y tirarla en un apartado cementerio municipal.[clx]

- En 1994, en la zona de Ruanda, estaba ocurriendo un gigantesco genocidio. Debido a ello, unas dos mil almas buscaron refugio en una iglesia. Allí, las personas se sentían seguras y confiadas de que nada les ocurriría porque: (1) estaban (según ellas) en la casa de la inexistente cosa esa llamada Dios; (2) estaban en la compañía de Athanase Seromba, su querido sacerdote. Sin embargo, sus creencias duraron poco tiempo, pues el propio Athanase le ordenó a un conductor de una pala mecánica que destruyera la iglesia y que aplastara a los refugiados. Incluso, también llegó a ordenarle a una turba de estúpidos que los sobrevivientes del derrumbe fuesen «ultimados con machetes y armas.» Valga saber que por esos monstruosos hechos de sangre, el **Tribunal Penal**

Internacional para Ruanda (TPIR) encontró que el sacerdote católico había cometido los delitos de genocidio y de crímenes en contra de la humanidad, por lo que lo condenó a cumplir una pena de reclusión carcelaria.[clxi]

X. Derecho y religión

Aparte de lo anterior, no podemos pasar por alto que las sangrientas y malas experiencias que la humanidad ha tenido con las religiones han hecho que, con el tiempo, hayan surgido muchísimas normas jurídicas, a fin de controlar la influencia de las religiones en la vida diaria.

Así, por ejemplo, tenemos la doctrina de la separación entre la iglesia y el Estado, doctrina que establece, entre otras cosas: (1) que el gobierno no puede ser controlado por instituciones religiosas; (2) que la política y la religión son dos campos separados; (3) que el gobierno no puede establecer una religión oficial; (4) que el Estado debe permitir la libertad de culto; (5) que el Estado no puede ayudar económicamente a una iglesia; (6) que el gobierno no puede establecer una embrutecedora iglesia; y (7) que el Estado no puede indicar que prefiere una religión sobre otra.[clxii] Además, recuérdese que tenemos la Primera Enmienda a la Constitución de Estados Unidos de América, que prohíbe, entre otros extremos, que el Estado imponga «contribuciones para establecer una religión.»[clxiii]

Teniendo en cuenta lo anterior, sépase también que la prohibición constitucional que le impide al Estado crear, prohibir, endosar o patrocinar alguna creencia religiosa les aplica a los funcionarios de más alta jerarquía y a todos los demás empleados. Así, por ejemplo, los maestros y los directores de las escuelas públicas sitas en territorios estadounidenses (cuando se encuentran en horas laborables) no pueden manifestarle a sus estudiantes que se debe rechazar, endosar o patrocinar alguna creencia religiosa en particular.[clxiv]

Además de lo anterior, debemos recordar aquí que las brutalidades y los abusos cometidos por los practicantes de las religiones a través de los siglos han hecho, afortunadamente, que muchos países hayan aprendido que no se debe permitir que los religiosos practiquen sus rituales como les venga en gana. Por ende, hoy en día se acepta que los gobiernos estatales puedan intervenir legalmente con las formas y maneras en que los religiosos llevan a cabo sus ridículos rituales, siempre y cuando el fin sea la protección de: (1) la moral; (2) el orden público; (3) la paz social; (4) la salud; (5) la dignidad; y (6) la seguridad social. Por razón de que nadie, ni los religiosos con sus escandalosos y ridículos rituales, puede «sustraer sus actos y conducta a las reglas que por legislación ha establecido la sociedad en protección de la paz, la moral y el orden público.»[clxv]

Así, por ejemplo, si unos religiosos realizan todos los días un concierto de adoración a su inexistente dios a altas horas de la noche en un templo ubicado en una calle de una urbanización, y eso lo hacen cantando, tocando instrumentos musicales, realizando ruidos indeseables y recitando pasajes de sus libros dizque sagrados en alta voz (molestando con esos grotescos escándalos a los residentes que se encuentran en sus hogares descansando) el Estado puede legítimamente impedírselo porque «en el santuario de su hogar, un ciudadano no es un 'cautivo' que tiene que soportar prácticas y ruidos indeseables causados por los ejercicios y ritos de un templo religioso que le perturba y anula su derecho a la intimidad (*privacy*) de su hogar, causándole tortura y extremo de sufrimiento moral.»[clxvi]

A propósito de esto, es fundamental conocer que la protección que le brinda la Primera Enmienda de la Constitución de EE. UU. a los religiosos, afortunadamente, no se extiende para proteger a aquellos religiosos que han cometido o intenten cometer transgresiones penales en el nombre de sus inexistentes dioses, toda vez que «la práctica religiosa no crea un cantón aparte donde le está vedado al Gobierno hacer respetar las leyes.»[clxvii]

Así, por ejemplo, sería totalmente ilegal, y no estaría protegido por la Primera Enmienda a la Constitución de los

Estados Unidos de América, que unos religiosos decidan sentar a sus hijos en unas cruces llenas de clavos, con el pretexto de que los castigan de esa manera porque su inexistente dios así lo ha ordenado. Esa conducta, claramente, es un delito de maltrato a menores de edad.

También sería ilegal que los religiosos roben un camión blindado lleno de dinero, con el pretexto de que: (1) lo hacen porque su religión lo permite; (2) su líder religioso les dijo que ese sería un buen acto para cumplir con el divino mandamiento de ayudar a los pobres. Esas conductas son consideradas como robos, de acuerdo con los estatutos estatales y federales.

A la luz de todo lo anterior, somos de opinión de que la doctrina de separación entre la embrutecedora Iglesia y el necesario Estado es uno de los mayores logros de los seres humanos racionales, toda vez que la mezcla de los asuntos gubernamentales con las heréticas religiones es, por decir lo mínimo, una acción extremadamente peligrosa para la humanidad.

La razón por la cual decimos lo anterior es, principalmente, porque la experiencia enseña que, cuando la religión se mezcla con la política y grupos religiosos controlan o asesoran a los gobiernos, las cuestiones político-gubernamentales se vuelven tiránicas, discriminatorias, intolerantes y degradantes. Eso, sin contar con el enorme riesgo de que las libertades y los derechos humanos: (1) desaparezcan; o (2) sean lacerados considerablemente en el nombre de los inexistentes dioses.

a. Rehusar tratamiento especializado

Por otro lado, otro asunto trascendental que debemos considerar como parte del embrutecimiento del pensamiento humano debido a las religiones es el de las transfusiones de sangre en casos de emergencia. Es de conocimiento público que algunas religiones (como la practicada por los Testigos de Jehová) permiten que sus feligreses rechacen que se les realicen transfusiones de sangre en casos de emergencia.

Sobre esa cuestión, nosotros no tenemos problemas con ello. Cada persona adulta y con pleno uso de sus facultades cognoscitivas tiene derecho a hacer con su vida lo que quiera. Incluso, también consideramos que toda persona adulta con pleno dominio de sus capacidades mentales puede suicidarse, siempre y cuando no vaya a afectar a menores de edad o a personas incapacitadas que dependan de ella.

Por cierto, valga saber que en muchos lugares se ha reconocido jurídicamente que todo adulto con pleno uso de sus facultades cognoscitivas tiene el derecho de rechazar tratamiento médico necesario para salvarle su vida, cuando su decisión está apoyada en su credo religioso.[clxviii]

A tono con esto, sépase también que en nuestra violenta patria puertorriqueña existe la Ley Núm. 160 de 17 de noviembre de 2001, conocida como la **Ley de Declaración Previa de Voluntad sobre Tratamiento Médico**. Esa normativa establece en un lenguaje claro e inequívoco que:

> <u>Toda persona mayor de edad y en pleno disfrute de sus facultades mentales</u> podrá declarar su voluntad anticipada, y en cualquier momento, de ser sometida o no ser sometida a determinado tratamiento médico, ante la eventualidad de ser víctima de alguna condición de salud terminal o de estado vegetativo persistente que no le permita expresarse durante el momento en que dicho tratamiento médico deberá o no deberá, según su voluntad, serle administrado.

Ahora bien, con lo que no estamos de acuerdo es cuando hay niños y adolescentes de por medio, ya que esa determinación religiosa de no recibir tratamientos médicos (como puede ser una transfusión de sangre) es sumamente peligrosa en esos casos, pues esos menores, que no tienen pleno uso de sus facultades cognoscitivas: (1) pueden sufrir serios daños físicos y psicológicos; o (2) pueden morir prematuramente. De hecho, la evidencia empírica demuestra que miles de menores de edad a través de la historia han muerto como consecuencia de estas alocadas decisiones religiosas de sus progenitores.

Incluso, es de conocimiento público que en estos tiempos todavía siguen muriendo menores de edad como consecuencia de esas alocadas creencias religiosas de no recibir ciertos tratamientos médicos.

Pero lo más sorprendente de todo esto, es que esas muertes siguen ocurriendo en países democráticos e industrializados. Un ejemplo sobresaliente de esto fue un caso que ocurrió en España en 1994. Allí, un adolescente de trece años de edad tuvo que morir porque sus heréticos e irresponsables progenitores decidieron matarlo; ya que impidieron que un médico le administrara una transfusión de sangre para salvarle su corta vida.[clxix]

Debe, no obstante, tenerse en cuenta que muchos países se han percatado de que las religiones pueden embrutecer el pensamiento de los seres humanos, hasta el extremo de que pueden incurrir en acciones como las anteriormente apuntadas. Así que, para evitar eso, les han regulado las conductas a los practicantes, a través del Derecho.

Así, por ejemplo, en muchas jurisdicciones (como España y EE. UU.) los ordenamientos jurídicos establecen que los magistrados pueden ordenar que se les realicen transfusiones de sangre a los menores de edad sin el consentimiento de sus padres, ya que el bienestar y la vida de los menores están por encima de las alocadas e irresponsables creencias religiosas de sus padres.

De igual manera, los ordenamientos jurídicos de muchos países también establecen que se les realizarán transfusiones de sangre a todos aquellos adultos que las rechacen debido a sus credos religiosos, particularmente si esas personas tienen que velar por el mejor bienestar de sus hijos o de personas incapacitadas, y no hay algún familiar que se pueda hacer cargo de ellos.

Lo que es más, el Derecho español también permite que se puedan acusar y encarcelar por cargos de homicidio a los progenitores de algún menor de edad que haya muerto como consecuencia de que sus progenitores hayan impedido, estorbado o negado autorizar una transfusión de sangre para su hijo menor de edad, particularmente cuando la misma haya sido recomendada por un médico.[clxx]

Se debe tener en cuenta, además, que el embrutecimiento del pensamiento de muchos enfermos debido a sus creencias religiosas puede llegar a niveles peligrosos, hasta el extremo de que pueden poner en inminente peligro de enfermedad o de muerte a miles de personas. Así, por ejemplo, hay religiones que les impiden a sus practicantes recibir tratamientos especializados o de emergencia para tratarse peligrosas enfermedades infecciosas.

Ahora bien, valga saber que en esos casos los gobiernos de muchos estados (como los gobiernos de los estados estadounidenses) pueden tomar medidas drásticas en contra de esos embrutecidos religiosos, a los fines de evitar que esas enfermedades infecciosas se propaguen y contagien a otras personas. Daremos un ejemplo.

Imagine que un presidiario practicante de alguna religión aparenta tener síntomas de tuberculosis. Cuando las autoridades correccionales detectan al contagiado, le recomiendan que vaya de inmediato a la enfermería, a fin de que sea salvado y evitar la propagación de la enfermedad. Sin embargo, el embrutecido recluso les informa a los funcionarios que no desea el tratamiento, ya que los embrutecedores dogmas de su religión le impiden recibirlo. Ante ese cuadro, los galenos mandan a hacer puñetas la religión del confinado y se lo llevan por la fuerza a un área médica, a fin de tratarlo y evitar la propagación de la enfermedad.

En ese sentido, la pregunta que nos tenemos que hacer es la siguiente: ¿Podían las autoridades correccionales tomar medidas en contra de ese recluso? La respuesta es *sí*. El Estado puede aislar y separar de la población correccional a un presidiario que se niegue, por sus creencias religiosas: (1) a realizarse un examen médico que busque detectar si está contagiado con una enfermedad contagiosa y peligrosa (como la tuberculosis); y (2) a someterse a tratamiento médico especializado que tenga el propósito de evitar que su peligrosa enfermedad (como la tuberculosis) contagie a otras personas.[clxxi]

b. Regulación de los discriminatorios velos islámicos

Por otra parte, y como hemos visto hasta ahora, los velos que utilizan las mujeres mahometanas: (1) representan el sometimiento de éstas a la autoridad de los hombres; y (2) representan la devaluación de la dignidad de las mujeres, hasta el extremo de hacerlas casi invisibles en algunos países. Así, por ejemplo, en los países mahometanos y en muchos de los hogares mahometanos en países democráticos (en donde se obliga a las damas a utilizar una ridícula burka) vemos cómo la dignidad pública de las damas es pisoteada hasta el nivel de tener que esconder del público sus hermosos ojos.

Conociendo que los velos mahometanos representan maldad, discrimen por razón de sexo e imbecilidad religiosa, valga saber que muchos países del mundo han prohibido (a través de su Derecho) la utilización de esos velos en ciertas circunstancias. Así, hay países en donde sus leyes no le permiten a las damas mahometanas usar los velos: (1) dentro de los edificios gubernamentales; (2) dentro de las universidades públicas; (3) mientras se encuentran ejerciendo algún trabajo gubernamental; (4) dentro de las escuelas públicas.

Como ejemplos de países en donde se restringe la utilización de los discriminatprios velos mahometanos, podemos mencionar que «Francia, donde vive la mayor minoría musulmana de Europa, prohíbe llevar pañuelos y otros símbolos religiosos en las escuelas estatales. Italia tiene una ley desde hace décadas que impide cubrirse la cara en público, como medida antiterrorista.»[clxxii]

Opinamos que la decisión de esos países de limitar la utilización de los velos en ciertas circunstancias es apropiada. Es más, opinamos que los países democráticos deben aprobar una legislación penal en la que se establezca con extrema claridad que sería una transgresión penal grave que cualquier persona obligue a una dama a utilizar uno de esos ridículos y discriminatorios velos islámicos.

También sería apropiado que se les prohíba a las damas (por ley) la entrada a toda facilidad gubernamental, si visten un herético, discriminatorio y ridículo velo mahometano. Lo anterior sería lo más sensato en los países democráticos, pues ayudaría a las mujeres mahometanas (que son víctimas de una violencia mahometana) a salir de ese islámico ciclo de violencia que muchas veces no las deja darse cuenta del sometimiento que sufren a manos de los hombres islamitas.

c. Violación religiosa a la doctrina de separación entre la embustera Iglesia y el necesario Estado

Por otro lado, ya hemos discutido previamente que uno de los desarrollos más importantes de la humanidad es (y siempre será) la doctrina de separación entre la iglesia y el Estado. También discutimos que esta importantísima doctrina del derecho constitucional establece, en apretada síntesis, que «...el gobierno no debe inmiscuirse en los asuntos religiosos y las religiones no deben interferir en los asuntos del gobierno. Nadie pierde, todos ganan.»[clxxiii]

Sin embargo, es de conocimiento mundial que en la mayoría de los países democráticos en donde está vigente esta importantísima doctrina del Derecho, los embrutecidos religiosos se pasan violándola constantemente, toda vez que ejercen indebidas presiones religiosas sobre los funcionarios electos o nombrados, con el interés de que las normativas jurídicas reflejen postulados religiosos, en grave perjuicio al resto de la sociedad civil.

Abundando sobre esto, valga saber que esa violación a la cláusula de separación entre la embustera iglesia y el necesario Estado la llevan a cabo los macos religiosos de manera sutil, pero, lamentablemente, con considerable peso político. Nos explicamos. En los países democráticos, la inmensa mayoría de los políticos lo que quieren es mantenerse en sus puestos, ya que éstos les ofrecen fama, dinero, prestigio e importancia social. Para lograr esa permanencia, tratan de complacer con populacherías a los votantes.

Además, asumen posturas sobre temas de interés público que le sean agradables a los oídos del populacho votante, aunque muchas de esas posturas públicas sean contrarias a sus verdaderas creencias y opiniones. Y realizan lo anterior porque la experiencia política demuestra más allá de duda razonable que «cualquier acto o expresión que haga un legislador o candidato a un puesto político tiene consecuencias en el electorado.»[clxxiv]

Por su parte, los entorpecedores líderes religiosos (que saben que los políticos desean seguir en sus puestos) se acercan a esos políticos que venden hasta su integridad mental por mantenerse en sus puestos y les exigen que aprueben ciertas leyes, so pena de aglutinar a sus pendejos feligreses (que pueden ser desde miles hasta cientos de miles, dependiendo del país) a fin de ordenarles que emitan un voto de castigo religioso en las próximas elecciones, de no hacerse lo que ellos digan.

Los políticos presionados, por miedo a perder sus lucrativos puestos: (1) ceden ante las presiones de los religiosos; y (2) votan o cabildean a favor de las medidas propuestas por los religiosos. A cambio de ello, los líderes religiosos les dicen a sus rebaños de pendejos practicantes: (1) que voten a favor de los políticos presionados en las próximas elecciones; y (2) que continuamente apoyen a esos políticos presionados, a través de los medios de comunicación. Eso, sin contar con las jugosas aportaciones económicas que hacen los dirigentes religiosos a las arcas de estos políticos, a la hora de recoger dinero para sus próximas campañas políticas.

Nótese la gran violación de la rapaz iglesia a la doctrina de separación entre la Iglesia y el Estado en los países democráticos. Esa intervención gubernamental la hacen con intimidación, chantaje y corrupción religiosa.

Ningún político debe permitir ese tipo de intervención religiosa, pues, si las religiones (que embrutecen el pensamiento de las personas) «...**se meten en los asuntos del gobierno, entonces es evidente que en algún momento intentarán imponer sus creencias a toda la sociedad.**»[clxxv]

Además, si los políticos permiten esa intromisión religiosa, demuestran: (1) que no tienen categoría intelectual; (2) que son unos políticos intelectualmente manipulables; y (3) que son unos corruptos, que venden sus conciencias y el mejor bienestar de la sociedad civil por unos cuantos miles de votos religiosos y, sobre todo, por una cuantiosa tajada de las ofrendas de los pendejos practicantes.

A base de lo anterior, no hay duda alguna que podemos decir que <u>la mayoría</u> de los practicantes religiosos son seres: (1) intransigentes, recalcitrantes y dictatoriales; (2) que aman perseguir, difamar y causarle daño a todas aquellas personas que no sigan sus ridículas creencias religiosas; (3) que les impiden o les dificultan a los pueblos que ateos de elevado nivel intelectual puedan asumir puestos de alta jerarquía dentro del gobierno; (4) que no ejercen su derecho al voto de manera inteligente y responsable, pues regularmente votan por aquellos candidatos que creen en sus inexistentes dioses y que siguen las doctrinas de sus religiones, sin considerar otros aspectos y cualidades de los candidatos; (5) que hacen todo lo posible para que personas de alta capacidad intelectual no revaliden en sus puestos político-partidistas, particularmente cuando esos políticos asumen unas posturas contrarias a sus credos religiosos; (6) que privan a la sociedad civil de políticos de elevada capacidad intelectual y filosófica.

Tomando en consideración lo antes apuntado, entendemos que se han sentado las bases para poder decir: (1) que las religiones son el peligro más grave que puede tener un país democrático; (2) que las religiones fomentan el embrutecimiento en los eventos electorales; (3) que no hay nadie más bruto, inepto e irresponsable a la hora de votar que un maldito fanático religioso; y (4) que las religiones fomentan y buscan que los gobernantes de un país adoren el prejuicio, la estupidez y la falacia religiosa.

XI. Iglesias: refugios de locos, psicóticos, neuróticos y lesionados mentales

Por otra parte, y aunque resulte perturbador, tenemos que decir que <u>los templos religiosos son refugios</u> de seres depresivos, psicóticos, alucinantes, atolondrados, neuróticos y, más que todo, de personas que tienen graves sentimientos de culpabilidad o lesiones cerebrales. Además, no podemos olvidar que <u>las religiones transforman</u> a muchas personas en seres depresivos, psicóticos, alucinantes, atolondrados, neuróticos y, sobre todo, en seres con graves complejos de culpa. De hecho, la ciencia ha encontrado que muchos jóvenes que practican una religión son mucho más neuróticos que los jóvenes que no practican ninguna.

Además, la maravillosa ciencia también ha encontrado que muchos pastores, reverendos, rabinos, imanes, monjes budistas y otros dirigentes religiosos «presentan síntomas psicóticos.» Incluso, la ciencia también ha encontrado que muchas de las personas (adultas) que ingresan a alguna religión son seres que presentan graves «complejos de culpabilidad.»[clxxvi]

Cabe señalar, además, que la evidencia empírica demuestra con extrema claridad que las religiones tienen la gran capacidad de crear en las mentes de sus seguidores graves alucinaciones mentales, es decir, causan que los practicantes toquen, sientan, huelan, oigan y/o vean cosas que no existen mientras están conscientes y despiertos.

Así, por ejemplo, muchos religiosos alucinantes han manifestado que han escuchado, tocado, visto y/o hablado con las inexistentes cosas esas a las que ellos llaman profetas divinos, espíritus malignos, demonios, ángeles, diablos, vírgenes paridoras de muchachitos, vírgenes divinas, dioses omnipresentes, espíritus santos, fantasmas, muertos resucitados, entre otros personajes de los cuentos de hadas religiosos.

Es más, la situación es tan esquizofrénica y alocada en muchas ocasiones, que muchos de estos religiosos alucinantes alegan que han visto una de las inexistentes cosas esas que hemos mencionado: (1) en plantas de plátano; (2) en cubos de hielo; (3) en piedras; (4) en ollas; (5) en sartenes; (6) en asquerosos baños públicos; (7) en basureros; (8) en palmeras; (9) en sucias paredes; (10) en viejas vasijas; (11) en velas; (12) en sucios cristales; (13) en manchas de aceite; y (14) en manchas de pintura. Un ejemplo de esto proviene de México; allí, una tolondrona mujer religiosa alegó que en una vieja y sucia olla de su propiedad se le apareció la inexistente «Virgen de la Guadalupe».[clxxvii]

Teniendo en mente lo anterior, valga saber que la ciencia ha ido mucho más lejos en estos días, y ha descubierto que hay una enorme correlación entre lesiones o enfermedades cerebrales con experiencias religiosamente divinas, es decir, con experiencias en las que se pueden sentir, ver, escuchar, tocar y/o hablar con las inexistentes cosas esas llamadas profetas divinos, demonios, ángeles, diablos, vírgenes paridoras de muchachitos, vírgenes divinas, dioses omnipresentes, espíritus santos, fantasmas, muertos resucitados, entre otros personajes de la ciencia ficción religiosa.

Es curioso, pero lo anterior podría explicar las razones por las cuales muchos creyentes, practicantes y líderes religiosos son capaces de llevar a cabo actos de extrema violencia en contra de otras personas y/o en contra de sí mismos. También podría explicar las razones por las cuales algunos de nuestros conocidos o familiares han alegado que han dizque escuchado, sentido, hablado, visto y/o tocado a las inexistentes cosas esas que hemos mencionado.

También podría explicar las razones por las cuales muchos religiosos son tan criticones, discriminatorios, dictadores, amargados y/o depresivos. Incluso, también podría explicar las razones por las cuales la mayoría de los religiosos andan por la vida con un repulsivo sentido de culpa que, en muchas ocasiones, no les deja vivir en paz.

Dicho y aceptado lo anterior, podemos decir que es muy probable que los dizque profetas divinos, muchos líderes religiosos y todas las personas que han alegado que han podido sentir, ver, escuchar, tocar y/o hablar con las inexistentes cosas esas que hemos mencionado líneas arriba hayan tenido lesiones cerebrales o que hayan sido individuos que hoy en día podríamos catalogarlos como psicóticos, neuróticos o esquizofrénicos. Por eso es que concurrimos con José Gordon (autor del artículo **¿Dios en el cerebro?**) cuando nos dice que «tal vez es posible que algunos de los grandes místicos hayan tenido lesiones cerebrales que los predispusieron a las visiones cerebrales.»[clxxviii]

Por las explicaciones que venimos dando, es inexorable concluir que todas aquellas personas que han alegado (o que aleguen) que han podido hablar, tocar, ver, oír y/o sentir algún personaje de la ciencia ficción religiosa (como los que hemos mencionado líneas arriba) son unos perturbados que han experimentado una alucinación mental alejada de la realidad.

Esto es extremadamente peligroso, pues las personas que experimentan alucinaciones religiosas se pueden tornar atolondradas, paranoicas, nerviosas y agresivas, lo que las puede llevar a agredir ilegítimamente a otras personas. Pero, esto no es todo, valga saber que las religiones afectan tanto la salud mental de los practicantes, que todos ellos le «temen a los mismos dioses que han inventado.»[clxxix] Nos explicamos.

Estas personas que entienden que sí existen las inexistentes cosas que ya hemos mencionado (profetas divinos, espíritus malignos, demonios, ángeles, diablos, vírgenes paridoras de muchachitos, vírgenes divinas, dioses omnipresentes, espíritus santos, fantasmas, muertos resucitados, entre otros personajes de la ciencia ficción religiosa), además de que se han inventado en sus mentes a las inexistentes cosas esas, también sienten todos los días graves perturbaciones angustiosas en sus estados de ánimo, porque constantemente piensan que ellos, sus amigos y/o sus familiares pueden recibir daños por parte de las inexistentes cosas esas. Es decir, sienten unos irracionales miedos a unas cosas que no existen y que ellos mismos han inventado en sus mentes, lo que es, con extrema claridad, otra demostración de que las malditas religiones: (1) embrutecen los pensamientos de los creyentes; (2) destruyen la salud mental de los creyentes.

Llegado a este punto de la discusión, es recomendable que, cuando usted escuche que algún familiar, amigo o conocido suyo ha experimentado una alucinación religiosa, en la que alegue que ha tocado, oído, hablado, sentido y/o visto algún personaje de la ciencia ficción religiosa de los que hemos mencionado (profetas divinos, espíritus malignos, demonios, ángeles, diablos, vírgenes paridoras de muchachitos, vírgenes divinas, dioses omnipresentes, espíritus santos, fantasmas, muertos resucitados, etc.), usted debe preocuparse rápidamente y le debe recomendar que visite de inmediato algún psiquiatra o psicólogo.

La razones por las cuales recomendamos lo anterior son, principalmente, porque las ciencias de la conducta humana: (1) han establecido que «una persona que empieza a alucinar y se separa de la realidad debe ser evaluada de inmediato por un profesional de la salud, ya que muchas afecciones médicas que pueden causar alucinaciones se pueden convertir rápidamente en situaciones de emergencia»; y (2) han establecido que «se debe consultar con el médico, dirigirse al servicio de urgencias o llamar al número local de emergencia (como al 911 en los Estados Unidos) si alguien parece estar alucinando y es incapaz de diferenciar las alucinaciones de la realidad.»[clxxx]

Capítulo cuatro
Aspectos hipócritas y positivos de las embrutecedoras religiones

> « La única iglesia que ilumina es la que arde. »
> *Anónimo*
>
> «Quien actúa bien porque le prometieron el cielo es hipócrita; está actuando de forma egoísta.»
> *Prof. Bernat Tort*
>
> «La religión es un formidable medio para tener quieta a la gente.»
> *Napoleón Bonaparte*
>
> «Si los hombres son tan perversos teniendo religión, ¿cómo serían sin ella?»
> *Benjamín Franklin*

I. Religión como mecanismo de control social

Como hemos visto hasta ahora, las religiones son, como regla general, unas inutilidades antidemocráticas (basadas en que las personas son necias) que embrutecen a muchas personas hasta niveles insospechados. De hecho, las premiaciones y los miedos divinos que les inculcan los líderes religiosos y los libros dizque sagrados a las personas, a través de los cuentos de hadas religiosos causan, lamentablemente, que muchísimas personas se conviertan en extremistas sociales que desean siempre que los demás se comporten a su forma y manera. Además, hacen que muchas personas se conviertan en seres que no toleran:

(1) a la mayoría de las personas que no creen en sus inexistentes dioses; y

(2) a las personas que critican sus estúpidas religiones.

En fin, todas las religiones son, como regla general, las peores enemigas: (1) de la libertad; (2) de la diversidad social; (3) de la vida democrática; (4) de la libertad de expresión; (5) del razonamiento humano; (6) de las ciencias; (7) de la libertad de pensamiento; y (8) de la libertad de cátedra. Ya nos dice el Dr. Gazir Sued, doctor en filosofía y profesor de la Universidad de Puerto Rico:

> *La Iglesia es una institución autoritaria y antidemocrática y…se caracteriza por su inutilidad social. Reproduce valores amenazantes al presente cotidiano y al porvenir de las frágiles relaciones ciudadanas.*[clxxxi]

Ahora bien, es de advertir que somos conscientes de que no todo es negativo cuando hablamos de las bellacas religiones. No nos cabe la menor duda de que las rastreras religiones (que apoyan sus dogmas y credos en embelecos y en cuentos de hadas religiosos) ayudan a la humanidad a mantener cierto grado de control social, lo que permite que la mayoría de los creyentes se comporte adecuadamente, es decir, según los estándares socialmente aceptables. En definitiva, tenemos que comprender que Napoleón tenía toda la razón cuando manifestó que las rastreras religiones son «un formidable medio para tener quieta a la gente.»[clxxxii]

En ese contexto, tenemos que reconocer lo siguiente: si las embrutecedoras religiones con dioses o con poderes sobrenaturales no hubiesen existido en el pasado, indudablemente hubieran ocurrido muchos más actos violentos. Recordemos que, si la mayoría de nuestros antepasados no hubiesen tenido unos sistemas de regulaciones (como son los miedos divinos y algunas enseñanzas establecidas en los libros dizque sagrados de las religiones) que hubiesen controlado sus ignorantes, violentas y egoístas conductas naturales, no hay duda que hubiesen sido capaces de cometer más actos de pura barbarie y perversidad. Ya decía acertadamente el Dr. Benjamín Franklin: **«Si los hombres son tan perversos teniendo religión, ¿cómo serían sin ella?»**[clxxxiii]

Para apoyar empíricamente lo que estamos explicando, adviértase que la realidad diaria de nuestros tiempos ha demostrado que la mayoría de las personas que practican credos religiosos basados en el protestantismo, por increíble que parezca, comete menos crímenes violentos. Ahora bien, nótese que esto es en estos tiempos de la modernidad.[clxxxiv]

No podemos olvidar jamás que las maquinarias más discriminatorias, peligrosas, sangrientas y asesinas que han existido en la corta historia de la humanidad han sido las religiones, particularmente el cristianismo y el mahometanismo. Al respecto, no podemos olvidar que la experiencia, madre de todo conocimiento, ha demostrado que en el nombre de los dioses y de los profetas del cristianismo y del mahometanismo se cometieron (y todavía se cometen) los más atroces crímenes de lesa humanidad.

a. Esperanza religiosa y control social

Por otro lado, cabe señalar que otro aspecto positivo de las religiones es que les brindan a las personas: (1) cierto grado de esperanza divina; y (2) cierto grado de significado a la insignificante vida. Es decir, a través de los paraísos divinos, de los ángeles, de las vírgenes paridoras de muchachitos, de las vírgenes divinas, de los espíritus santos, de los dioses omnipresentes, de los hijos de Dios, de los profetas divinos, de los dioses hechos hombres y de la inmortalidad prometida, las personas pueden creer: (1) que existe algún tipo de plan divino en la vida; y (2) que existe un futuro esperanzador que le brinde una mejor calidad de vida. Y eso, sin lugar a dudas, es algo muy positivo en este momento histórico. Nos explicamos.

Imagine que de momento todos los billones de seres humanos de este insignificante planetita: (1) dejen de creer en los dioses; (2) tomen conciencia de que el día es una ilusión, es decir, de que el color azulado de nuestro cielo es una farsa azulada; una ilusión óptica que encubre la realidad de la maravillosa negrura del vasto espacio sideral; (3) tomen conciencia de que meramente somos un accidente de la naturaleza cósmica; (4) tomen conciencia de que habitamos en un lugar que se encuentra en inminente peligro de destrucción por parte de las fuerzas universales; (5) tomen conciencia de que en cualquier momento todo puede llegar a un súbito final por el simple hecho de que un gigantesco meteorito impacte nuestro pequeño planeta.

Lo anterior sería una situación de gran peligro en este momento histórico. La mayoría de la humanidad no tiene la madurez mental para poder aceptar las ideas antes mencionadas <u>y a la misma vez</u>, el hecho de que los dioses no existen. Sólo cuando la mayoría de la humanidad llegue a un elevado nivel de intelectualidad los seres humanos podrán vivir la vida: (1) sin tener que creer en dioses de apariencia humana; y (2) sin desencadenar eventos de violencia masiva debido a ello.

Ahora bien, somos de opinión de que lo anterior (que la mayoría de los seres humanos deje de creer en los inexistentes dioses y en los irreales poderes sobrenaturales) no ocurrirá por cientos de años. En razón de ello, opinamos que en estos tiempos de gran progreso intelectual (cuando el ser humano tiene una noción básica de lo que es el bien y el mal y las religiones lo que hacen es fomentar odio, discrimen, estupidez y dictadura) <u>la humanidad debe ir encaminada a eliminar poco a poco todas las religiones</u>, toda vez que las religiones y sus creencias divinas han entrado en el momento histórico de ser totalmente innecesarias. Lo que es más, hoy en día las religiones son un peligro para la soberanía física y psicológica que tienen todos los seres humanos pensantes y racionales.

Teniendo en mente lo anterior, debe saberse que la buena noticia es que, cada día que pasa, el número de ateos y agnósticos en el mundo va en aumento. Incluso, cada día que pasa podemos ver más publicaciones que: (1) favorecen el maravilloso ateísmo; (2) favorecen el pensamiento agnóstico; (3) exponen con pruebas indudables los fraudes y los engaños de los líderes religiosos y de las religiones.

II. Acciones hipócritamente positivas

Por otro lado, y lo repetimos nuevamente, no podemos olvidar que las religiones fomentan que sus engañados practicantes realicen interesada e hipócritamente actos en beneficio de la humanidad, como, por ejemplo, la construcción de hospitales y centros para leprosos. De hecho, la historia ha demostrado cómo algunos practicantes han realizado (aunque sea interesadamente) actos bondadosos en beneficio de algún pueblo. Citaremos tres ejemplos.

El primero de ellos proviene de México. Allí, en el siglo dieciocho surgió un brote de viruela. Enterado de ello, el arzobispo de México Francisco Antonio de Lorenzana y Butrón (temiendo que sus compatriotas murieran masivamente por causa de dicha enfermedad) hizo fletar dos embarcaciones llenas con la vacuna en contra de esa mortal enfermedad, para «traerla masivamente a su diócesis, con el fin de evitar aquella enfermedad a sus feligreses mejicanos.»[clxxxv]

El segundo ejemplo, que es de la época actual, proviene de la violenta y corrupta isla de Puerto Rico. Allí, un irresponsable malhechor agredió brutalmente a su suegra de ochenta y seis años de edad, una viejecita que estaba postrada en una cama. Ello ocasionó que la viejecita requiriera de cuidados especiales para poder recuperarse de la atroz paliza. Teniendo conocimiento de ello, un sacerdote de la «Iglesia Católica de Aibonito» decidió «darle seguimiento al cuidado de la anciana.»[clxxxvi]

Por último, el tercer ejemplo es de carácter pedagógico. Como sabemos, muchos practicantes y líderes religiosos han fundado instituciones de educación (universidades y escuelas) en varias partes del planeta. Gracias a las universidades y a los centros educativos fundados por los religiosos a través de los años, millones de personas han podido educarse y adquirir grandes conocimientos no relacionados con temas religiosos. Un ejemplo de una universidad fundada por practicantes y por líderes religiosos es la **Universidad Interamericana de Puerto Rico**. Todos sabemos que esta institución de educación superior fue fundada en 1911 por el reverendo John Hill Harris y un grupo de sus feligreses en San Germán.[clxxxvii]

A tono con lo anterior, valga saber que, en ocasiones, las buenas pero hipócritas acciones de los líderes religiosos se basan en la eliminación de dogmas religiosos, a fin de no seguir entristeciendo o atormentando a sus embrutecidos practicantes. Un buen ejemplo de esto fue lo ocurrió en el 2007.

Ese año, el papa Benedicto XVI, al darse cuenta de la ridícula doctrina católica que establecía que los niñitos que morían sin ser bautizados por algún sacerdote no podían entrar al inexistente paraíso, y que como consecuencia de ello eran dizque enviados al caliente y solitario limbo, decidió eliminarla por completo de las embrutecedoras doctrinas del catolicismo.[clxxxviii]

Por otro lado, no podemos dejar de mencionar que otro aspecto positivo de las religiones es que algunas de ellas permiten que los artistas realicen pinturas, esculturas y dibujos religiosos, lo que causa que en muchas ocasiones los líderes religiosos contraten los servicios de grandes maestros y maestras de las bellas artes, a fin de que realicen unas obras que, aunque religiosas, terminan siendo grandes obras maestras para el beneficio de toda la humanidad.

Como ejemplo de esto, podemos mencionar el caso del papa Julio II. Todos sabemos que él contrató los servicios del maestro **Michelangelo Buonarroti** para que pintara y decorara la bóveda de la Capilla Sixtina en Italia. Ese trabajo en la Capilla Sixtina fue tan elegante, que no hay duda de que «Miguel Ángel plasmó algunas de las más exquisitas imágenes de toda la historia del arte.»[clxxxix]

Ahora bien, nótese que expresamos líneas arriba que <u>muchos</u> religiosos realizan buenas acciones de forma interesada e hipócrita. Eso se debe a que esperan que sus inexistentes divinidades o sus inexistentes poderes sobrenaturales les premien. Por eso es que creemos que los practicantes no realizarían buenas acciones, si supieran, entre otras cosas: (1) que los dioses (Alá, Yahvé, Dios, Hanuman, Zeus, etc.) nunca han existido; (2) que los dioses son meras invenciones de la mente humana; (3) que Jesucristo nunca existió; (4) que Mahoma nunca ascendió a los cielos; (5) que los poderes sobrenaturales no existen; (6) que no es posible reencarnar; (7) que no existen vidas eternas; (8) que no existen los poderes divinos; (9) que los paraísos divinos no existen; y (10) que los premios divinos no existen.

Por ende, podemos concluir que todos los que realizan buenas acciones por motivo de que esperan recibir premios sobrenaturales (como los paraísos divinos, las vidas eternas y las reencarnaciones) son, por decir lo mínimo, hipócritas, egoístas y tontos. Ya nos dice el doctorando Bernat Tort, profesor de la Universidad de Puerto Rico:

Quien actúa bien porque le prometieron el cielo es hipócrita, está actuando de forma egoísta.[cxc]

Al respecto, pensamos que el profesor **Tort** tiene mucha razón. De hecho, debe saberse que de todos los hipócritas y egoístas religiosos que esperan recibir premios divinos, la inmensa mayoría de ellos son personas de edad avanzada, mayormente, ancianos que sobrepasan la expectativa de vida establecida por la ciencia.

De más está decir que la razón de ello es que, cuando las personas se aproximan a la entrada del valle de las sombras, en donde les espera la grandiosa muerte, sienten graves angustias y depresiones mentales, por lo que las premiaciones divinas de las religiones les alivian (en alguna medida, al menos) las grandes penas de saber que prontamente sus conciencias electro-mentales desaparecerán para siempre.

Sobre esto, valga saber que «hay muchos argumentos a favor de esta tesis: los ancianos practicantes se sienten más seguros, y a medida que los individuos envejecen son más los que dan como razón por la cual asisten a la iglesia la esperanza de la inmortalidad.»[cxci]

Capítulo cinco
Consideraciones finales

> «Los seres humanos, por lo tanto, deberían dejar de creer en un ser invisible y omnipotente...».
>
> *Dr. Stephen Hawking, Catedrático de Matemática y Física de la Universidad de Cambridge*

> Maldigo todas las religiones, y espero que algún día todas las iglesias ardan al fuego lento, y dentro de ellas todos esos heréticos fanáticos y líderes religiosos que están dispuestos a causarles daños a otros seres por el simple hecho de no ser partidarios de sus embusteras creencias religiosas.
>
> *Ismael Leandry-Vega*

> «Tal vez es posible que algunos de los grandes místicos hayan tenido lesiones cerebrales que los predispusieron a las visiones cerebrales.»
>
> *José Gordon, autor del artículo: ¿Dios en el cerebro?*

> «La estimulación eléctrica en ciertas áreas de nuestro cerebro podría hacernos tener 'experiencias' religiosas.»
>
> *José Gordon, autor del artículo: ¿Dios en el cerebro?*

I. Imposible olvidar los abusos y los holocaustos religiosos

Llegado a este punto de la discusión, es importante subrayar que nosotros no entendemos cómo es posible que la humanidad siga los dogmas que se han inventado las religiones, especialmente los del mahometanismo, del judaísmo, del protestantismo y del catolicismo.

Es ridículo y absurdo seguir lo que dicen estas iglesias, pues históricamente: (1) han sido cobijadoras de los criminales más intolerantes y violentos que jamás hayan existido sobre la faz de nuestro contaminado planeta; (2) han estado integradas y lideradas por corruptos, terroristas, pedófilos, vagos y asesinos, que han matado a millones de personas; (3) han estado integradas por personas que no tienen ninguna clase de tolerancia hacia todas aquellas opiniones que sean contrarias a las suyas; (4) no han tolerado las opiniones de muchos científicos y filósofos, a pesar de ser opiniones razonables y fundamentadas.

Lo que es más, no entendemos cómo la humanidad no se percata de que la religión fue (y es) un invento para obtener poder, sexo, dinero y control social. De hecho, si profundizamos más sobre este punto, nos percataremos de que los ricos y poderosos gobernantes hace muchos siglos (cuando vieron que los grupos religiosos compuestos por apestosos, leprosos, pobres, criminales y marginados empezaron a tornarse poderosos y numerosos) acogieron las religiones en aras de controlar a las personas y, sobre todo, para impedirles que razonaran sobre un sinnúmero de aspectos trascendentales de la vida.

Es decir, a través de las idiotizantes religiones, los ricos y los gobernantes encontraron una de las mejores maneras para poner a dormir intelectualmente al vulgo, y sobre todo, una manera de controlarlo por medio de unos miedos divinos a las bestias come gente de siete cabezas, a los diablos, a los demonios, a los dioses furiosos, a unas torturas eternas en unos imaginarios infiernos o a los poderes sobrenaturales. Y todo ello, repetimos, para lograr que sus poderosas familias: (1) dominaran las economías; (2) se hicieran ricas; y (3) gobernaran los países.

A tono con esto, también nos asquea saber que la humanidad no se percata de que las narcóticas religiones (inventadas por el malvado e hipócrita ser humano) han sido las causantes de que la ciencia, la medicina y la tecnología no estén más avanzadas en estos días. No olvidemos que las narcóticas religiones le hicieron creer (y todavía lo hacen en muchas partes del planeta) a la embrutecida humanidad que muchos de los libros y de los estudios realizados por los filósofos, por los investigadores y por los científicos eran obras del diablo, del abominable monstruo come gente de siete cabezas o de los malignos poderes sobrenaturales. Ello tuvo el efecto, lamentablemente, de que muchos de esos escritos fueran destruidos o escondidos en los más recónditos lugares de los cuarteles centrales de las religiones (que en el caso de la corrupta Iglesia católica fueron escondidos en el Estado de la Ciudad del Vaticano) a los fines de que el vulgo no se enterara de su contenido.

Abundando sobre esto, valga saber que la razón por la cual los líderes de las religiones hacían todo lo anterior era porque ellos sabían (y todavía saben) que sus poderes y las posibilidades de obtener lujos y ganancias fáciles emanaban de la ignorancia y de la estupidez del populacho.

Y son esas mismísima ignorancias y estupideces del pasado las que les permiten en el presente seguir obteniendo lujos, dinero, sexo, poder y, sobre todo, carta blanca para seguir manifestando sus irracionales mensajes religiosos sobre las inexistentes cosas esas llamadas profetas divinos, espíritus malignos, demonios, ángeles, reencarnaciones, hijos de Dios, diablos, vírgenes paridoras de muchachitos, vírgenes divinas, dioses omnipresentes, espíritus santos, fantasmas, muertos resucitados, paraísos divinos, infiernos, poderes sobrenaturales, velas mágicas, hechizos, milagros, monos sagrados, vacas sagradas, poderes esotéricos, poderes astrológicos y monstruos de siete cabezas que comen personas, pero, sobre todo, <u>acerca de lo malo que pueden ser las ciencias y ciertos descubrimientos científicos en beneficio de la humanidad</u>. En fin, ya es hora de que la humanidad comprenda que:

Las religiones atrasan al ser humano, van en contra de la ciencia y el progreso.[cxcii]

Ahora bien, llegados a este punto de la discusión la pregunta que nos tenemos que hacer es la siguiente: ¿por qué la humanidad religiosa no se percata de todas las atrocidades que hemos apuntado? Quizás la razón de todo lo anterior se debe a que las personas que creen y siguen los embustes religiosos tienen tan idiotizados sus pensamientos, que han llegado al extremo de endrogarse: (1) con las divinas incoherencias que dicen sus líderes religiosos; y (2) con las divinas incoherencias de los libros dizque sagrados. En fin, esa intoxicación religiosa no les permite poder quitarse la venda de sus ojos para poder ver la iluminada verdad.

Es innegable que las instituciones religiosas han endrogado a la inmensa mayoría de la humanidad con los embustes llamados profetas divinos, espíritus malignos, demonios, ángeles, reencarnaciones, hijos de Dios, diablos, vírgenes paridoras de muchachitos, vírgenes divinas, dioses omnipresentes, espíritus santos, fantasmas, muertos resucitados, paraísos divinos, infiernos, poderes sobrenaturales, velas mágicas, hechizos, milagros, monos sagrados, vacas sagradas, poderes esotéricos, poderes astrológicos y monstruos de siete cabezas que comen personas, hasta el punto de que esa intoxicación religiosa ha causado que la inmensa mayoría de los seres humanos: (1) hayan prostituido sus pensamientos; y (2) hayan olvidado todas las atrocidades que sus instituciones religiosas han cometido en contra de la humanidad, como masacres, torturas, guerras, discrímenes, genocidios, mutilaciones y crímenes de lesa humanidad. Por eso es que tenemos que concurrir con el inmortal Karl Marx, cuando explicó que:

La religión es el opio del pueblo.[cxciii]

Ahora bien, a pesar de que las religiones han endrogado a la mayoría de los seres humanos y les han hecho olvidar las atrocidades antes mencionadas, valga saber que nosotros no nos hemos olvidado de eso. Tampoco nos hemos olvidado de los millones de seres humanos que han sido injustamente asesinados, torturados, golpeados, arrestados y difamados por los practicantes y por los líderes religiosos.

Hasta tal extremo llega nuestro recuerdo que, cada vez que pasamos por un templo, especialmente por una Iglesia católica o por una mezquita: (1) se nos eriza la piel; (2) vemos los rostros y escuchamos las voces de millones de personas gritando, sufriendo, rogando por sus vidas y suplicándoles a los cabrones religiosos que no les corten sus cabeza o algunas partes de sus cuerpos; (3) vemos y escuchamos a millones de personas suplicándoles a los cabrones religiosos que no los quemen vivos; (4) vemos y escuchamos a millones de personas rogándoles a los bellacos religiosos que no maten a sus abuelitos o a sus hijos; (5) vemos y escuchamos el llanto y el sufrimiento de todos esos niñitos que fueron religiosamente asesinados con las armas de los cabrones religiosos, por las desquiciadas razones de que unas vocecitas divinas les decían (a los religiosos) que llevaran a cabo esas matanzas de niños porque ésos eran los deseos de sus dioses; y (6) vemos a miles de niñitos destrozados en pedazos, debido a que una bomba religiosa explotó cerca de ellos.

En definitiva, si usted mira y escucha con detenimiento, cuando se encuentre cerca de algún templo, se podrá percatar de esos padres que están ahogados en llanto, al saber que llevan en sus ensangrentadas manos los restos de sus destrozados(as) hijos(as) menores de edad, debido a que unos fanáticos religiosos se los mataron. Por consiguiente, cabe preguntarse: ¿Cómo es posible que la humanidad haya olvidado o perdonado eso?. ¿Cómo es posible que la humanidad no se pueda imaginar el rostro y el cuerpecito de un niñito cortado en pedazos simplemente porque sus padres eran ateos, practicantes de otras religiones, entre otras razones religiosas?. ¿Cómo es posible que los seres humanos sigan yendo a los templos, a pesar de que sus religiones han sido las causantes del holocausto religioso, es decir, del asesinato de cientos de millones de personas?

Las contestaciones son sencillas, y las repetimos una vez más para que se queden grabadas en el tuétano de los huesos. La mayoría de los creyentes (especialmente los practicantes del judaísmo, del protestantismo, del catolicismo y del islamismo) han prostituido sus pensamientos y se han comportado (y todavía se comportan) de igual manera que las(os) prostitutas(os), en el sentido de que le brindan a las fraudulentas religiones el placer y el servicio de practicarlas, de seguirlas, de escuchar los discursos de sus heréticos líderes y de aportar económicamente a sus heréticas arcas (a pesar de que saben que están enfermas con corrupción, embustes y estupideces) a cambio de un pago religioso. ¿Y cuál es ese pago? Sencillo: los toques de trompetas, las vidas eternas, los trajecitos blancos, las angelicales alas, los paraísos divinos y los premios sobrenaturales.

Por eso es que yo, **Ismael Leandry-Vega**, maldigo todas las religiones y espero que algún día todas las iglesias ardan a fuego lento. Y dentro de ellas todos esos fanáticos y líderes religiosos que están dispuestos a causarles daños a otros seres, por el simple hecho de no creer o seguir los dogmas de sus embrutecedoras religiones. Por eso es que concurrimos con ese anónimo que llegó a decir (en nuestra opinión, correctamente) que:

La única iglesia que ilumina es la que arde.[cxciv]

A la luz de estos planteamientos, se hace patente que el gran filósofo alemán Friedrich Wilhelm Nietzsche, el escritor estadounidense Ambrose Bierce y el escritor austriaco Stefan Zweig estaban en lo correcto cuando criticaron a las religiones. Y las razones por las cuales decimos que estaban en lo correcto son: (1) porque Nietzsche nos dice que tener fe religiosa «significa no querer saber la verdad»; (2) porque Ambrose Bierce nos dice que «la tolerancia religiosa es una especie de infidelidad»; y (3) puesto que Zweig nos dice, con mucho sentido de realidad, que:

Aquellos que anuncian que luchan en favor de Dios son siempre los hombres menos pacíficos de la Tierra. Como creen percibir mensajes celestiales, tienen sordos los oídos para toda palabra de humanidad.[cxcv]

Nótese que se escribió arriba que muchos practicantes religiosos son, como regla general, discriminatorios, violentos, intolerantes y cuentistas. Al respecto, somos de opinión de que esa aseveración es verdad más allá de duda razonable, puesto que la experiencia enseña que la mayoría de los practicantes son unos embrutecidos que no soportan: (1) diferencias sociales; (2) opiniones que sean contrarias a sus dogmas y cuentos religiosos; (3) razonamientos laicos; (4) estilos de vida diferentes de los que recomiendan sus adoquinados líderes religiosos; (5) cambios sociales; (6) a los ateos; y (7) a los filósofos laicos.

Lo que es más, la humanidad ha visto las múltiples formas y maneras en que muchas de las personas que han sido embrutecidas por las religiones han osado: (1) realizar actos violentos en el nombre de sus religiones; (2) manifestar mensajes de odio y de intolerancia hacia personas o grupos sociales que han decidido vivir sus vidas a su soberana voluntad, es decir, de maneras diferentes de las establecidas por los dogmas religiosos y por los líderes religiosos.

Así, por ejemplo, la historia está llena de cientos de miles de casos en que seres que decían que eran religiosos y que luchaban a favor de las inexistentes cosas esas llamadas dioses se atrevieron a cometer crímenes de odio en contra:

(1) de los negros;

(2) de los latinos;

(3) de los maricones;

(4) de las lesbianas;

(5) de los transexuales;

(6) de los abortistas;

(7) de los ateos;

(8) de los filósofos laicos;

(9) de los practicantes de otras religiones; y

(10) de las personas que deseban realizar actos garantizados por las Constituciones y por los ordenamientos jurídicos.

En cuanto a este último punto, podemos mencionar como ejemplos los violentos actos que han realizado los religiosos: (1) en contra de las mujeres que han decidido realizarse un aborto legal; (2) en contra de los médicos que realizan abortos legales; (3) en contra de los homosexuales que han realizado actos de expresión pública; y (4) en contra de los ateos que han realizado actos de expresión pública.[cxcvi]

En fin, debe quedar más que claro que muchos practicantes y líderes religiosos son, según nuestro criterio, las personas que más odian: (1) el libre pensamiento; (2) las libertades constitucionales; (3) la vida libre; (4) la dignidad de los demás; (5) los maravillosos sistemas democráticos de gobierno; (6) los derechos humanos; (7) la libertad de cátedra; y (8) la libertad de expresión. Y todo lo anterior ha obedecido, sin ningún género de dudas, a que muchos de los religiosos que se pasan diciendo que «luchan en favor de Dios son siempre [las mujeres y] los hombres menos pacíficos de la Tierra. Como creen percibir mensajes celestiales, tienen sordos los oídos para toda palabra de humanidad.»[cxcvii]

II. Opiniones religiosas sobre aspectos socioeconómicos

Por otra parte, somos de opinión de que, cada vez que entra un líder religioso (pastor, rabino, reverendo, sacerdote, imán, Papa, cardenal, entre otros) a un recinto gubernamental en donde se encuentra la sede de alguno de los poderes democráticos del Estado (entiéndase el Poder Ejecutivo, el Poder Legislativo y el Poder Judicial) con sus inventados y heréticos libros dizque sagrados, como regla general, dichos recintos gubernamentales tiemblan de miedo ante la presencia de tales heréticas figuras. Pero, si la visita va dirigida a brindar una opinión sobre asuntos económicos, políticos y/o sociales (fundamentándose en las brutalidades de sus heréticos libros sagrados) no hay duda de que la humanidad local, nacional o internacional (dependiendo del foro) se ve en inminente peligro de recibir grave daño económico, político y/o social porque **la historia demuestra que, siempre que se ha pretendido colocar cuestiones religiosas como guías de la política, el resultado ha sido muy negativo.**»[cxcviii]

Debido a lo anterior, somos de opinión de que nunca se deben tomar en serio las opiniones científicas, sociales, políticas, educativas o económicas que los líderes religiosos presenten en alguna ponencia dentro de algún recinto gubernamental, particularmente, si sus opiniones están basadas (total o parcialmente) en: (1) los heréticos dogmas de sus religiones; y (2) en sus embrutecedores libros dizque sagrados (como la Biblia, el Corán, la Torá, entre otros). Pues esos cabrones libros: (1) son los enemigos número uno del razonamiento humano; (2) están llenos de pasajes que fomentan e inducen a cometer actos violentos, discriminatorios y abusivos; y (3) están llenos de pasajes que fomentan que se cometan actos indignos en contra de los disidentes de la ortodoxia religiosa. Ya nos dice el **Dr. Gazir Sued,** doctor en filosofía y profesor en la Universidad de Puerto Rico:

> La interpretación ortodoxa de la Biblia sigue siendo fundamento de posturas políticas intransigentes y discriminatorias, violatorias de la dignidad humana. Y es que la Biblia no es un texto democrático y nunca ha guardado esa pretensión mundana. Anhela y promueve relaciones sociales esencialmente autoritarias, vengativas y crueles, y aspira a un régimen totalitario.[cxcix]

Al mismo tiempo, los líderes religiosos nunca deben ser invitados a opinar sobre temas sociales, políticos, económicos o científicos en algún debate que se esté llevando a cabo en algún recinto gubernamental, especialmente: (1) si esos debates tienen posibilidades de afectar los intereses del pueblo, como son los que se realizan para aprobar leyes, reglamentos e investigaciones legislativas; (2) si se sabe que sus opiniones estarán basadas (total o parcialmente) en sus heréticos dogmas religiosos; (3) si se sabe que sus opiniones estarán basadas en sus peligrosos y cabrones libros dizque sagrados.

La razón por la cual entendemos que se debe seguir nuestra sugerencia es, principalmente, porque «ser un teólogo es un sinsentido porque Dios no es una materia conocible como para ser experto en ella…que inviten a alguien porque es experto en Dios, es como invitar a alguien porque es experto en ovnis o en hadas madrinas.»[cc]

Cabe agregar sobre esto que la historia nos ofrece miles de ejemplos en los que se pueden observar a líderes religiosos del catolicismo, del protestantismo, del judaísmo y del islamismo ofreciendo opiniones sobre asuntos políticos que, por decir lo mínimo, son extremadamente absurdas, ridículas, peligrosas, alocadas, perversas y descabelladas. Hasta el extremo de que han recomendado matar, discriminar, esclavizar, humillar o agredir personas.

Valga un ejemplo. El señor **Pat Robertson** (líder religioso, fundador de la Coalición Cristiana y ex aspirante presidencial por el Partido Republicano de Estados Unidos de América) acusó públicamente al Hon. Hugo Chávez, Presidente de Venezuela, de ser un peligroso terrorista, por lo que les recomendó a los políticos de los EEUU que asesinaran al presidente Chávez en el nombre de la inexistente cosa esa llamada Dios. Véanse, en lo pertinente, las palabras del amoroso y pacífico reverendo cristiano Pat Robertson:

> Yo no sé nada sobre esta doctrina del asesinato, <u>pero si él (Chávez) cree que estamos tratando de asesinarlo, creo que deberíamos hacerlo</u>. Es mucho más barato que iniciar una guerra... <u>tenemos la capacidad para sacarlo y llegó la hora de ejercer esa capacidad.</u>[cci]

El efecto de esa cristiana y peligrosa recomendación dentro del gobierno de Estados Unidos de América fue, por decir lo menos, de rechazo total. Por ejemplo, el **Hon. Donald Rumsfeld**, Secretario de Defensa de EE. UU., indicó: (1) que la recomendación del malvado evangelista era totalmente contraria a Derecho; y (2) que el Departamento de Defensa dizque no se dedica a matar a jerarcas de otros países cuando éstos representan una amenaza para los intereses de los EEUU. Por su parte, valga saber que «el vocero del Departamento de Estado de EE. UU., Sean McCormack, afirmó respecto de la sugerencia de Robertson, que no representan la política de Estados Unidos.»[ccii]

Otro ejemplo en el cual la mezcla de la política y de la religión ha causado graves disturbios, al extremo de que han muerto miles de personas y se han desarrollado violentos conflictos entre miembros de una misma nación, proviene de Irlanda del Norte. Allí, por muchos años ha habido una cruenta y virulenta lucha armada entre los católicos-republicanos y los protestantes-unionistas para obtener ciertos objetivos políticos.

Así, por ejemplo, en el caso de los católicos-republicanos, éstos han luchado violentamente en el nombre de Dios para conseguir que Irlanda del Norte deje de ser parte de Reino Unido y se una a la República de Irlanda. Por su parte, los protestantes-unionistas han luchado cruentamente en el nombre de la inexistente cosa esa llamada Dios para conseguir que Irlanda del Norte se mantenga siendo parte del Reino Unido.

Es de saber que este violento conflicto político-religioso también ha surgido por cuestiones discriminatorias en los ambientes laborales. Nos explicamos. Cuando los protestantes tomaron el control del gobierno, modificaron numerosas normativas jurídicas, con los fines de: (1) reclutar sólo a personas que fuesen protestantes-unionistas; y (2) de «dificultar el acceso de los católicos a puestos de poder. Cerrado el acceso a la participación, algunos movimientos católico-republicanos optaron por la vía armada para hacer escuchar su voz.»[cciii]

Otro ejemplo en el que la mezcla de la política con la religión ocasionó incidentes desgraciados ocurrió en el siglo XVI. En ese siglo, el papa Nicolás V firmó una herética bula (en el nombre del padre, del hijo y del espíritu santo, amén) para que los amorosos cristianos que participaban en el gobierno o en el comercio atacaran, sometieran, discriminaran y esclavizaran: (1) a los negros africanos; (2) a los sarracenos; (3) a los paganos; y (4) a cualquier otra persona que fuese enemigo de la corrupta y cabrona Iglesia católica, como puede verse:

> «En el año 1510, una bula del papa Nicolás V muestra su apoyo moral no sólo a la esclavitud de los africanos, sino, también, a la discriminación racial que la misma implicaba. El documento mencionado, partiendo de un pretexto religioso, autorizaba a los portugueses a atacar, someter y reducir a esclavitud a los sarracenos, paganos y otros enemigos de Cristo que encontrasen...bajo reserva de convertir a los cautivos al cristianismo.»[cciv]

a. Opiniones mágico-religiosas sobre la salud mental

Por otro lado, es importante señalar que jamás las sociedades democráticas deben permitir que se tomen en serio <u>las ideas</u> que los practicantes y los líderes religiosos (que tienen sus pensamientos embrutecidos por creer todas las sandeces que tienen sus libros dizque sagrados) brinden sobre temas relacionados con la salud mental. Mucho menos las que brinden cuando <u>participen en debates gubernamentales</u> relacionados con la aprobación de legislaciones que traten sobre enfermedades mentales o sobre la salud mental del Pueblo. Permitirlo sería muy peligroso y riesgoso, particularmente para millones de personas que sufren de alguna enfermedad o condición mental (como epilepsia o el Síndrome de Tourette), ya que los dogmas de la mayoría de las religiones que se practican en este contaminado planeta establecen que sí existen unos inexistentes demonios que tienen la capacidad de: (1) volar; (2) transformarse en múltiples figuras; (3) meterse dentro de los cerebros de las personas; (4) influir negativamente sobre el comportamiento de las personas.

Sobre este último punto, no debemos olvidar que la corta historia de la humanidad nos ha mostrado millones de casos en los que personas que sufrían de enfermedades mentales eran, absurdamente, catalogadas por muchos practicantes y líderes religiosos como personas poseídas por los inexistentes Iblis, por los irreales diablos o por los ilusorios demonios, causando con todo ello que fuesen religiosamente mutiladas, agredidas, difamadas, encarceladas, discriminadas o asesinadas en el nombre de los inexistentes dioses.

Incluso, millones de esos enfermos mentales fueron religiosamente sometidos a ridículos, peligrosos e indignantes procesos de exorcismos por los atolondrados líderes religiosos, con miras a sacar los inexistentes demonios de sus cuerpos, lo que en muchas ocasiones terminaba con el asesinato, la mutilación o la flagelación del paciente mental.

Ahora bien, más alarmante es saber que en estos tiempos muchos practicantes y líderes religiosos siguen realizando y recomendando que se le realicen exorcismos a los seres humanos, particularmente a los ateos, a los enfermos mentales y a los criminales. Esa idiotez de realizar exorcismos ha llegado a tal extremo, que se ofrecen cursos y seminarios tendentes a enseñarles a los líderes religiosos y a los practicantes:

(1) las formas y maneras para poder identificar a una persona que se encuentre poseída por los inexistentes demonios; y

(2) las formas y maneras para poder sacar esos inexistentes demonios de los cuerpos de los poseídos.

Un buen ejemplo de esto es lo que está ocurriendo en la **Athenaeum Pontificium Regina Apostolorum**, situada en el corazón de Roma. Allí, la alta plana de la patrañera Iglesia católica ha aprobado un embrutecedor curso para enseñarle a sus estudiantes: (1) la historia del satanismo; (2) las formas y maneras para poder identificar a las personas poseídas por los inexistentes demonios; y (3) las formas y maneras para poder sacar a los irreales demonios de los cuerpos de los poseídos. Para colmo de males, valga saber que en este ridículo, peligroso e indignante curso se les imparten a los embrutecidos estudiantes «clases prácticas de psicología y de derecho, para que los estudiantes puedan diferenciar entre enfermedad mental y posesión de un espíritu maligno.»[ccv]

Sobre lo anteriormente explicado, debe notarse que escribimos que los actos de exorcismos son ridículos, peligrosos e indignantes. Las razones por las cuales decimos lo anterior son, principalmente, porque: (1) los demonios no existen; (2) a través de esos actos los líderes religiosos y los practicantes que participan en ellos maltratan, insultan, flagelan, humillan y, en ocasiones, asesinan a las inocentes víctimas que tratan de exorcizar (víctimas que regularmente son personas que padecen de alguna condición mental, como epilepsia o el Síndrome de Tourette). Valga un ejemplo cristiano.

En 2005, un desequilibrado sacerdote y cuatro atolondradas monjas de la corrupta Iglesia católica tuvieron la infundada y desmotivada creencia de que una monja (que padecía de una enfermedad mental) estaba poseída por los inexistentes demonios y por el inexistente monstruo come gente de siete cabezas. Ello ocasionó que decidieran realizarle un exorcismo a la monja; durante el cual: (1) encadenaron a la enferma mental a una cruz; (2) privaron de alimentos a la enferma mental; y (3) asesinaron a sangre fría a la enferma mental.

Por esos abominables actos de cristiandad: (1) el sacerdote fue condenado a catorce años de cárcel y las alocadas monjas a ocho años de prisión; (2) la alta plana de la embrutecedora Iglesia católica expulsó a todos los involucrados en el incidente y manifestó que se realizarían varias reformas dentro de su herética institución religiosa, «incluyendo pruebas psicológicas para aquellos que quieren ingresar a un monasterio.»[ccvi]

Estas son, sin lugar a dudas, medidas irresponsables e inefectivas, ya que la mayoría de los creyentes que sufren de enfermedades o condiciones mentales están dentro de las iglesias fungiendo como líderes. Es decir, las susodichas pruebas psicológicas se les deben realizar a las monjas, a los sacerdotes, a los cardenales y a los monaguillos que ya han sido nombrados como tales porque es precisamente ahí en donde están la mayoría de los desquiciados dentro de la Iglesia católica.

Además de lo anterior, no podemos olvidar que hemos llegado a tal grado de imbecilidad en estos días, que muchos gobiernos han permitido una crasa y absurda intervención de las religiones (que embrutecen el pensamiento de las personas) con los servicios de salud mental que se le brindan a los consumidores de drogas y a los adictos a los juegos, poniendo con ello, según nuestra opinión, en un grave peligro a esta necesitada población. Nos explicamos.

En muchos países, como Puerto Rico y Estados Unidos de América, hay una gigantesca población de enfermos mentales que tienen sus pensamientos afectados debido a que son adictos a las drogas o a los juegos. Ello ha causado que los gobiernos (que no pueden ayudar a toda esa población de enfermos mentales) hayan tenido que permitir que proveedores privados de servicios mentales cooperen en el tratamiento de estos enfermos. Valga saber que esos proveedores privados regularmente se componen de personas muy preparadas en temas de salud mental. Así, es común que estos grupos (que utilizan metodologías científicamente aceptables) estén compuestos por psicólogos, psiquiatras, trabajadores sociales y por consejeros licenciados por el gobierno.

Sin embargo, dentro de estos proveedores privados de salud mental, existen muchísimos que son administrados y supervisados por organizaciones religiosas que: (1) no cumplen con algunas normativas jurídicas relacionadas con la salud mental; (2) utilizan metodologías que no son aceptables por la comunidad científica. De hecho, es común observar que la mayoría de estos dudosos proveedores-religiosos utilicen metodologías necias, ridículas, peligrosas e indignantes en contra de los adictos.

Así, por ejemplo, es común observar que: (1) sometan a los enfermos a extensos ayunos religiosos, so pretexto de que esos ayunos los acercan más a la inexistente cosa esa llamada Dios; (2) induzcan a los adictos a cantar ridículos coritos religiosos; (3) obliguen a los adictos a escuchar pasajes bíblicos basados en los embrutecedores libros dizque sagrados; (4) les digan a los adictos que sus adicciones son producto de que los diablos, los demonios o los abominables monstruos come gente de siete cabezas se metieron dentro de sus cuerpos y los poseyeron; (5) lleven a varios sacerdotes, pastores, reverendos y rabinos (personas que embrutecen el pensamiento lógico y crítico) a los centros de rehabilitación, para que los enfermos se confiesen con ellos; (6) les hagan exorcismos a los adictos; (7) les asignen a los adictos unos consejeros que tienen pocos conocimientos sobre aspectos psicológicos o psiquiátricos relacionados con adicciones pero, muchísimos conocimientos sobre las necedades y las ridiculeces de los libros esos dizque sagrados.[ccvii]

A la luz de todo lo anterior, es forzoso concluir que las autoridades gubernamentales deben prohibirle a las organizaciones religiosas administrar programas de salud mental para adictos al juego o a las sustancias controladas. A menos, claro está, que esos programas religiosos:

(1) ofrezcan tratamientos que sean aceptables para la comunidad científica; y

(2) sean evaluados, aprobados, acreditados y supervisados por el gobierno, particularmente por un panel de peritos compuesto por psiquiatras, psicólogos, trabajadores sociales y consejeros licenciados por el gobierno.

Únase a lo anterior que, como parte de esa supervisión gubernamental, se les debe advertir a los directores de esos centros religiosos de rehabilitación que no pueden utilizar cuestiones puramente religiosas para tratar a los adictos. Así, se les debe explicar que está prohibido:

(1) decirle a los pacientes mentales que sus adicciones son causadas porque Iblis, Satanás o los abominables monstruos come gente de siete cabezas se metieron dentro de sus cuerpos y los tienen poseídos;

(2) decirle a los pacientes mentales que con el sólo hecho de orarle a las inexistentes cosas esas llamadas dioses todos sus problemas mentales y personales quedarán curados y resueltos.

b. Opiniones mágico-religiosas sobre asuntos médicos[ccviii]

Es de tomar en cuenta, además, que muchísimos sacerdotes, rabinos, imanes, pastores y reverendos tienen tan afectados sus pensamientos que, en muchísimas ocasiones <u>les recomiendan a los enfermos</u> que les oren y/o les haga ofrendas a pedazos de madera, de cemento, de material cósmico o de cera, a fin de que sus enfermedades queden totalmente curadas.

Así, por ejemplo, son innumerables los casos en que los enfermos se arrodillan frente a los clavados Jesucristos de madera que están en los templos en aras de que les curen sus enfermedades. También son innumerables los casos en los que podemos ver cómo cientos de miles de enfermos que son practicantes del discriminatorio y violento mahometanismo acuden a la ciudad de La Meca y le piden milagros a un meteorito llamado la Piedra Negra.

Ahora bien, en muchísimas ocasiones, la imbecilidad religiosa le causa a los enfermos gigantescos daños intelectuales, hasta el punto de que muchos de los enfermos siguen al pie de la letra las ridículas instrucciones de sus líderes religiosos, de tratar de poseer, portar, tocar, orar, besar, arrodillarse y/o dejarles ofrendas a pedazos de carne podrida, con el atolondrado interés de que esos pedazos de carnes podridas --que pertenecieron (o pertenecen) a ciertos santones de su religión-- los sanen de sus enfermedades.

Hay que tener presente, además, aquellos casos en que los enfermos o los padres de los enfermos siguen las disparatadas recomendaciones de sus líderes religiosos, de que: (1) no acudan a los hospitales; (2) no se tomen las medicinas recetadas por los médicos; (3) no visiten a sus médicos de cabecera; (4) no se hagan transfusiones de sangre. Y todo ello, bajo el embrutecido fundamento de que, <u>si sólo les oran</u> a las inexistentes cosas esas que hemos mencionado (a los ángeles, a las vírgenes divinas, a los dioses omnipresentes, a las divinas vírgenes paridoras de muchachitos o a los poderes sobrenaturales), todas sus enfermedades desaparecerán.

c. Opiniones mágico-religiosas sobre matrimonios, mujeres y crianza de hijos

Debe tenerse presente, además, que en muchas ocasiones la mezcla de la religión con aspectos sociales (particularmente con asuntos matrimoniales, sexuales y de crianza de niños) ha producido recomendaciones religiosas que, por decir lo mínimo, han sido peligrosas, infundadas, discriminatorias, alocadas y, más que nada, alejadas de la realidad. Así, la historia está llena de ejemplos en los que los embrutecedores líderes religiosos le han brindado a las parejas que están al borde del divorcio recomendaciones alocadas.

Sobre el particular, recordemos a esos sacerdotes vírgenes, que nunca han tenido relaciones sexuales, que le han dicho a las personas casadas: (1) que con el sólo hecho de orarle unas cuantas veces a la inexistente cosa esa llamada Dios todos sus problemas se resolverían; (2) que si tienen problemas matrimoniales sólo tienen que tener sexo todos los días por treinta días consecutivos para que sus problemas matrimoniales desaparezcan. O qué tal, si recordamos aquel estúpido consejo que establecía que, si las personas en problemas leían el embrutecedor contenido de sus libros dizque sagrados (como la Biblia y el Corán) todos sus problemas sociales, educativos, familiares y económicos se resolverían.[ccix]

Ahora bien, es de advertir que el desquicie de las religiones (que siempre han estado dominadas por los hombres) debido a los consejos de sus líderes llega a uno de sus puntos máximos de imbecilidad, cuando los líderes religiosos han explicado las formas y maneras en que los hombres deben tratar a las féminas. Así, por ejemplo, recordemos aquel consejo brindado por Agustín de Hipona (uno de los padres de la rapaz Iglesia católica) en el que le decía a los hombres que **«las mujeres no deben ser iluminadas ni educadas en forma alguna…ya que son causa de insidiosas e involuntarias erecciones en los santos varones.»**[ccx]

Recordemos también ese desquiciado consejo matrimonial que el fraile Querubino de Siena le brindó a los esposos en la oscura Edad Media. Ese consejo de Querubino establecía, en apretada síntesis, que las esposas debían ser tratadas como bestias salvajes. Veamos, con más detalle, el irracional consejo de Querubino:

> Cuando veas a tu esposa cometer una falta, no te tires sobre ella con insultos o violencia. <u>¡Atemorízala, repréndela fuertemente, intimídala! Y si no es suficiente, toma un látigo y golpéala fuertemente</u>, que es mejor lastimar el cuerpo y corregir el alma que dejar que el alma se pierda aunque conserve el cuerpo. Luego que le hayas pegado en beneficio de su alma, redundará en tus méritos y en su bienestar.[ccxi]

Además de lo anterior, es de saber que los embrutecidos sacerdotes, cardenales y Sumos Pontífices de la asesina y corrupta Iglesia católica (aunque también hay miles de pastores, reverendos y líderes de sectas protestantes) siempre han dicho la estupidez esa de que <u>no podemos tener sexo con nuestras(os) esposas(os) para obtener placer sexual</u>, ya que el sexo es sólo para reproducir la especie humana.

Eso significa que, si usted se casa y decide no tener hijos en unos 10 años, usted no puede tener sexo con su esposa(o) durante ese tiempo, ya que sería un pecado que lo(a) llevaría a las profundidades del inexistente infierno. Además, lo anterior también significa que, si su esposo(a) sufre de esterilidad, usted tampoco puede tener sexo con fines placenteros, pues, como ese sexo no es con el interés de procrear muchachitos, eso también sería un gran pecado que la(o) llevaría directamente a la boca del ilusorio monstruo come gente de siete cabezas que hay en el inexistente infierno.

De otra parte, y en cuanto al violento, discriminatorio y cabrón Islam, además de recordar los múltiples ejemplos que hemos mencionado en los capítulos anteriores, también tenemos que recordar que esta intolerante religión permite que un hombre que esté casado con una excelente dama rechace, abandone y se divorcie de ella sin motivo legítimo alguno, siempre y cuando anuncie a viva voz que rechaza a su esposa y «devuelva el saldo de la dote.»

Valga saber que, una vez que se haya realizado el inhumano y discriminatorio anuncio de rechazo, la dama (por más buena que haya sido con su esposo) «queda sujeta a soportar el divorcio, con el estigma consiguiente, sin disponer de ningún recurso legal eficaz…».[ccxii]

Recordemos, además, aquella estulta y discriminatoria doctrina del derecho islámico, que establece, en apretada síntesis, que «la proporción de la herencia que perciben las mujeres es la mitad de la que se asigna a los hombres.»[ccxiii]

d. Opiniones mágico-religiosas sobre enfermedades sexuales

Por otra parte, no hay duda alguna que la embustera Iglesia católica y muchísimas sectas protestantes son las organizaciones que más apoyan:

(1) que el mortal virus de inmunodeficiencia humana se propague;

(2) que millones de personas mueran por causa del síndrome de inmunodeficiencia adquirida;

(3) que las jovencitas menores de edad queden embarazadas, al practicar sexo voluntario.

Además, recuérdese que los sacerdotes de la corrupta Iglesia católica (que son unos individuos que llevan a cabo acciones en contra de la naturaleza, por no tener sexo placentero) son las principales figuras que tratan de impedir que la humanidad disfrute del placer sexual a través de técnicas de sexo casi seguro. Nos explicamos.

Como sabemos, nosotros los animales humanos somos unos mamíferos que utilizamos el sexo para reproducirnos, para divertirnos y para obtener algo de placer en este miserable planeta, por lo que podemos decir, sin lugar a la exageración, que el sexo es una actividad natural de nosotros los animales humanos y no humanos que pertenecemos a la familia de los mamíferos.

Ahora bien, la práctica del delicioso sexo consentido con una pareja trae algunas consecuencias, de practicarse de manera irresponsable, como por ejemplo: (1) embarazos no deseados; (2) embarazos de adolescentes; y (3) contagios con enfermedades de transmisión sexual.

Lo anterior ha dado pie para que la comunidad científica se haya dedicado por años a buscar medidas de protección, a los fines de minimizar las consecuencias antes indicadas; y entre las medidas que han probado ser efectivas están:

(1) ofrecerle a los jóvenes cursos sobre educación sexual;

(2) ofrecerle a los jóvenes cursos y seminarios que traten <u>sobre todas</u> las metodologías existentes (entre ellas la abstinencia sexual) para minimizar el contagio con enfermedades de transmisión sexual;

(3) la utilización de medicinas anticonceptivas; y

(4) la utilización de condones masculinos o femeninos.

Valga saber que, de todas esas medidas, <u>la menos efectiva es la abstención sexual</u> porque la experiencia, madre de todo conocimiento, nos ha enseñado que es muy difícil que un ser humano que viene programado a través de sus genes para tener sexo con su pareja consensual (al igual que otros mamíferos no humanos del planeta) pueda:

(1) abstenerse de fornicar durante toda su vida; o

(2) sólo fornicar con el interés de reproducirse.

A este respecto, valga saber que la comunidad académica y científica también piensa como nosotros. Buena prueba de ello es que el ***Programa Conjunto de las Naciones Unidas contra el VIH/SIDA*** y la reputada ***Organización Mundial de la Salud*** han descartado la abstinencia sexual como metodología efectiva para evitar embarazos entre adolescentes y, además, «como un método efectivo para evitar enfermedades de transmisión sexual entre adultos o adolescentes.»[ccxiv]

Además, hay que tener presente que, en un estudio realizado por la ***Organización Campaña Nacional para Prevenir Embarazos No Planeados y entre Adolescentes*** en 2007, se encontró que «los programas de educación sexual que se enfocan exclusivamente en la abstinencia no han demostrado ser efectivos...». También se encontró que «no existe ninguna evidencia fuerte en la actualidad que demuestre que cualquier programa de abstinencia retrase la iniciación en las relaciones sexuales, promueva el retorno a la abstinencia sexual o reduzca el número de compañeros sexuales.»[ccxv]

No hay que olvidar, además, que ha quedado demostrado que la abstinencia sexual es tan difícil de lograr, que muchas de las personas altamente educadas que pertenecen a grupos en los que se fomenta o se impone la abstinencia sexual violan dichas normativas constantemente.

Así, por ejemplo, es de conocimiento público que miles de sacerdotes de la corrupta Iglesia católica (que han obtenido grados académicos de doctor y/o de maestro, y que tienen la obligación de abstenerse de tener sexo placentero durante toda su vida) no han podido soportar por mucho tiempo la norma esa de que no pueden fornicar, por lo que es común que muchos sacerdotes de la rapaz Iglesia católica: (1) estimulen sus órganos genitales o zonas erógenas con sus manos o por otros medios para proporcionarse goce sexual; y/o (2) incurran en actos sexuales con hombres, mujeres o niños(as), aunque la experiencia nos ha enseñado a través de pruebas claras, robustas y convincentes que la mayoría de los sacerdotes que tienen relaciones sexuales las tienen con personas de su mismo sexo y, en la mayoría de los casos, con varoncitos.[ccxvi]

Todo lo anterior, sin ningún género de dudas, puede llevar a cualquier persona de inteligencia promedio a concluir que la abstinencia sexual es, por decir lo menos, el peor método para prevenir enfermedades de transmisión sexual y embarazos no deseados. Sin embargo, por sorprendente que parezca, los sacerdotes de la mendaz Iglesia católica (aunque también hay miles de pastores, reverendos y líderes de sectas protestantes que opinan de igual manera) se pasan recomendándoles a las personas que se abstengan de tener sexo placentero <u>como método único</u> para minimizar las situaciones antes indicadas. Y ello, repetimos, a pesar de que:

(1) la comunidad científica ha demostrado que la abstinencia sexual no es un método efectivo;

(2) la inmensa mayoría de los sacerdotes no tienen la más mínima idea de lo placentero y delicioso que es tener sexo casi seguro con una hermosa mujer adulta.

Además de lo anterior, no podemos olvidar que, como los Papas y los sacerdotes de la cabrona Iglesia católica (aunque también hay miles de pastores, reverendos y líderes de sectas protestantes) siempre han manifestado que la abstinencia sexual es el único método para evitar lo anteriormente apuntado, han osado brindar consejos que son, por decir lo menos, pura imbecilidad.

Así, por ejemplo, siempre hemos visto que los sacerdotes y los Papas le han dicho a sus seguidores y a los líderes políticos: (1) que no se les brinden clases de educación sexual a los menores de edad; (2) que las mujeres no deben usar pastillas anticonceptivas para evitar embarazos no deseados; (3) que los hombres no deben realizarse vasectomías; (4) que a los adolescentes que se encuentren activos sexualmente no se les deben dar condones para evitar que las muchachitas queden embarazadas; y (5) que no se deben utilizar condones durante las relaciones sexuales.

Sobre este punto número cinco, valga saber que la corrupta Iglesia católica « (...) se ha destacado en los últimos años por su negativa a aceptar el uso de condones, incluso para detener la expansión del virus del sida en África, por considerar que, como cualquier método de contracepción artificial, impide el desarrollo de nuevas vidas.»[ccxvii]

Como se ha podido notar, todas estas opiniones de los líderes de la Iglesia católica son, por decir lo menos, puras idioteces. Por lo que le recomendamos a ustedes: (1) que no le hagan caso a esas estupideces religiosas; (2) que no sigan las estupideces sexuales que están escritas en la Biblia; (3) que amen a sus parejas con todo su pensamiento; (4) que disfruten con sus parejas de ese maravilloso sexo que le ha regalado la evolución del Universo; y (5) que tengan sexo casi seguro a través de condones y métodos anticonceptivos, a los fines de evitar o minimizar: (i) el contagio con enfermedades de transmisión sexual; (ii) embarazos no deseados; (iii) embarazos en adolescentes.

Por su parte, a los idiotizados sacerdotes (inclúyase al Papa) y a las discriminadas monjas de la Iglesia católica les recomendamos lo siguiente: en vez de estar criticando tanto a las personas que se aman y que practican el maravilloso sexo con sus parejas consensuales, lo que ustedes deben hacer es comenzar a tener un poco de sexo casi seguro con alguna persona que les ame y les aprecie. Así que ¡váyanse a fornicar un rato!

En fin, todos debemos recordar que la evolución del Universo creó al hombre con un pene y a la mujer con una vagina (órganos que llevan mensajes placenteros al cerebro) para que se pueda reproducir la especie y, más importante aún, para disfrutar de las riquísimas sensaciones cerebrales que causa el contacto de los órganos sexuales.

III. Teorías mágico-religiosas sobre la maldad del ser humano

Antes de continuar, debemos hacer un pequeño paréntesis para recordar lo siguiente: es una verdad demostrada por la experiencia que nosotros los seres humanos (usted, su padre, su abuelo(a), su hijo(a) adulto(a), su vecino(a), su maestro(a), su abogado(a), su gobernador(a), su juez y la madre que lo(a) parió a usted, entre otros) somos simplemente unos animales. Particularmente, unos primates grandes y bípedos que somos malos por naturaleza; y la sociedad en la que interactuamos es, meramente, un «organismo podrido que se conserva gracias al hielo de la hipocresía.»[ccxviii]

Dicho eso, debe tenerse presente que otra situación en la que podemos ver la imbecilidad de las opiniones religiosas sobre aspectos sociales es la de las teorías mágico-religiosas que buscan explicar la maldad humana y la criminalidad.

a. Maldad humana según la secta de los raelianos

Así, por ejemplo, los miembros de la secta de los **raelianos** (dirigida por el francés Claude Vorilhon) entienden: (1) que la vida en nuestro pequeño planeta fue creada por extraterrestres con elevados conocimientos científicos llamados los *elohim*; y (2) que nosotros los animales humanos somos malvados y agresivos por naturaleza. Valga saber que estas opiniones están basadas en que un inexistente ser galáctico, como ésos que aparecen en las películas, le explicó en cierta ocasión al líder de esta secta que «hace muchos años, los extraterrestres, semejantes a los hombres, aprendieron a crear a éstos por clonación, a su imagen y semejanza. <u>Después, sorprendidos por la agresividad de sus criaturas</u>, los desterraron del laboratorio. Más tarde, algunos elohim se unieron con mujeres terrestres y dieron origen al pueblo judío.»[ccxix]

b. La causa del crimen según los cristianos

A tono con lo anterior, y aunque parezca ridículo, es indispensable recordar que los primeros estudiosos de los aspectos criminales del ser humano consideraban (a base de la estulta teología) que los malhechores eran unos seres que tenían la osadía de cometer las más viles transgresiones penales de forma deliberada y premeditada debido a que los diablos, los demonios, los Iblis y los abominables monstruos come gente de siete cabezas se metían dentro de sus cuerpos y los instigaban a cometer las diabólicas fechorías.

Otra teoría religiosa sobre la maldad de los seres humanos (que todavía está vigente en el catolicismo y en el protestantismo) subraya que en nosotros los seres humanos, desde el momento del nacimiento, constantemente están en guerra los irreales angelitos del bien y los inexistentes demonios del mal, y que, cuando los inexistentes demonios del mal ganan, tendemos a realizar acciones siniestras: (1) en contra de otras personas; (2) en contra de los animales; y (3) en contra de nosotros mismos.

Dicho de otra manera, los embrutecidos cristianos creen que nosotros los seres humanos ejecutamos actos egoístas, hipócritas, delictivos y perversos debido a que el inexistente Satanás (la mano derecha de la inexistente cosa esa llamada Dios) y sus secuaces influyen en nuestras conductas sociales desde el momento en que nacemos a través: (1) de sus poderes mágicos; (2) de sus tentaciones mundanas.[ccxx]

No obstante lo antes escrito, debe quedar más que claro que estas ridículas teorías religiosas de los demonios metiéndose dentro de los cuerpos de las personas --que daban lugar en el pasado (y en ocasiones en el presente) a que los cristianos castigaran y mataran deliberada y premeditadamente a los enfermos mentales, a los homosexuales, a los ateos, a los islamitas, a los judíos, a los disidentes y a los criminales-- afortunadamente han sido descartadas totalmente por la comunidad científica, particularmente, gracias a los estudiosos que se dedican de lleno a esa ciencia interdisciplinaria llamada *criminología*. A este efecto, ha de entenderse por criminología aquella «ciencia social que estudia las causas y circunstancias de los distintos delitos, la personalidad de los delincuentes y el tratamiento adecuado para su represión.»[ccxxi]

IV. Dejadlos que opinen según su oligofrenia religiosa

Por otro lado, debe notarse que escribimos líneas arriba que las opiniones de los religiosos basadas en los cuentos de hadas de sus libros dizque sagrados no deben tomarse en serio, toda vez que se basan en embustes, en fraudes, en actos de magia, en antiguos cuentos de hadas y en inexistentes dioses.

Ahora bien, es de advertir que sí se les debe permitir comparecer (*motu proprio*) y opinar sobre cualquier asunto en cualquier foro gubernamental, pues ellos tienen, al igual que nosotros, el derecho fundamental a la libertad de expresión; y al permitirles brindar sus opiniones libremente, les dejamos hacer algo que ellos no le permitieron a la humanidad hacer por siglos.

Además, fortalecemos la lucha de ese preciado derecho que todos y todas tenemos en contra de las fuerzas opresoras del silencio. En tal sentido, recordemos que «la lucha por la libertad de expresión nos corresponde a todos, ya que es la lucha por la libertad de expresar nuestro propio individualismo. <u>Respetar la libertad de los demás a decir cualquier cosa, por más ofensiva que la consideremos, es respetar nuestra propia libertad de palabra.</u>»[ccxxii]

Además de esto, recordemos que ese maravilloso derecho a la libre expresión (que afortunadamente está totalmente garantizado por nuestra Constitución puertorriqueña y por la Primera Enmienda a la Constitución de Estados Unidos de América) además de que tiene como principio fundamental la libertad de conciencia humana, también «supone el intento de proteger jurídicamente el libre desenvolvimiento de la personalidad a través de los medios más eficaces y habituales de exteriorización de los contenidos de conciencia…De ahí que haya sido descrito como uno de los derechos fundamentales del ser humano, que goza de supremacía en nuestra jerarquía constitucional.»[ccxxiii]

V. Combatir el peligroso e imbécil fundamentalismo religioso

Para finalizar, nótese que dijimos líneas arriba que las personas que practican una ridícula religión: (1) deben tener la libertad de opinar sobre aspectos de interés público; y (2) deben tener la libertad de realizar sus ridículos espectáculos religiosos de manera pública. Ahora bien, todo ciudadano que adore el sagrado derecho fundamental a la libertad de expresión debe estar atento a las estupideces públicas que realizan algunos de los religiosos, particularmente a sus respuestas públicas en torno a las críticas o a las mofas que algún ciudadano le haya hecho: (1) a sus ridículas creencias religiosas; (2) a sus inexistentes dioses; y (3) a sus líderes religiosos.

Pues, si las reacciones de los religiosos a las críticas o a las mofas que se les hagan son violentas e intimidantes, entonces, la sociedad civil debe enfrentarse a esos violentos religiosos: (1) de frente y sin miedos; y (2) utilizando una fuerza proporcionada a la utilizada por ellos.

Lo anterior es un deber que tiene todo ciudadano libre que se considere amante de los derechos humanos y del derecho fundamental a la libertad de expresión. Recordemos que nunca se debe permitir que las religiones (que son embrutecedoras y cabronas) vuelvan a intimidar a la humanidad. Muchos menos podemos permitir que los pendejos religiosos vuelvan a imponer sus creencias y sus valoraciones sociales a través de la violencia. Permitirlo sería regresar: (1) al oscurantismo social e intelectual; y (2) a aquellos sangrientos tiempos en que los practicantes y los líderes religiosos (en el nombre de sus inexistentes deidades) se dedicaban a imponer sus creencias a través de las espadas, de las torturas, de las hogueras, de los ahorcamientos y de los fusilamientos.

En resumen, pues, todas las acciones intimidantes y violentas de los estultos religiosos deben ser combatidas con firmeza y con razonamientos científicos. Aunque en ocasiones muy excepcionales, repetimos, se deben combatir con métodos violentos e intimidantes. Nos explicamos, a través de un ejemplo.

En Europa, específicamente en Dinamarca, un valiente caricaturista dibujó varias viñetas del desquiciado Mahoma en el diario **Jyllands-Posten**. Ello causó que cientos de miles de pendejos que practicaban el violento y discriminatorio islamismo: (1) se enfurecieran; (2) realizaran manifestaciones públicas en contra del publicador de las viñetas; (3) amenazaran de muerte al caricaturista; (4) incendiaran bienes muebles e inmuebles; y (5) asesinaran a varias personas inocentes.

Ante esos actos de terrorismo, los cobardes que no amaban el derecho a la libertad de expresión le pedían al caricaturista que se disculpara. En cambio, los valientes que sí estaban dispuestos a perder la vida por proteger el derecho fundamental a la libertad de expresión (como este autor) se pusieron de acuerdo y decidieron combatir ese perverso fundamentalismo religioso con todo su poderío intelectual.

Para ello se usaron varias tácticas, entre ellas: (1) pedirles a los directivos de los periódicos y de las revistas de Europa que republicaran las caricaturas en las portadas o en las páginas principales de sus publicaciones, a lo que accedieron sin vacilaciones muchos de ellos; (2) publicar las caricaturas en páginas de Internet; (3) aparecer en programas de televisión con las viñetas; (4) aparecer en programas de radio y de televisión con el interés de criticar el violento, discriminatorio, embrutecedor y peligroso islamismo; (5) aparecer en programas de radio y de televisión, con el interés de criticar el violento, discriminatorio, embrutecedor y peligroso Corán; y (6) aparecer en programas de radio y de televisión, con la intención de demostrar el embrutecedor poderío que tienen las religiones sobre las mentes de los seres humanos.

Véase esta comiquísima viñeta de un violento mahometano publicada en España

Es pertinente hacer notar que ese frente común fue (y todavía es) tan exitoso que, todavía en estos días, muchos periódicos y revistas europeas continúan publicando *motu proprio* las viñetas del asesino Mahoma. Incluso, se ha llegado al nivel de que, en muchas ocasiones, la mayoría de los periódicos y de las revistas de alguna zona en particular deciden volver a publicar las viñetas en sus portadas o en sus páginas principales en un día en particular.

En fin, de eso se trata lo que venimos explicando. Los derechos humanos y el derecho fundamental a la libertad de expresión: (1) no se negocian; (2) no se ceden ante intimidaciones religiosas; (3) no se ceden ante intimidaciones por parte de jueces, de practicantes y/o de líderes religiosos; (4) no se ceden ante intimidaciones por parte de los tribunales o de los comités de ética y de reputación; y (5) no se ceden ante un Derecho injusto y abusador.

Por eso es que este servidor, **Ismael Leandry-Vega**, desde su pequeña trinchera intelectual ha decidido: (1) criticar el discriminatorio, idiota y peligroso Islam; (2) criticar muchas de las idioteces que el asesino e imbécil Mahoma escribió en el maco Corán; (3) criticar duramente el ridículo cristianismo, particularmente el proveniente de la corrupta y asesina Iglesia católica. Y todo ello, de frente y sin miedos.

En resumen, hay que recordar que la violencia religiosa se combate de frente, sin miedos y, en ocasiones particulares, con igual vigor que la violencia demostrada por los estúpidos religiosos; y ello, con miras a mantener las prácticas religiosas en el oscuro hoyo en donde deben estar. Es decir, tan pronto usted vea que algún líder religioso o alguna agrupación religiosa trate de opinar e inmiscuirse en asuntos sociales, científicos, políticos y económicos del pueblo soberano (como en temas relacionados con el matrimonio y con la adopción de niños), usted debe dejar que esos religiosos hagan los planteamientos de manera pacífica. Y después que hagan esos planteamientos, usted tiene que combatirlos con todas sus fuerzas intelectuales, pues no vaya a ocurrir que esos grupos religiosos vuelvan a tener el control del gobierno y de la promulgación de las normativas jurídicas, y terminen: (1) quemándolo a usted en la hoguera por no creer en las mismas estupideces religiosas que ellos; o (2) obligando a sus hijas a utilizar unos ridículos velos negros sobre sus cabezas, so pena de recibir varios latigazos públicos en las salas de los tribunales.

Ahora bien, es necesario reconocer que todos y todas debemos estar pendientes al peligroso **fundamentalismo religioso**, ya sea islámico, cristiano, judaico o de cualquier otra religión porque eso es lo que la sociedad civil debe combatir a través de medios drásticos, y en ocasiones particulares, a través de medios violentos, ya que el fundamentalismo religioso busca a través de medios discriminatorios, difamatorios, violentos e indignos:

(1) opinar sobre asuntos científicos, sociales, políticos y económicos;

(2) imponerle a la sociedad civil los dogmas establecidos en sus viejos y cabrones libros dizque sagrados;

(3) eliminar las libertades sociales;

(4) eliminar la libertad de cátedra; y

(5) eliminar los derechos fundamentales del ser humano.

Hasta tal extremo llega la intransigencia de los fundamentalistas religiosos en estos tiempos, que ellos no quieren que se viva en una sociedad heterogénea, en donde cada ser humano pueda creer en lo que quiera y realizar todo lo que no perjudique a otra persona.

Estos malditos fundamentalistas religiosos (particularmente, los mahometanos, los cristianos y los judíos) lo que quieren es que los países se conviertan en dictaduras religiosas, en las que la mayoría de la legislación, de la reglamentación, de los códigos de conducta y de las ordenanzas municipales estén basadas en los contenidos de sus libros dizque sagrados y en las estúpidas opiniones de sus mentecatos líderes religiosos, ello, repetimos, con el herético interés de perseguir, marginar, excluir y discriminar en contra de aquéllos y aquéllas que: (1) <u>no sigan</u> sus idioteces religiosas; (2) <u>no crean</u> en sus idioteces religiosas; (3) traten de vivir sus vidas a su soberana voluntad y sin la intromisión de las religiones.

En resumidas cuentas, lo que hemos intentado traer a la atención de ustedes es el hecho de que los peligrosos fundamentalistas religiosos lo que buscan es perseguir, marginar, excluir y realizar actos discriminatorios en contra de los maricones, de las lesbianas, de las feministas, de las mujeres, de los ateos, de los académicos laicos, de los científicos laicos, de los filósofos laicos y, sobre todo, en contra de los practicantes de otras religiones que no sean las suyas. Como nos dijo el **Dr. Fernando Picó, Catedrático de la Universidad de Puerto Rico**, el fundamentalismo religioso lo que busca es «marginar y excluir, amparándose en lecturas literales de los libros sagrados.»[ccxxiv]

En fin, todo lo anterior sobre el peligroso fundamentalismo religioso es importante saberlo porque <u>la mayoría de los practicantes y de los líderes religiosos son fundamentalistas</u>, ya sea pública o privadamente.

a. Combatir el discriminatorio fundamentalismo católico hacia la mujer

Por otro lado, hemos visto hasta ahora que las mujeres han sido colocadas en un papel insignificante dentro de las religiones. Así, por ejemplo, en el discriminatorio catolicismo, las mujeres: (1) no pueden ser ordenadas como sacerdotisas; (2) no pueden ocupar puestos de alta jerarquía dentro del organigrama administrativo del herético Estado de la Ciudad del Vaticano; y (3) no pueden ser nombradas como papisas.

Todo ello se debe a que los practicantes y los líderes de la discriminatoria Iglesia católica se pasan diciendo que la inexistente cosa esa llamada Dios-Jesucristo-Espíritu-Santo «no ha dado autorización para ordenar sacerdotes a las mujeres.»[ccxxv] Esa práctica de la corrupta y mendaz Iglesia católica es, por decir lo menos, discriminatoria, aberrante y desquiciada. Por consiguiente, en estos tiempos, las mujeres católicas deben hacerle frente a los discriminatorios hombres católicos para que <u>se les permita oficialmente</u> ser ordenadas como sacerdotisas y como papisas. Ellas también tienen el derecho, al igual que los hombres, de ser nombradas a tales embrutecedoras posiciones eclesiásticas.

Para ello, deben utilizar varias tácticas, entre ellas: (1) realizar protestas públicas; (2) pautar anuncios en los medios de comunicación masiva; (3) ausentarse de las iglesias; (4) realizar actos de desobediencia civil; y (5) no seguir regalando su dinero (ofrendas) a las arcas del corrupto y discriminatorio Estado de la Ciudad del Vaticano.

En definitiva, ya es hora de que las mujeres católicas les exijan a sus discriminatorios líderes religiosos igualdad en todos los aspectos de sus prácticas religiosas, pues: (1) ningún líder religioso es más importante que una mujer; y (2) los hombres y las mujeres tienen igual valor en el planeta. En fin, todas las mujeres que practican el ridículo catolicismo tienen que comprender que tienen el deber de enfrentarse a los discriminantes hombres católicos y exigirles tener el derecho de ser nombradas como sacerdotisas y como papisas. Aquellas que no lo hagan son unas mujeres necias, que aman:

(1) la imbecilidad;

(2) la estupidez;

(3) la falacia; y

(4) el discrimen por razón de sexo.

Sobre esto de mujeres que le han exigido igualdad al liderato religioso, valga saber que algunas mujeres practicantes del judaísmo han presionado tanto a los discriminatorios rabinos, que «en décadas recientes, los seminarios reformistas, tanto conservadores como reconstruccionistas, han empezado a ordenar a un gran número de mujeres [como rabinos].»[ccxxvi] Ahora bien, nótese que del texto subrayado se desprende que hemos indicado cambios oficiales. La razón de ello es que, en muchísimas ocasiones, los cambios en beneficio de las mujeres han sido de manera no oficial, particularmente por un sector de la feligresía.

Un ejemplo de ello es lo que ha estado ocurriendo en estos últimos años en las entrañas de la discriminatoria Iglesia católica. Allí, muchos feligreses están de acuerdo en que muchos de los dogmas del catolicismo deben cambiar, particularmente los relacionados con el nombramiento de las mujeres como sacerdotisas. Como los discriminatorios líderes de la repugnante Iglesia católica no han querido realizar esos cambios oficiales, muchos feligreses **han optado por ordenar en secreto a varias mujeres como sacerdotisas,** logrando con ello que algunas mujeres puedan celebrar ceremonias, rituales y misas católicas.

En fin, todo esto demuestra que, con una presión organizada y constante por parte de las mujeres dentro de las entrañas de la discriminatoria Iglesia católica <u>se pueden hacer cambios oficiales</u> y no oficiales, en beneficio de las mujeres.[ccxxvii]

Ahora bien, la anterior sugerencia es hecha sabiendo que las mujeres católicas querrán seguir practicando su imbécil, estúpida, embrutecedora, falaz y discriminatoria religión católica. Realmente, nosotros los ateos preferiríamos que las damas abandonaran el catolicismo y que dejaran de creer en las inexistentes cosas esas llamadas vírgenes divinas, infiernos, paraísos divinos, demonios, ángeles, libros sagrados, profetas divinos, santos, vírgenes divinas que paren muchachitos, beatos, dioses omnipresentes, rosarios milagrosos, hostias divinas, monstruos come gente de siete cabezas, entre otros embelecos cristianos, porque:

(1) todos esos lugares y personajes religiosos no existen y nunca han existido;

(2) las religiones son «el primer obstáculo contra el avance de la mujer»;[ccxxviii]

(3) las religiones y los libros dizque sagrados «han sido los mayores obstáculos en el camino de la emancipación de la mujer.»^{ccxxix}

b. Eliminar la guarida de la madre del fundamentalismo: el Vaticano

Como sabemos, la humanidad ha alcanzado un elevado nivel intelectual y tecnológico jamás imaginado. Lo mejor de ello es que toda esa tecnología e intelectualidad seguirán evolucionando a través de los años, lo que causará que sigan creciendo a pasos agigantados.

Ahora bien, tenemos que decir con mucha tristeza que los avances intelectuales y tecnológicos pudieron haber sido mayores y más rápidos, si los malditos y mequetrefes religiosos, particularmente los católicos y los protestantes, no se hubieran metido con las matemáticas, con la ciencia, con la literatura y con la filosofía laica. Es triste ver miles de casos en la historia de la humanidad en que los practicantes y los líderes religiosos se atrevieron a difamar, perseguir, arrestar, encarcelar y asesinar a muchos matemáticos, filósofos, naturistas, académicos, científicos y ateos.

Pero, más grima causa observar que todavía en estos tiempos la Iglesia católica (la organización religiosa más peligrosa, aberrante, falaz, recalcitrante, mema e idiota que ha podido ver la humanidad) sigue entre nosotros, hasta el extremo de que sus cuarteles centrales (en donde se planificaron, se ordenaron y se permitieron las persecuciones, las difamaciones, las mutilaciones, las agresiones, los arrestos, los encarcelamientos y los asesinatos de cientos de miles de matemáticos, de científicos, de naturistas, de académicos, de filósofos y de ateos) todavía siguen en pie, como si nada hubiese ocurrido.

Ese simple hecho de poder ver en pie los templos católicos y el Estado de la Ciudad del Vaticano es, por decir lo menos, un gran insulto al razonamiento humano y a la justicia humana. Lo que vemos con ello es que el difamador, el mutilador, el agresor y el asesino más grande de la comunidad científica, académica, filosófica y atea se ha salido con la suya, sin que nadie le haya obligado a rendir cuentas por sus atrocidades, por sus genocidios y por sus crímenes de lesa humanidad.

Lo anterior ya no se puede permitir. <u>La comunidad mundial le debe dar un golpe de estado a la discriminatoria y violenta dictadura del Estado de la Ciudad del Vaticano</u>. De esa manera se podrían: (1) sacar de allí a todos esos memos llamados sacerdotes, monjas y cardenales; (2) liberar y publicar todos esos libros que se encuentran escondidos en los archivos secretos, debido a las prohibiciones que se establecieron a través del herético índice de los libros cristianamente prohibidos.

Incluso, somos de opinión que <u>todas las catedrales, iglesias y propiedades de la Iglesia católica deben ser confiscadas</u> y convertidas: (1) en universidades; (2) en escuelas; (3) en hospitales; y (4) en refugios para niños, vagabundos, ancianos, mujeres maltratadas y para los desplazados por los conflictos bélicos. Lo que es más, <u>todas las cuentas bancarias y todos los tesoros de la Iglesia católica (especialmente los que se encuentran en el Estado de la Ciudad del Vaticano) deben ser confiscados y vendidos en pública subasta</u>, a los fines de repartir los billones de dólares que se podrían obtener: (1) a las personas más hambrientas del mundo; (2) a los hospitales; (3) a las universidades; (4) a las escuelas públicas; y (5) <u>a los descendientes de todas aquellas personas que fueron difamadas, agredidas, mutiladas, arrestadas, encarceladas y asesinadas por la Iglesia católica</u>.

Además, con ese dinero se podrían comprar vacunas para inmunizar a los adultos y a los menores de edad en los países más empobrecidos. También se podría construir un museo sobre el **Holocausto Cristiano**, en donde se recuerden los millones de seres humanos que fueron difamados, arrestados, mutilados, encarcelados y asesinados por los cristianos.

En otro orden de ideas, somos de opinión de que al lado de todas esas imágenes, esculturas, figuras y cuadros de beatos, de santos, de Jesucristos divinamente clavados, de Jesucristos resucitados, de Papas y de vírgenes paridoras de muchachitos que están en las propiedades de la Iglesia católica (particularmente en el Estado de la Ciudad del Vaticano) se deben colocar las imágenes, los cuadros, las esculturas y las figuras de algunos de los millones de inocentes que fueron difamados, arrestados, mutilados, encarcelados y asesinados por los cristianos, sobre todo, se deben colocar las de los escritores, de los científicos, de los matemáticos, de los filósofos y de los ateos que fueron víctimas del **Holocausto Cristiano**. Y de todas esas santas personas, las imágenes que deben estar al lado de los Jesucristos divinamente clavados y de las vírgenes paridoras de muchachitos son, sin ningún género de dudas, las de: (1) San Galileo Galilei; (2) San Giordano Bruno; (3) San Charles Darwin; (4) San Nicolás Copérnico.

En fin, es hora de que el mundo someta a la justicia humana a la corrupta, cabrona y asesina Iglesia católica, una siniestra organización que es, por decir lo menos, «**...el enemigo número uno de la humanidad pensante.**»[ccxxx] Es hora de que se les haga justicia a las millones de personas que fueron difamadas, arrestadas, mutiladas, encarceladas y asesinadas por la Iglesia católica. Es hora de que la imbécil, estúpida, mendaz y aberrante Iglesia católica pague por sus crímenes de genocidio y de lesa humanidad.

Además, es hora que se les haga justicia a los descendientes de todas aquellas personas (particularmente a los descendientes de los científicos, de los escritores, de los filósofos, de los matemáticos y de los ateos) que fueron difamadas, arrestadas, mutiladas, encarceladas y asesinadas por la cabrona Iglesia católica. Iglesia ésta que es, por decir lo menos, «**lo más hostil que hay contra la libertad del hombre y la estimulación del bien: el mejor organizado sistema de la aberración y el prejuicio, la estupidez y la falacia.**»[ccxxxi]

Capítulo seis
Beneficio de la duda a los idiotizados practicantes religiosos

> Si la inexistente cosa esa llamada Dios (también llamada Zeus, Hanuman, Yahvé, Alá, etc.) realmente existe, tenemos que decir que es un gran cabrón y un divino pendejo porque sólo le ha causado a la humanidad sufrimiento, dolor, agonía, muerte y, por supuesto, un gran repertorio de tragedias de destrucción masiva.
>
> *Ismael Leandry-Vega*

> Si la inexistente cosa esa llamada Dios (también llamada Zeus, Hanuman, Yahvé, Alá, etc.) realmente existe, tenemos que decirle que su creación humana es una porquería.
>
> *Ismael Leandry-Vega*

> Si la inexistente cosa esa llamada Dios (también llamada Zeus, Hanuman, Yahvé, Alá, etc.) realmente existe, no hay duda alguna de que, cuando un líder religioso -- entiéndase pastor, Papa, reverendo, imán, sacerdote, rabino, entre otros -- está llevando a cabo un acto de pura malignidad, como asesinar a una persona o introducir su pene en los anos de los niños, eso significa que Dios se metió dentro del cuerpo de ese líder religioso para que este último, en su representación, lleve a cabo el acto maligno.
>
> *Ismael Leandry-Vega*

> Si la inexistente cosa esa llamada Dios (también llamada Hanuman, Zeus, Yahvé, Alá, etc.) realmente existe, no hay duda alguna que, de toda su creación, la única que se puede considerar una aberración es el ser humano.
>
> *Ismael Leandry-Vega*

Por último, todo lo anteriormente discutido en los capítulos y en las secciones anteriores nos hace pensar en que hemos sido bastante fuertes en la discusión. También nos hace pensar en que hemos defendido nuestra posición de no creer en las inexistentes cosas esas llamadas divinidades (inclúyanse los inexistentes poderes sobrenaturales) con demasiada fuerza, sin darle el beneficio de la duda a los engañados religiosos.

Por consiguiente, procedamos, pues, a discutir algunos asuntos, dándole el beneficio de la duda a los engañados religiosos, de que las inexistentes cosas esas a las que ellos les llaman dioses omnipresentes sí existen (inclúyase a las vírgenes paridoras de muchachitos, a las vírgenes divinas, a los demonios, a los infiernos, a los paraísos, a los ángeles, entre otros personajes y lugares de los cuentos de hadas religiosos). Dicho eso, y en beneficio de esa duda, veamos algunas de nuestras tesis.

Lo primero que tenemos que decir es que, si la inexistente cosa esa llamada Dios (también llamada Hanuman, Elohim, Zeus, Yahvé, Alá, etc.) realmente existe, tenemos que decirle que lo que ha hecho es una divina porquería. Nótense todas las porquerías que los inexistentes dioses y sus profetas favoritos han realizado, escrito u ordenado realizar en los libros dizque sagrados.

Segundo, también opinamos que, si la inexistente cosa esa llamada Dios (también llamada Zeus, Afrodita, Yahvé, Alá, Elohim, Hanuman, etc.) realmente existe, no hay duda de que nuestra deleznable creación ha sido: (1) un capricho divino; y (2) un acto sin sentido. A tal grado es ese capricho que nosotros no tenemos ningún tipo de opinión sobre el asunto y, para colmo de males, tenemos que cargar con las circunstancias de los escenarios socioeconómicos de la vida. Es decir, tenemos que:

(1) nacer y vivir en el país en donde la inexistente cosa esa quiera;

(2) tener la familia que la inexistente cosa esa quiera;

(3) lidiar con las situaciones políticas, sociales y económicas del país en donde la inexistente cosa esa nos ha enviado a vivir.

Tercero, también opinamos que, si la inexistente cosa esa llamada Dios (Yahvé, Alá, Elohim, Hanuman, etc.) realmente existe, tenemos que decir que es un déspota, pues, además de que nos crea a su soberana voluntad, también tenemos que vivir nuestras cortas vidas según sus deseos, es decir, tenemos que vivir nuestras cortas vidas según sus reglas y alabándolo todos los días. Lo peor de ello es que la inexistente cosa esa ha dicho que, si no vivimos la vida de la forma y manera establecida en los libros dizque sagrados, nos castigará y nos tirará a un lago de fuego, en donde seremos torturados por la eternidad, demostrando con ello, sin lugar a dudas, que la inexistente cosa esa llamada Dios es una cosa dictatorial, cabrona, narcisista, amante de la tortura y, más que nada, una desquiciada mental. Pobrecitos de aquéllos que serán escritos en su inexistente libro de las vidas eternas y que vivirán en su inexistente paraíso. Vivirán unas inexistentes vidas eternas sometidos a un divino gobierno dictatorial, bajo el cual no podrán opinar, ni mucho menos vivir de la forma que les plazca.

Por otro lado, según las religiones tradicionales (como el judaísmo, el cristianismo y el islamismo) cuando sus líderes religiosos (o algún practicante) hacen actos buenos y nobles en beneficio de la comunidad (como escribir los libros dizque sagrados o realizar milagros), eso significa que sus inventados dioses omnipresentes penetraron dentro de ellos en aras de hacer (o comunicarles que hagan) esos actos nobles. Si ello es así, dichos dioses omnipresentes también tienen que penetrar en los cuerpos de sus líderes cuando estos últimos realizan actos viles en contra de la humanidad.

Por ende, es lógico pensar que, si un líder religioso (entiéndase pastor, reverendo, imán, sacerdote, rabino, entre otros) está llevando a cabo un acto de pura malignidad, como asesinando a un niñito o introduciendo su pene en el ano de un niño, eso significa que ese dios omnipresente (Zeus, Dios, Elohim, Yahvé, Alá, etc.) se metió dentro del cuerpo de ese líder religioso para que este último, en su representación, lleve a cabo el acto maligno.

Es imposible llegar a otra conclusión lógica, pues, si esos inexistentes dioses son los creadores del Universo y son los creadores de los demonios de la maldad, no hay duda de que tienen el poder para detener a los líderes religiosos antes de que realicen esos actos malignos. Si no lo hacen, es que son autores intelectuales o cooperadores de esos actos.

Por otra parte, también entendemos que, si la inexistente cosa esa llamada Dios (también llamada Zeus, Yahvé, Ra, Hanuman, Alá, etc.) realmente existe, tenemos que decir que es una divina cabrona porque sólo le ha causado a la humanidad sufrimiento, dolor, agonía, muerte y, por supuesto, un gran repertorio de tragedias de destrucción masiva.

Así, por ejemplo, en la lista de tragedias que la cabrona cosa esa llamada Dios le ha enviado a la humanidad podemos incluir «...'espantosas inundaciones, egregios terremotos, horrendos huracanes, terroríficos tornados, perniciosas plagas, feroces hambrunas, devastadoras sequías y guerras genocidas'. Todo esto con premeditación, alevosía, ventaja (...) y cero remordimiento.»[ccxxxii]

Por eso es que nosotros nos negamos rotundamente a creer en una cosa tan déspota como esa. Es más, la inexistente cosa esa llamada Dios (también llamada Yahvé, Zeus, Ra, Alá, etc.) es tan cabrona y malvada que, además de permitir y causar todo lo anterior, también quiere que los seres humanos: (1) la estén alabando todo el tiempo; y (2) que siempre le estén haciendo sacrificios en su nombre. Sólo una dictadora o una desquiciada mental pueden actuar de esa manera tan abominable en contra de unos seres que son dizque sus hijos.

Pero, lo más desquiciado es que hay (y ha habido) millones de estúpidos y estúpidas que siguen todas las órdenes que la inexistente cosa esa llamada Dios (también llamada Yahvé, Afrodita, Zeus, Ra, Alá, etc.) ha establecido en los libros dizque sagrados. Sólo un gran imbécil mental puede seguir todas las órdenes de la cosa esa. Es como una especie de masoquismo divino, por el cual los estúpidos practicantes saben que la inexistente cosa esa llamada Dios (también llamada Yahvé, Afrodita, Zeus, Ra, Alá, etc.) le causa o le causará sufrimientos, dolores, angustias, pánicos, hambres, muertes y tragedias, y aún así siguen creyendo y siguiendo las órdenes de la inexistente cosa esa.

Pero, ¿por qué los religiosos siguen a un déspota como ése que no existe? Estamos bien seguros de que, si fuese su líder político el que fuera tan abusador, narcisista y asesino, hubiesen dejado de creer en él y, además, le hubiesen asesinado rápidamente. Pero, en el caso de esta divina, cabrona e inexistente cosa llamada Dios (también llamada Yahvé, Afrodita, Zeus, Ra, Alá, etc.), la gente reacciona de otra manera. Así, los creyentes: (1) siguen yendo a las iglesias; (2) siguen haciendo ofrendas; (3)

siguen orando; (4) siguen alabando a la inexistente cosa esa; y (5) siguen sufriendo en el nombre de la cosa esa que no existe.

Por consiguiente, la única razón para soportar tan abusivo comportamiento y seguir realizando lo anteriormente anotado es que los(as) creyentes son grandes pendejos(as) que esperan que la inexistente cosa esa llamada Dios les recompense: (1) con unas inexistentes vidas eternas en unos inexistentes paraísos divinos; o (2) con unos premios sobrenaturales.

Por otro lado, según los embrutecedores libros sagrados de los cristianos (la Biblia) y de los judíos (la Torá) los seres humanos: (1) fueron creados por la inexistente cosa esa llamada Dios con la semilla de la maldad; (2) han sido creados con la posibilidad de que los inexistentes demonios se metan dentro de sus cuerpos, con el propósito de que realicen actos malvados. Ante esas circunstancias, es forzoso llegar a cuatro conclusiones por las cuales la inexistente cosa esa llamada Dios creó a los seres humanos con maldad natural: (1) Dios es malo por naturaleza, por consiguiente, le transmitió al animal humano esa semilla de la maldad, al crearlo a su misma imagen y semejanza; (2) Dios hizo un invento defectuoso al crear al ser humano; (3) Dios hizo a los seres humanos defectuosos y malvados como parte de un juego, a los fines de poder observar hasta dónde puede llegar la maldad humana; o (4) «**...Dios, creando al hombre, sobreestimó un poco su habilidad**», como expresó el inmortal dramaturgo y novelista Oscar Wilde.[ccxxxiii]

Por otra parte, si leemos el cuento de hadas llamado el Génesis tenemos que concluir que, de toda la creación de la inexistente cosa esa llamada Dios, la única que se puede considerar una porquería es el ser humano. Nos explicamos.

Es bien sabido que, una vez la inexistente cosa esa llamada Dios creó al ser humano y se percató de las aberraciones de las que es capaz de realizar (matar sin razón legítima, mentir descaradamente, no seguir instrucciones y envidiar enfermizamente), se arrepintió de haberlo creado. Clara luz sobre este punto proyectan las palabras que se escribieron en el cuento de hadas llamado el Génesis (6:6). Dicho cuento de hadas religioso indica claramente lo siguiente: «**Al ver la maldad del hombre, Dios se arrepiente de haberlo hecho**.»

Aquí vale la pena resaltar que de ahí es que nace la idea de que la inexistente cosa esa llamada Dios subestimó sus propios poderes al crear al ser humano. Nótese que este cuento bíblico establece que la inexistente cosa esa llamada Dios: (1) creó al ser humano; (2) vio las atrocidades que cometen los seres humanos; y (3) se arrepintió de haber creado a los seres humanos. Es decir, ni la inexistente cosa esa llamada Dios sabía que el ser humano iba a ser un producto tan defectuoso y tan maléfico del cual se iba a arrepentir posteriormente.

Vale apuntar, además, que, si admitimos que la inexistente cosa esa llamada Dios se arrepintió de haber creado al ser humano debido a que era un ser sumamente malvado, la pregunta que nos debemos hacer es la siguiente: ¿Qué hizo la inexistente cosa esa llamada Dios luego de observar las atrocidades de las que es capaz de realizar el ser humano? La respuesta es sencilla: le impuso a todos los seres humanos (menos a una familia) la pena de muerte por ahogamiento. Dicho de otra manera, la cabrona e inexistente cosa esa llamada Dios mató a todos los seres humanos (incluso menores de edad) a través de una divina pena de muerte, para ver si la versión del ser humano mejoraba de alguna manera con una familia. Y para ello escogió a la familia de Noé y le ordenó construir la famosa arca, para que los animales se salvaran y, sobre todo, para que Noé y su descendencia fueran el nuevo modelo de seres humanos que debían poblar el planeta.

Sin embargo, como el propio cuento de hadas nos explica, la inexistente cosa esa llamada Dios sobreestimó nuevamente sus poderes mágicos, lo que trajo como consecuencia: (1) que su nuevo plan no rindiera los frutos esperados; (2) que los seres humanos siguieran siendo malos; y (3) que los seres humanos se tornaran en seres más malvados al pasar los años.[ccxxxiv]

Por otra parte, también entendemos que, si la inexistente cosa esa llamada Dios realmente existe, tenemos que decir que ella desea que los seres humanos sean brutos, imbéciles, fanáticos y rudos. Nuestra opinión se basa en que el cuento de hadas llamado Génesis dice que la inexistente cosa esa llamada Dios le impidió a Adán y a Eva: (1) que exploraran el paraíso; y (2) que comieran del árbol de la sabiduría porque no quería que Eva y Adán comieran de los frutos (frutos que contenía en su interior el jugo del conocimiento y el jugo de la sabiduría de las ciencias) porque quería que se mantuvieran desnudos, brutos, imbéciles, fanáticos y rudos por toda la eternidad. Buena prueba de ello es que en el cuento de hadas llamado el **Génesis (2:16-17)** se escribió que «mandó Jehová Dios al hombre, diciendo: De todo árbol del huerto podrás comer; mas, del árbol de la ciencia del bien y del mal no comerás...».[ccxxxv]

Por otra parte, también entendemos que, si la inexistente cosa esa llamada Dios realmente existe, tenemos que decir que es, por decir lo menos, una enferma sexual de primer orden, ya que fomenta y permite las agresiones sexuales y los actos de incesto. Los dos ejemplos más palpables sobre esto provienen del libro de cuentos llamado Génesis, particularmente del cuento de hadas llamado Adán y Eva y del cuento de hadas llamado el Arca de Noé.

En lo que toca al cuento de **Adán y Eva**, nótese que estos dos personajes (que estaban solos en el inexistente paraíso) tuvieron hijos. Lo que significa que para poder lograr que la raza humana creciera en número, ellos (Adán y Eva) tuvieron que follar en innumerables ocasiones con sus hijos para que éstos últimos trajeran al mundo a sus nietas y nietos. A su vez, los nietos y las nietas de Adán y Eva también tuvieron que follar muchísimo para seguir poblando el planeta. Ahora bien, la pregunta que nos tenemos que hacer es la siguiente: ¿Con quiénes las hijas y las nietas de Adán y Eva tenían relaciones sexuales para reproducir la especie humana? La respuesta, aunque chocante, es muy sencilla. Adán agredió sexualmente a sus hijas y a sus nietas en innumerables ocasiones; y los hijos de Adán y Eva agredieron sexualmente a sus hermanas y a sus hijas. No puede haber otra contestación lógica a la pregunta anteriormente planteada. Si el libro de cuentos llamado Génesis establece que los únicos pobladores del planeta eran Adán y Eva en el comienzo del tiempo humano, es lógico pensar que la única manera de poder reproducir la especie era a través de constantes actos de incesto y de agresiones sexuales. Eso significa que la inexistente cosa esa llamada Dios tuvo que haberle dado algún tipo de permiso, dispensa o consejo sexual para que llevaran a cabo incestos y agresiones sexuales.

Es de notar, sin embargo, que esta inexistente cosa llamada Dios no sólo permitió y autorizó actos de incesto entre la familia de Adán y Eva, pues si nos fijamos en el cuento de hadas llamado el **Arca de Noé** (en donde sólo estaban Noé, su esposa, sus hijos y sus nueras) es lógico pensar que, una vez el barquito de Noé tocó tierra y los pasajeros comenzaron a tener sexo a los fines de aumentar el número de los seres humanos (que habían sido asesinados por la cabrona e inexistente cosa esa llamada Dios), no hay duda alguna que fue necesario llevar a cabo actos de incesto a diestra y siniestra. Y es lógico pensar también que esos actos de incesto fueron cometidos por Noé y sus hijos en contra de sus hijas y nietas.

De ahí nace nuestra idea de que la inexistente cosa esa llamada Dios es una pervertida sexual. ¿Cómo es posible que la inexistente cosa esa llamada Dios permitiera orgías incestuosas entre los miembros de la familia Adán-Eva y entre los miembros de la familia del Arca de Noé? Hubiese sido más adecuado y moral que la inexistente cosa esa llamada Dios realizara otro acto de encantamiento (como ésos que están en la Biblia y en la Torá) y creara de golpe y porrazo a varios hombres y a varias mujeres, a fin de evitar las divinas orgías incestuosas entre los miembros de la familia Adán-Eva y entre los miembros de la familia del Arca de Noé.

Por último, se debe notar que, a través del libro, hemos descrito a la inexistente cosa esa llamada Dios (también llamada Yahvé, Afrodita, Zeus, Ra, Alá, etc.) como **la inexistente cosa esa llamada Dios**. La razón de ello es que, como los dioses no existen (ya que son productos de la imaginación humana) es imposible imaginarnos qué forma puede tener algo que no existe.

Ahora bien, si les damos el beneficio de la duda a los religiosos de que la inexistente cosa esa llamada Dios (también llamada Alá, Afrodita, Ra, Yahvé, Zeus, etc.) realmente existe, comoquiera hay que llamarle la cosa esa. Por razón de que no sabemos si tiene pene, si tiene vagina o si se trata de un hermafrodita divino. Ningún practicante o líder religioso ha visto a la inexistente cosa esa. Tampoco han visto el área genital de la cosa esa. Por ende, nadie sabe cuál es su verdadero sexo.

Debe, sin embargo, tenerse en cuenta que algo de luz nos ofrece el libro de cuentos de hadas llamado Génesis. Allí, los religiosos escribieron que la inexistente cosa esa llamada Dios creó al ser humano a su imagen y semejanza, y si eso es así, y si consideramos que los hombres y las mujeres son seres de igual importancia, <u>podemos concluir que la inexistente cosa esa llamada Dios es un hermafrodita divino</u>.

Sabiendo lo anterior, no cabe duda que es una buena pregunta para hacérsela a un creyente o a un líder religioso, aunque sabemos que nunca podrá ser contestada, ya que los dioses no existen. Y si les damos el beneficio de la duda a los embrutecidos religiosos, tampoco podrá ser contestada porque la inexistente cosa esa llamada Dios (también llamada Afrodita, Zeus, Hanuman, Alá, Yahvé, Elohim, etc.) parece que sufre de ataques de pánico o de una fobia social que le impide mostrarle su rostro a su creación.

En definitiva, cuando usted vea por ahí a un creyente o a un líder religioso, hágale la siguiente pregunta: **¿La inventada cosa esa a la que tú le llamas Dios (también llamada Alá, Afrodita, Hanuman, Yahvé, Ra, Zeus, etc.)**

tiene pene, vagina o es un hermafrodita divino? Ahora bien, si usted no desea hacerle esa pregunta porque es muy fuerte, podría entonces rehacer la que hizo Miguel de Unamuno en un momento de su vida. Así, le podría preguntar a su líder o fanático religioso preferido, si la inexistente cosa esa llamada « **¿Dios es macho o hembra?**»[ccxxxvi]

Capítulo siete
Tesis y aforismos

I. Algunas de nuestras tesis sobre los inexistentes dioses y las embrutecedoras religiones

1. No podemos olvidar que todas las religiones son unos fraudes protegidos por el Derecho.
   Ismael Leandry-Vega

2. No podemos olvidar que todas las religiones no son sino obstáculos para la libertad intelectual del ser humano.
   Ismael Leandry-Vega

3. Todas las religiones son armas de embrutecimiento masivo.
   Ismael Leandry-Vega

4. Si la inexistente cosa esa llamada Dios (también llamada Zeus, Afrodita, Alá, Yahvé, Elohim, Hanuman, etc.) está presente a la vez en todas partes, ¿eso significa que está presente en nuestros cuartos de baño mientras cagamos?
   Ismael Leandry Vega

5. Las religiones son utilizadas por los líderes religiosos para mantener esclavizados a sus estúpidos feligreses y obtener poder, dinero y sexo.
   Ismael Leandry-Vega

6. Si la inexistente cosa esa llamada Dios (también llamada Zeus, Alá, Yahvé, Elohim, Afrodita, etc.) realmente existe, tenemos que decir que su creación humana es realmente una divina porquería.
   Ismael Leandry-Vega

7. Si la inexistente cosa esa llamada Dios (también llamada Alá, Yahvé, Zeus, Elohim, etc.) realmente existe, no hay duda alguna que, de toda su creación, la única que se puede considerar una aberración es el ser humano.
   Ismael Leandry-Vega

8. Maldigo todas las religiones, y espero que algún día todas las iglesias ardan a fuego lento. Y dentro de ellas todos esos fanáticos religiosos que están dispuestos a causarle daño a otros seres por el simple hecho: (a) de no creer en sus embrutecedoras y embusteras religiones; (b) de no llevar a la práctica las normas y preceptos de sus

embusteras y embrutecedoras religiones.
Ismael Leandry-Vega

9. Si la inexistente cosa esa llamada Dios realmente existe, no hay duda alguna de que, cuando un líder religioso (entiéndase pastor, reverendo, imán, sacerdote, rabino, entre otros) está llevando a cabo un acto de pura malignidad, como asesinando a un niñito o introduciendo su pene en la vagina de una niña, eso significa que Dios (también llamado Alá, Yahvé, Zeus, Elohim, Afrodita, Hanuman, etc.) se metió dentro del cuerpo de ese líder religioso, a los fines de que este último, en su representación, lleve a cabo el acto maligno.
Ismael Leandry-Vega

10. Si la imaginaria cosa esa llamada Dios (también llamada Alá, Yahvé, Hanuman, Elohim, Zeus, Afrodita, etc.) realmente existe, tenemos que decir que es una divina cabrona. Sólo le ha causado a la humanidad sufrimiento, dolor, agonía, muerte y, por supuesto, un gran repertorio de tragedias de destrucción masiva.
Ismael Leandry-Vega

11. Las mujeres islámicas, además de que deben matar intelectualmente a Mahoma y a Alá, también tienen que quemar el discriminatorio Corán, si es que quieren ser mujeres libres y racionales.
Ismael Leandry-Vega

12. La humanidad llegará a un elevado nivel de intelectualidad, cuando la mayoría de las personas deje de creer en dioses y se considere a sí misma dueña absoluta de su corta e insignificante vida.
Ismael Leandry-Vega

13. Las cosas esas llamadas profetas divinos, espíritus malignos, demonios, ángeles, reencarnaciones, hijos de Dios, diablos, vírgenes paridoras de muchachitos, vírgenes divinas, dioses omnipresentes, espíritus santos, fantasmas, muertos resucitados, paraísos divinos, infiernos, poderes sobrenaturales, velas mágicas, hechizos, milagros, monos sagrados, vacas sagradas, poderes esotéricos, astrología y monstruos de siete cabezas que comen personas son embelecos religiosos.
Ismael Leandry-Vega

14. Si la inexistente cosa esa llamada Dios (también llamada Alá, Zeus, Yahvé, Elohim, Hanuman, Afrodita, etc.) está

presente a la vez en todas partes, ¿eso significa que está presente en nuestras alcobas mientras estamos practicando el coito con nuestras parejas consensuales?
Ismael Leandry-Vega

15. El ateísmo representa la verdad y el razonamiento. Las religiones representan la imbecilidad, la ignorancia, la falacia y el engaño.
Ismael Leandry-Vega

16. La astrología es un insulto a la ciencia.
Ismael Leandry-Vega

17. Derribemos a los dioses, rompamos la Biblia, el Corán, la Torá y cualquier otro libro dizque sagrado de las religiones, de manera que seamos libres intelectualmente.
Ismael Leandry-Vega

18. Existen tres cosas intolerables en la vida: las religiones, los malditos dioses y los libros dizque sagrados de las religiones.
Ismael Leandry-Vega

19. Los deseos más anhelados que tienen muchos practicantes y líderes religiosos son, por decir lo menos, volver a tener los poderes estatales para quemar, flagelar, aprisionar, mutilar y asesinar a los ateos, a las prostitutas, a los locos, a los disidentes, a los filósofos y a los practicantes de religiones diferentes de las suyas.
Ismael Leandry-Vega

20. La historia del clavado Jesucristo del cristianismo es un embeleco religioso.
Ismael Leandry-Vega

21. Más peligroso es el fanático religioso que el líder religioso.
Ismael Leandry-Vega

22. Religión es sinónimo de imbecilidad, de estupidez y de falacia.
Ismael Leandry-Vega

23. Los líderes religiosos, que son corruptos y embusteros, siempre le han temido a los ateos, entre otras razones: (1) porque pueden hacer que muchos practicantes dejen de creer en los inexistentes dioses omnipresentes; y (2) porque pueden hacer que los practicantes dejen de asistir a las iglesias, lo que puede traer como consecuencia que bajen considerablemente las ofrendas en las iglesias y, sobre todo, que los líderes religiosos no puedan costear sus lujos,

sus banquetes, sus sirvientes, sus amigas íntimas, sus deudas y sus bienes materiales más preciados.
Ismael Leandry-Vega

24. Los fundamentalistas religiosos que están en los países democráticos lo que quieren es cambiar, por medios discriminatorios, violentos e indignos, las formas y las maneras en que viven las personas. También desean sustituir las libertades fundamentales que tienen los ciudadanos con las cabronadas que están escritas en sus ridículos libros dizque sagrados.
Ismael Leandry-Vega

25. El sinónimo de Dios es, lógicamente, embuste.
Ismael Leandry-Vega

26. Los templos son refugios de personas: (1) depresivas; (2) sicóticas; (3) alucinantes; (4) atolondradas; (5) neuróticas; (6) que tienen elevados sentidos de culpa; (7) que tienen graves lesiones cerebrales.
Ismael Leandry-Vega

27. Las religiones transforman a ciertas personas en seres depresivos, alucinantes, atolondrados, neuróticos y, más que nada, en personas con elevados sentidos de culpabilidad.
Ismael Leandry-Vega

28. Millones de personas han sido asesinadas por la Iglesia católica.
Ismael Leandry-Vega

29. La religión es un fraude legalizado.
Ismael Leandry-Vega

30. No podemos olvidar que todas las religiones no son sino obstáculos para la libertad de expresión.
Ismael Leandry-Vega

31. No podemos olvidar que todas las religiones no son sino obstáculos para el desarrollo de los derechos humanos.
Ismael Leandry-Vega

32. Las religiones son las amenazas más graves en contra: (1) de las ciencias; (2) de la tecnología; (3) del razonamiento humano; (4) del derecho a la libertad de expresión; (5) de la libertad de cátedra; y (6) de los derechos humanos.
Ismael Leandry-Vega

33. La historia bíblica de Jesucristo es una mentira disfrazada con artificio.
    Ismael Leandry-Vega
34. La astrología es una mentira disfrazada con artificio.
    Ismael Leandry-Vega

II. Otras máximas, citas y aforismos sobre religiones y dioses

1. «La única iglesia que ilumina es la que arde».
   Anónimo
2. «La religión es una maldita farsa.»
   Catherine Fahringer
3. «Todas las religiones no son otra cosa que invenciones humanas para atemorizar y mantener esclava a la humanidad y monopolizar el poder y el dinero.»
   Thomas Paine
4. «Millones de seres inocentes, hombres, mujeres y niños, desde la introducción del cristianismo, han sido torturados, asesinados, puestos en prisión, quemados...».
   Thomas Jefferson
5. «Muéstrame lo que Muhammad trajo de nuevo, y encontrarás sólo cosas malvadas e inhumanas, tales como su orden de imponer la fe por la fuerza de la espada...y esto es irracional».
   Emperador Bizantino Manuel Paleólogo II
6. «Ni los demonios ni los dioses existen, son todos productos de las actividades síquicas del hombre».
   Dr. Sigmund Freud
7. «El hombre, en su orgullo, creó a Dios a su imagen y semejanza. »
   Dr. Friedrich Wilhelm Nietzsche
8. «Mediante la lectura de libros científicos populares, pronto alcancé la convicción que muchas de las historias de la Biblia no podían ser verdad».
   Dr. Albert Einstein
9. «La iglesia católica es lo más hostil que hay contra la libertad del hombre y la estimulación del bien: el mejor

organizado sistema de la aberración y el prejuicio, la estupidez y la falacia.»
Herbert George Wells, político y filósofo inglés

10. « Al ver la maldad del hombre, Dios se arrepiente de haberlo hecho.»
Génesis 6:6

11. «La tolerancia religiosa es una especie de infidelidad.»
Ambrose Bierce

12. «En historia, el nombre de dios es la terrible maza histórica con la cual todos los hombres divinamente inspirados, los grandes 'genios virtuosos', han abatido la libertad, la dignidad, la razón y la prosperidad de los hombres.»
Mijaíl Alexándrovich Bakunin, filósofo ruso

13. «La idea de Dios implica la abdicación de la razón humana y de la justicia humana; es la negación más decisiva de la libertad humana y lleva necesariamente a la esclavitud de los hombres, tanto en la teoría como en la práctica.»
Mijaíl Alexándrovich Bakunin, filósofo ruso

14. «La teología es la ciencia de la mentira divina.»
Mijaíl Alexándrovich Bakunin, filósofo ruso

15. «Todas las religiones, con sus dioses, semidioses, profetas, mesías y santos son el producto del capricho y la credulidad del hombre, quien no ha alcanzado todavía el desarrollo total y la personalidad completa de sus poderes intelectuales.»
Mijaíl Alexándrovich Bakunin, filósofo ruso

16. «No puedo creer en un Dios que quiera ser alabado todo el tiempo».
Dr. Friedrich Wilhelm Nietzsche

17. «Toda religión es un insulto a la dignidad mental del hombre...».
Herbert George Wells, político y filósofo inglés

18. «En ningún momento de la historia, en ningún lugar del planeta, las religiones han servido para que los seres humanos se acerquen unos a los otros. Por el contrario, sólo han servido para separar, para quemar, para torturar».
José Saramago, Premio Nobel de Literatura

19. «Imagina que no hay cielo, ni infierno y que toda la gente vive por el hoy».
    John Lennon

20. «...si las religiones se meten en los asuntos del gobierno, entonces es evidente que en algún momento intentarán imponer sus creencias a toda la sociedad.»
    Dr. Luís López Nieves, Catedrático de la Universidad del Sagrado Corazón de Puerto Rico

21. «Toda religión es un insulto a la dignidad mental del hombre, pero principalmente la religión católica, que ha elaborado dogmas contrarios a la razón humana. (...) La iglesia católica es lo más hostil que hay contra la libertad del hombre y la estimulación del bien: el mejor organizado sistema de la aberración y el perjuicio, la estupidez y la falacia. Yo creo que la religión católica es el enemigo número uno de la humanidad pensante. »
    Herbert George Wells, político y filósofo inglés

Referencias

[i](Énfasis nuestro). **Corán:** (2:228); (4:34) ;(78:31-34); (56:35-38); (55:54 & 56). Además, léanse las palabras del Lcdo. Dawlin A. Ureña, pastor y miembro de la Asociación Científica, según se citan en: Ureña, D. A. (s.f.). **Citas interesantes en el Corán acerca de las mujeres**. *Ministerios Antes del Fin*. Recuperado el 19 de mayo de 2007, de http://antesdelfin.com/citassobremujeres.html.

[ii]Hala Ahmad Rajab. **El "hijab"**. (2007,13 de abril). *El Nuevo Día*. Guaynabo, Puerto Rico. [Versión electrónica].

[iii]**El "burkini" causa polémica en Holanda**. (2008, 27 de febrero). *Primera Hora*. Guaynabo, Puerto Rico. [Versión electrónica].

[iv]**Life of slain Dutch film-maker**. (2004, 2 de noviembre). *British Broadcasting Corporation (BBC)*. Londres, Reino Unido. Recuperado el 30 de diciembre de 2007, de http://news.bbc.co.uk/; **Gunman kills Dutch film director**. (2004, 2 de noviembre). *British Broadcasting Corporation (BBC)*. Londres, Reino Unido. Recuperado el 30 de diciembre de 2007, de http://news.bbc.co.uk/; Alan Riding. (2005, 22 de enero). **Navigating Expression and Religious Taboos**. *The New York Times*.: New York, NY Recuperado el 29 de diciembre de 2007, de http://www.nytimes.com/.

[v]**Hallan muerto a arzobispo de Mosul**. (2008, 13 de marzo). *British Broadcasting Corporation (BBC)*. Londres, Reino Unido. Recuperado el 30 de julio de 2008, de http://news.bbc.co.uk/hi/spanish/news/. Para más información sobre personas perseguidas por los estultos islamitas, léase también: **HRW pide al rey saudí que impida ejecución de una mujer acusada de brujería**. (2008, 14 de febrero). *Terra, Noticias*. Madrid, España. Recuperado el 3 de abril de 2008, de http://www.terra.com/noticias/; **Condenan a una mujer a dos años de cárcel por apostatar del Islam en Malasia**. (2008, 13 de marzo). *El Diario de León*.: Trabajo del Camino, León, España. Consultado el 11 de abril de 2008, de http://www.diariodeleon.es/; Amnistía Internacional en España. (2007). **Javed Anjum; conversión a la fuerza**. *Madrid, España*. Consultado el 6 de enero de 2008, de http://www.es.amnesty.org/.

[vi]**EEUU denuncia la condena a un periodista bielorruso por caricatura de Mahoma**. (2008, 24 de enero). *Terra, Noticias*. Madrid, España. Recuperado el 3 de abril de 2008, de http://www.terra.com/noticias/; **Mahoma: liberan detenido**. (2008, 14 de febrero). *British Broadcasting Corporation (BBC)*. Londres, Reino Unido. Recuperado el 30 de julio de 2008, de http://news.bbc.co.uk/hi/spanish/news/; **Wikipedia se niega a retirar las imágenes de Mahoma pese a las 180.000 peticiones**. (2008, 15 de febrero). Nueva York, EEUU. *IBLNEWS The Hispanic News Channel*. Consultado el 17 de febrero de 2008, de http://iblnews.com/story.php?id=34984.

[vii]Miguel Molina. **Pensar en el infierno**. (2007, 29 de marzo). *British Broadcasting Corporation (BBC)*. Londres, Reino Unido. Recuperado el 30 de diciembre de 2007, de http://news.bbc.co.uk/hi/spanish/; léase además: María de Roncesvalles. (s.f.). **El infierno en el Islam; son innumerables los detalles que se tienen en el Islam acerca de los sufrimientos que tiene los condenados en el infierno**. *Catholic.net Inc*. Información consultada el 4 de abril de 2008, de http://es.catholic.net/ecumenismoydialogointerreligioso/786/2600/articulo.php?id=10369.

[viii]Le Bon, G. (1886). **La civilización de los árabes**. Barcelona, España. : *Ediciones Montaner y Simón*, pág. 200; **Dolorosa condena por ligones; dos jóvenes saudíes recibirán 70 latigazos cada uno y tendrán que memorizar el Corán por piropear a una joven**. (2008, 8 de marzo). *El Nuevo Día*. Guaynabo, Puerto Rico. [Versión electrónica].

[ix]Massoud A. Derhally. **Reclaman su derecho a conducir**. (2007, 21 de septiembre). *Bloomberg, El Nuevo Día*. Guaynabo, Puerto Rico. Recuperado el 30 de septiembre de 2007, de http://www.adendi.com/.

[x]**Life of slain Dutch film-maker**. (2004, 2 de noviembre). *British Broadcasting Corporation (BBC)*. Londres, Reino Unido. Recuperado el 30 de diciembre de 2007, de http://news.bbc.co.uk/; **Ocho extremistas islámicos, detenidos por el asesinato del cineasta Theo Van Gogh**. (2004, 3 de noviembre). *El Mundo*.: Madrid, España. Consultado el 29 de diciembre de 2007, de http://www.elmundo.es/; **Theo Van Gogh, cineasta y escritor enemigo del Islam**. (2004, 8 de noviembre). *El Mundo*.: Madrid, España. Consultado el 29 de diciembre de 2007, de http://www.elmundo.es/; **Matan a tiros en Holanda a Theo Van Gogh, polémico cineasta que dirigía una película sobre Pim Fortuyn**. (2004, 2 de noviembre). *El Mundo*.: Madrid, España.

Consultado el 29 de diciembre de 2007, de http://www.elmundo.es/; **"No quiero morir, quiero vivir y amo la vida"**. (2008, 18 de febrero). *Infobae*. Buenos Aires, Argentina. Consultado el 18 de febrero de 2008, de http://www.infobae.com/; **Afganistán: senado apoya polémica condena**. (2008, 30 de enero). *British Broadcasting Corporation (BBC)*. Londres, Reino Unido. Recuperado el 30 de junio de 2008, de http://news.bbc.co.uk/hi/spanish/news/; **Defensa islámica de la pena capital; Imán promueve amputaciones y castigos físicos a criminales**. (2007, 19 de diciembre). *El Nuevo Día*. Guaynabo, Puerto Rico. [Versión electrónica]; **Exigen ejecución de maestra**. (2007, 1 de diciembre). *Primera Hora*. Guaynabo, Puerto Rico. [Versión electrónica]; **Asesinan a cineasta holandés**. (2004, 2 de noviembre). *British Broadcasting Corporation (BBC)*. Londres, Reino Unido. Recuperado el 30 de diciembre de 2006, de http://news.bbc.co.uk/hi/spanish/news/; **Gunman kills Dutch film director**. (2004, 2 de noviembre). *British Broadcasting Corporation (BBC)*. Londres, Reino Unido. Recuperado el 30 de diciembre de 2006, de http://news.bbc.co.uk/; **Wikipedia se niega a retirar las imágenes de Mahoma pese a las 180.000 peticiones**. (2008, 15 de febrero). Nueva York, EEUU. *IBLNEWS The Hispanic News Channel*. Consultado el 17 de febrero de 2008, de http://iblnews.com/story.php?id=34984.

[xi]Rosa Escribano. **Sobre el poder de los conjuros**. (2007, 12 de noviembre). *Primera Hora*. Guaynabo, Puerto Rico. [Versión electrónica]; léase además: Lester Jiménez. (2008, 15 de abril) **¿Qué hacer con una camisa maldita?** *Primera Hora*. Guaynabo, Puerto Rico, pp. 88-89.

[xii]Para más información sobre lo anterior, véase: Nelson Gabriel Berríos. **Hay que decirlo; a romper el fufú**. (2006, 29 de marzo). *Primera Hora*.: Guaynabo, Puerto Rico. Recuperado el 29 de marzo de 2006, de http://www.primerahora.com/; además, véanse las siguientes referencias: Maelo Vargas Saavedra. **Fufú para que se vaya**. (2007, 22 de agosto). *El Nuevo Día*.: Guaynabo, Puerto Rico. Recuperado el 30 de octubre de 2007, de http://www.endi.com/; Maribel Hernández Pérez. **Un fufú para Aponte; se repite la historia de Alcaraz**. (2006, 5 de mayo). *Primera Hora*. Guaynabo, Puerto Rico. Recuperado el 5 de mayo de 2006, de http://www.primerahora.com/; Maribel Hernández Pérez. **Denuncia un 'fufú' frente a su casa Director del DTOP**. (2006, 28 de marzo). *Primera Hora*.: Guaynabo, Puerto Rico. Recuperado el 28 de marzo de 2006, de http://www.primerahora.com/; Mabel M. Figueroa. **Cosa seria el hechizo, pero se puede romper con agua dulce**. (2006, 28 de marzo). *Primera Hora*.: Guaynabo, Puerto Rico. Recuperado el 28 de marzo de 2006, de http://www.primerahora.com/; Steve Vickers. **Los brujos vuelven a Zimbabue**. (2006, 3 de junio). *British Broadcasting Corporation (BBC)*. Londres, Reino Unido. Recuperado el 30 de diciembre de 2007, de http://news.bbc.co.uk/hi/spanish/news/; **Espionaje británico recurrió a la astrología para adivinar planes de Hitler**. (2008, 4 de marzo). *Primera Hora*. Guaynabo, Puerto Rico. [Versión electrónica]; Fernando Ravsberg. **Babalaos anuncian año difícil**. (2004, 7 de enero). *British Broadcasting Corporation (BBC)*. Londres, Reino Unido. Recuperado el 30 de diciembre de 2007, de http://news.bbc.co.uk/hi/spanish/news/; Fernando Ravsberg. **Babalaos predicen un año "muy malo"**. (2005, 4 de enero). *British Broadcasting Corporation (BBC)*. Londres, Reino Unido. Recuperado el 30 de diciembre de 2005, de http://news.bbc.co.uk/hi/spanish/news/; Léster Jiménez. (2008, 15 de abril) **¿Qué hacer con una camisa maldita?** *Primera Hora*. Guaynabo, Puerto Rico, pp. 88-89; Léster Jiménez. (2008, 15 de abril). **Es una soberana tontería**. *Primera Hora*. Guaynabo, Puerto Rico, pág.88; Alex Figueroa. (2008, 15 de abril) **¿Miedo yanqui a Boston?** *Primera Hora*. Guaynabo, Puerto Rico, pág.88; Miguel Rivera Puig. **Buscan autor de 'fufú' en Cuartel General**. (2007, 29 de octubre). *El Vocero de Puerto Rico*. San Juan, Puerto Rico. [Versión electrónica]; Manuel Carballal. (2003) **¿Cómo estafan los videntes?** *El Archivo del Crimen*. Consultado el 27 de noviembre de 2003, de http://www.archivodelcrimen.com/article.php?sid=144; Rosa Escribano. **Sobre el poder de los conjuros**. (2007, 12 de noviembre). *Primera Hora*. Guaynabo, Puerto Rico. [Versión electrónica]; Leysa Caro González. **Difícil situación para familiares**. (2007, 19 de octubre). *Primera Hora*. Guaynabo, Puerto Rico. [Versión electrónica].

[xiii]Léster Jiménez. (2008, 15 de abril) **¿Qué hacer con una camisa maldita?** *Primera Hora*. Guaynabo, Puerto Rico, pp. 88-89; Léster Jiménez. (2008, 15 de abril). **Es una soberana tontería**. *Primera Hora*. Guaynabo, Puerto Rico, pág.88; Alex Figueroa. (2008, 15 de abril) **¿Miedo yanqui a Boston?** *Primera Hora*. Guaynabo, Puerto Rico, pág.88.

[xiv]**Espionaje británico recurrió a la astrología para adivinar planes de Hitler**. (2008, 4 de marzo). *Primera Hora*. Guaynabo, Puerto Rico. [Versión electrónica]; léase además: **Buscan en el más allá a Madeleine; familiares de los McCann sugieren valerse de un médium**. (2007, 2 de octubre). *El Nuevo Día*. Guaynabo, Puerto Rico. [Versión electrónica]; **Maddie está en malas**

condiciones. (2007, 12 de octubre). *El Nuevo Día*. Guaynabo, Puerto Rico. Recuperado el 1 de diciembre de 2007, de http://www.elnuevodia.com/.

[xv]**Sudáfrica: licencia para la curandería**. (2004, 9 de septiembre). *British Broadcasting Corporation (BBC)*. Londres, Reino Unido. Recuperado el 30 de diciembre de 2005, de http://news.bbc.co.uk/hi/spanish/news/.

[xvi]**Limbo**. (2007). Enciclopedia Microsoft Encarta Online 2007. *Microsoft Corporation*.: Redmond, WA. [Versión "online" en español]; para saber más sobre el inventado e inexistente limbo de los niños, véase el documento llamado «**La esperanza de salvación para los niños que mueren sin ser bautizados**», el cual ha sido aprobado por el papa Benedicto XVI; además, véase: **La Iglesia Católica elimina el limbo**. (2007, 21 de abril). *British Broadcasting Corporation (BBC)*. Londres, Reino Unido. Recuperado el 30 de diciembre de 2007, de http://news.bbc.co.uk/hi/spanish/news/; **La Iglesia católica determina ahora que el limbo no existe**. (2007, 21 de abril). *Diario Córdoba*. Consultado el 31 de diciembre de 2007, de http://www.diariocordoba.com/noticias/noticia.asp?pkid=316408.

[xvii]Lyons, L. (2005). **Historia de la Tortura**. *Editorial Diana*.: Distrito Federal, México, pág.159; **Inquisición**. (2007). Enciclopedia Microsoft Encarta Online 2007. *Microsoft Corporation*.: Redmond, WA. [Versión "online" en español]; Selser, C. (2004) **¿Qué fue la santa Inquisición?** *Clarín; Historia*. Buenos Aires, Argentina. Recuperado el 18 de agosto de 2007, de http://www.clarin.com/; **Felipe IV, el hermoso**. (2007). Enciclopedia Microsoft Encarta Online 2007. *Microsoft Corporation*.: Redmond, WA. [Versión "online" en español]; **La inquisición no fue tan mala**. (2004, 16 de junio). *British Broadcasting Corporation (BBC)*. Londres, Reino Unido. Recuperado el 30 de diciembre de 2007, de http://news.bbc.co.uk/hi/spanish/news/; Clive Myrie. **Los restos de Juana de Arco**. (2006, 15 de febrero). *British Broadcasting Corporation (BBC)*. Londres, Reino Unido. Recuperado el 30 de diciembre de 2007, de http://news.bbc.co.uk/hi/spanish/news/; Imogen Foulkes. **La última bruja de Europa**. (2007, 22 de septiembre). *British Broadcasting Corporation (BBC)*. Londres, Reino Unido. Recuperado el 30 de diciembre de 2007, de http://news.bbc.co.uk/hi/spanish/news/; Marcelo Justo. **Religión vs. Ciencia: pelea de antaño**. (2008, 15 de enero). *British Broadcasting Corporation (BBC)*. Londres, Reino Unido. Recuperado el 30 de enero de 2008, de http://news.bbc.co.uk/hi/spanish/news/; **Caballeros Templarios**. (2007). Enciclopedia Microsoft Encarta Online 2007. *Microsoft Corporation*.: Redmond, WA. [Versión "online" en español]; **Miguel Servet**. (2007). Enciclopedia Microsoft Encarta Online 2007. *Microsoft Corporation*.: Redmond, WA. [Versión "online" en español].

[xviii]**Génesis 4: 1-11** de la Biblia de los cristianos; **Abel**. (2007). Enciclopedia Microsoft Encarta Online 2007. *Microsoft Corporation*.: Redmond, WA. {Versión electrónica}.

[xix]**Gnosticismo**. (2007). Enciclopedia Microsoft Encarta Online 2007. *Microsoft Corporation*.: Redmond, WA. [Versión "online" en español].

[xx]Marcelo Justo. **Cuatro caras de Dios**. (2006, 14 de septiembre). *British Broadcasting Corporation (BBC)*. Londres, Reino Unido. Recuperado el 13 de octubre de 2007, de http://news.bbc.co.uk/hi/spanish/news/; léase además: **Dios en el banquillo**. (2007, 20 de septiembre). *British Broadcasting Corporation (BBC)*. Londres, Reino Unido. Recuperado el 25 de diciembre de 2007, de http://news.bbc.co.uk/hi/spanish/news/.

[xxi]**Indulgencia**. (2007). Enciclopedia Microsoft Encarta Online 2007. *Microsoft Corporation*.: Redmond, WA. {Versión "online" en español}; véase además: **Martín Lutero**. (2007). Enciclopedia Microsoft Encarta Online 2007. *Microsoft Corporation*.: Redmond, WA. [Versión "online" en español].

[xxii]**Indulgencia**. (2007). Enciclopedia Microsoft Encarta Online 2007. *Microsoft Corporation*.: Redmond, WA. {Versión "online" en español}.

[xxiii]Lutero, M. (1517, 31 de octubre). **Las 95 tesis de Martín Lutero: Disputación acerca de la determinación del valor de las indulgencias**. *Ministerios Vida Eterna*. Consultado el 25 de diciembre de 2007, de http://www.vidaeterna.org/historia/reforma/95_Tesis.htm.

[xxiv]Véanse las acertadas expresiones del Dr. Sigmund Freud, según citadas en: **Sigmund Freud**. (2007). *Sin Dioses*. Consultado el 1 de julio de 2007, de http://www.sindioses.org/frases.html; **Sigmund Freud**. (2007). *Frases y Pensamientos*. Recuperado el 18 de noviembre de 2007, de http://www.frasesypensamientos.com.ar/index.html.

xxv(Énfasis nuestro). José Arsenio Torres. **El matrimonio constitucional: del sacramento al aspaviento**. (2008, 21 de enero). *El Vocero de Puerto Rico*. San Juan, Puerto Rico. [Versión electrónica]; léase, además: **Constantino I el Grande**. (2007). Enciclopedia Microsoft Encarta Online 2007. *Microsoft Corporation*.: Redmond, WA. [Versión "online" en español].

xxviPara ver más detalles sobre esto, léase: Hamilton, A. (s.f.). **El cristianismo y la guerra**. *Enciclopedia y Biblioteca Virtual de las Ciencias Sociales, Económicas y Jurídicas. La sociedad religiosa de los Amigos*. Recuperado el 1 de mayo de 2007, de http://www.eumed.net/amigos/cristianismo_y_la_guerra.htm; **Constantino Emperador; El Edicto de Milán o la tolerancia del cristianismo**. (2007). *Cristianismo Primitivo*. Consultado el 31 de diciembre de 2007, de http://www.cristianismo-primitivo.org/siglo_IV/constantino.htm; Rolando Castillo. (2007). **Constantino, el grande**. *Imperio Bizantino*. Consultado el 31 de diciembre de 2007, de http://www.imperiobizantino.com/constantino_el_grande.html; Beckford, R. (2004). **Who Wrote the Bible?** *Channel 4*: Belfast, Reino Unido. [documental]; José Arsenio Torres. **El matrimonio constitucional: del sacramento al aspaviento**. (2008, 21 de enero). *El Vocero de Puerto Rico*. San Juan, Puerto Rico. [Versión electrónica]; Opinión disidente de la jueza asociada Fiol Matta, en: **Salvá Santiago v. Torres Padró**, 2007 TSPR 101; **Constantino I, el grande**. (2007). Enciclopedia Microsoft Encarta Online 2007. *Microsoft Corporation*.: Redmond, WA. [Versión "online" en español].

xxviiGranoni, R. P. (1964, Tomo XXII). **Pensamiento**. Enciclopedia Jurídica Omeba.: Buenos Aires, Argentina. *Editorial Bibliográfica Argentina*, pág. 23; **La Roma cristiana**. (2007). Silver Spring, MD.: *Discovery Channel, Discovery Communications, LLC*. Consultado el 25 de diciembre de 2007, de http://www.tudiscovery.com/.

xxviii**Napoleón Bonaparte**. (2007). *Sin Dioses*. Consultado el 1 de julio de 2007, de http://www.sindioses.org/frases.html. De otra parte, léase también información pertinente en: **La Roma cristiana**. (2007). Silver Spring, MD.: *Discovery Channel, Discovery Communications, LLC*. Consultado el 25 de diciembre de 2007, de http://www.tudiscovery.com/.

xxix(Énfasis nuestro). **Thomas Paine**. (2007). *Sin Dioses*. Consultado el 1 de julio de 2007, de http://www.sindioses.org/frases.html. De otra parte, sobre las religiones más antiguas, véase: **La Roma cristiana**. (2007). Silver Spring, MD.: *Discovery Channel, Discovery Communications, LLC*. Consultado el 25 de diciembre de 2007, de http://www.tudiscovery.com/.

xxxVéanse las acertadas palabras del político alemán Paul Joseph Goebbels (1897-1945), en: **Citas; la verdad**. (2006, junio). Muy Interesante. *Editorial Televisa Internacional*.: Distrito Federal, México, pág. 56.

xxxiPaul Kenyon & Sandy Smith. (2006, octubre). **Sex, crimes and the Vatican**. [Documental transmitido por cadena de televisión]. *British Broadcasting Corporation (BBC)*. Londres, Reino Unido. Véanse las acertadas palabras del asesor de reyes y príncipes Nicolás Maquiavelo, en: **Nicolás Maquiavelo**. (2007). *Sin Dioses*. Consultado el 1 de julio de 2007, de http://www.sindioses.org/frases.html. Véanse las expresiones del Dr. Albert Einstein (1879 - 1955) según citadas en: **Albert Einstein**. (2006). *Frases de Hoy*. Recuperado el 22 de septiembre de 2006, de http://www.frasedehoy.com/.

xxxiiLéanse las expresiones del Dr. Sigmund Freud, médico-psiquiatra y fundador del psicoanálisis, según citadas en: **Sigmund Freud**. (2006). *Proverbia*. Recuperado el 8 de agosto de 2006, de http://www.proverbia.net/.

xxxiii(Énfasis nuestro). Léanse las explicaciones del Dr. Stephen Hawking, Catedrático de Matemática y Física de la Universidad de Cambridge, Reino Unido, en: Pablo Jáuregui. (2002, 7 de julio) **¿Demostrará que Dios no existe?** *El Mundo*.: Madrid, España. Consultado el 29 de diciembre de 2007, de http://www.elmundo.es/.

xxxivSobre las opiniones del Dr. Richard Dawkins, léase: Richard Dawkins. (2003). **El gen egoísta**. Barcelona. España. *Comunidad Smart*. Consultado el 25 de diciembre de 2007, de http://www.comunidadsmart.es/libros_detalle.php?id=119; Richard Dawkins. (2006). **Frases y pensamientos**. Recuperado el 18 de noviembre de 2007, de http://www.frasesypensamientos.com.ar/index.html; Matthew Wells. (2006, 12 de diciembre). **En el principio, había un museo**. *British Broadcasting Corporation (BBC)*. Londres, Reino Unido. Recuperado el 30 de diciembre de 2007, de http://news.bbc.co.uk/hi/spanish/news/.

xxxv(Énfasis nuestro). Véanse las acertadas palabras del Dr. Gazir Sued, doctor en filosofía y profesor de la Universidad de Puerto Rico, en: Sued, G. (2007, 24 de febrero). **Intolerancia religiosa y derecho**. *El Nuevo Día*. Guaynabo, Puerto Rico. Recuperado el 28 de febrero de 2007, de http://www.adendi.com/. Por su parte, véanse las explicaciones del doctorando Bernat Tort, profesor de la Universidad de Puerto Rico, en: Pedro López Pagán. **"Mi meta es sacar los ateos del clóset"**. (2007, 18 de marzo). *El Nuevo Día*. Guaynabo, Puerto Rico. Recuperado el 30 de marzo de 2007, de http://www.endi.com/. Por último, léanse las palabras de José Saramago, Premio Nobel de Literatura, según citadas en: Glenys Álvarez, Ferney Yesyd Rodríguez & Marcelo Huerta San Martín. (2007). **Frases racionales, de diversos orígenes**. *Sin dioses*. Consultado el 29 de febrero de 2008, de http://www.sindioses.org/principal.html.

xxxviPara ver información más detallada sobre las investigaciones del neurocirujano Wilder Penfield y del Dr. Michael Persinger, léase con detenimiento a: José Gordon. (2007, septiembre) **¿Dios en el cerebro?** Muy Interesante. *Editorial Televisa Internacional*.: Distrito Federal, México, pp. 56-58.

xxxviiPara ver más información sobre este interesante tema, véase: Alicia Noemí Perris. (2005) **Isaac Newton; el misántropo genial.**, Madrid, España.: *Edimat Libros*, pág. 90; Malcolm Neaum [Productor] & Chris Oxley [Director]. (2005). **Newton's Dark Secrets**. Boston, EE.UU: *Nova; British Broadcasting Corporation (BBC)*. Londres, Reino Unido. [Documental]; **Servet y la circulación pulmonar; nuevas ideas desde la libertad**. (2003, 1 de diciembre). Muy Interesante. *Editorial Televisa Internacional*.: Distrito Federal, México, pp. 69-70; **La Roma cristiana**. (2007). Silver Spring, MD.: *Discovery Channel, Discovery Communications, LLC*. Consultado el 25 de diciembre de 2007, de http://www.tudiscovery.com/; Testigos de Jehová defendidos. (s.f.). **Desde el Concilio de Nicea hasta nuestros tiempos**. Consultado el 15 de mayo de 2007, de http://www.tjdefendidos.org/trinidad/historia.htm; Testigos de Jehová defendidos. (s.f.). **La historia antes del Concilio de Nicea: Tertuliano no creía que Jesús fuera igual a Dios**. Consultado el 15 de mayo de 2007, de http://www.tjdefendidos.org/trinidad/tertuliano.htm; Julio César Clavijo. (2004, 9 de agosto). **Juan 1: 1-2 y el Logos - El Verbo o la Palabra**. *Ilustrados*. Recuperado el 15 de marzo de 2007, de http://www.ilustrados.com/publicaciones/EpAkEppAyubknlPGuO.php; Watch Tower Bible and Tract Society of Pennsylvania. (2007) **¿Quién es Jesucristo? ¿Es Jesús el Dios todopoderoso?** Consultado el 31 de diciembre de 2007, de http://www.watchtower.org/s/20050915/diagram_01.htm; Anna Hamilton. (s.f.). **El cristianismo y la guerra**. *La sociedad religiosa de los Amigos*. Málaga, España. Consultado el 31 de diciembre de 2007, de http://www.eumed.net/amigos/cristianismo_y_la_guerra.htm; véase, además: Peter Joseph. [Director]. (2007). **Zeitgeist, the Movie**. Consultado el 25 de diciembre de 2007, de http://www.zeitgeistmovie.com/statement.htm.[Documental]; Jaume de Marcos. (2006). **Fragmentos de las obras de Miguel Servet**. *Unitaria Universalista*. Barcelona, España. Consultado el 31 de diciembre de 2007, de http://www.uuhispano.net/textos/Citas_Servet.PDF; Miguel Servet. (2002). **Los Monegros**; *Centro de Interpretación*. Consultado el 31 de diciembre de 2007, de http://miguelservet.monegros.net/serveto/serveto.html; **Concilios de Nicea**. (2007). Enciclopedia Microsoft Encarta Online 2007. *Microsoft Corporation*.: Redmond, WA. [Versión "online" en español].

xxxviii(Subrayado nuestro). Alicia Noemí Perris. (2005) **Isaac Newton; el misántropo genial**. Madrid, España.: *Edimat Libros*, pág.90; véase además: Malcolm Neaum [Productor] & Chris Oxley [Director]. (2005). **Newton's Dark Secrets**. Boston, EE.UU: *Nova; British Broadcasting Corporation (BBC)*. Londres, Reino Unido. [Documental].

xxxix(Subrayado nuestro). Léanse las acertadas palabras del teólogo y científico español Miguel Servet, según se citan en: Jaume de Marcos. (2006). **Fragmentos de las obras de Miguel Servet**. *Unitaria Universalista*. Barcelona, España. Consultado el 31 de diciembre de 2007, de http://www.uuhispano.net/textos/Citas_Servet.PDF.

xl(Énfasis nuestro). No dejen de leer sobre este particular a: **Miguel Servet**. (2002). *Los Monegros; Centro de Interpretación*. Consultado el 31 de diciembre de 2007, de http://miguelservet.monegros.net/serveto/serveto.html; además, léase a: **Servet y la circulación pulmonar; nuevas ideas desde la libertad**. (2003, 1 de diciembre). Muy Interesante. *Editorial Televisa Internacional*.: Distrito Federal, México, pp. 69-70; **Miguel Servet**. (2007). Enciclopedia Microsoft Encarta Online 2007. *Microsoft Corporation*.: Redmond, WA. [Versión "online" en español].

xliVéanse las palabras del Dr. Albert Einstein, según se citan en: Arenas, A. (2005). **Albert Einstein**. Madrid, España.: *Edimat Libros*, pág. 16.

[xlii](Énfasis nuestro). Sobre todo esto, véase la investigación realizada por el Dr. Robert Beckford, profesor de la Oxford Brookes University, en el Reino Unido, en: Robert Beckford [investigador y presentador] & David Balty [productor]. (2007, 25 de diciembre). **The Hidden Story of Jesus**. [Documental transmitido por cadena de televisión]. Belfast.: Reino Unido. *Channel 4*. Consultado el 29 de diciembre de 2007, de http://www.channel4.com/. Además, no dejen de leer las siguientes referencias: **Mitraísmo**. (2007). Enciclopedia Microsoft Encarta Online 2007. *Microsoft Corporation*.: Redmond, WA. [Versión electrónica]; **Krishna**. (2007). Enciclopedia Microsoft Encarta Online 2007. *Microsoft Corporation*.: Redmond, WA. {Versión "online"}; Acharya, S. (2001). **The Origins of Christianity and the Quest for the Historical Jesus Christ**. *Miami Dade College*. Florida, EEUU. Consultado el 31 de diciembre de 2007, de http://faculty.mdc.edu/jmcnair/Joe18pages/origins_of_christianity_and_the_.htm; Freke, T. & Gandy, P. (1999). **The Jesus Mysteries**. Nueva York, EEUU: *Harmony Books*, pág.5; Kyle Butt & Bert Thompson. (2001). **Jesucristo— ¿salvador singular o un fraude común?** [Parte 1]. Montgomery, Alabama.: *Apologetics Press*. Consultado el 25 de diciembre de 2007, de http://www.apologeticspress.org/espanol/articulos/3395; **La creación de un híbrido y del «Judeotergiversación» pagano cristiano**. (2007). Paraguay: *Asociación Paraguaya Racionalista*. Consultado el 25 de diciembre de 2007, de http://www.apra.org.py/articulos.php?id=60&sub=1; Adela Kaufmann. (traductora). **Los orígenes paganos de Jesús Cristo y la cristiandad**. (2007). *Biblioteca Pléyades*. Consultado el 17 de noviembre de 2007, de http://www.bibliotecapleyades.net/biblianazar/esp_biblianazar_44.htm; Brian J. Kiely. (2004). **The Pagan Christ**. Edmonton, Canada.: *Unitarian Church of Edmonton*. Consultado el 25 de diciembre de 2007, de http://www.uce.ca/ministry/sermon_archive/kiely/20040516paganchrist.htm; Erica L. Cox & Wade Cox. (2006).**Why we don't celebrate Christmas**. Woden, Australia. *Christian Churches of God*. Consultado el 25 de diciembre de 2007, de http://www.ccg.org/english/c/cb024.html; Peter Joseph. [Director]. (2007). **Zeitgeist, the Movie**. Consultado el 25 de diciembre de 2007, de http://www.zeitgeistmovie.com/statement.htm.[Documental]; **Vishnu**. (2007). Enciclopedia Microsoft Encarta Online 2007. *Microsoft Corporation*.: Redmond, WA. {Versión "online" en inglés}; **Osiris**. (2007). Enciclopedia Microsoft Encarta Online 2007. *Microsoft Corporation*.: Redmond, WA. [Versión "online" en español]; Francisco López & Rosa Thode. (2006). **El Panteón: Isis**. *La Tierra de los Faraones, Egiptología*. Consultado el 25 de diciembre de 2007, de http://www.egiptologia.org/; Francisco López & Rosa Thode. (2006). **El Panteón: Osiris**. *La Tierra de los Faraones, Egiptología*. Consultado el 25 de diciembre de 2007, de http://www.egiptologia.org/; Francisco López & Rosa Thode. (2006). **El Panteón: Horus**. La Tierra de los Faraones, Egiptología. Consultado el 25 de diciembre de 2007, de http://www.egiptologia.org/; Eliyahu BaYonah. (s.f.). **Jesús en el Talmud, Serie: ¿Por qué un judío no cree en Jesús? -13**. Monsey, New York.: *Shalom Haverim*. Consultado el 25 de diciembre de 2007, de http://www.shalomhaverim.org/; **Resurrección**. (2007). Enciclopedia Microsoft Encarta Online 2007. *Microsoft Corporation*.: Redmond, WA. [Versión "online" en español]; Martin, M., Mackinnon-Robertson, J. & Wells, G.A. (1996). **The Jesus Legend**. Chicago, EEUU. *Open Court*, p xii.

[xliii](Subrayado nuestro). Eliyahu BaYonah. (s.f.). **Jesús en el Talmud, Serie: ¿Por qué un judío no cree en Jesús? -13**. Monsey, New York.: *Shalom Haverim*. Consultado el 25 de diciembre de 2007, de http://www.shalomhaverim.org/; léase, además: **Judaísmo**. (2007). Enciclopedia Microsoft Encarta Online 2007. *Microsoft Corporation*.: Redmond, WA. [Versión "online" en español].

[xliv]**¿La tumba perdida de Jesús?** (2007, 27 de febrero). *British Broadcasting Corporation (BBC)*. Londres, Reino Unido. Recuperado el 25 de diciembre de 2007, de http://news.bbc.co.uk/hi/spanish/news/; **El sepulcro olvidado de Jesús**; el programa (2007). Silver Spring, MD.: *Discovery Channel, Discovery Communications, LLC*. Consultado el 25 de diciembre de 2007, de http://www.tudiscovery.com/elsepulcroolvidadodejesus/programa/index.shtml; **El sepulcro olvidado de Jesús; las evidencias**. (2007). Silver Spring, MD.: *Discovery Channel, Discovery Communications, LLC*. Consultado el 25 de diciembre de 2007, de http://www.tudiscovery.com/; **María Magdalena, tabú**. (2005, 22 de diciembre). *British Broadcasting Corporation (BBC)*. Londres, Reino Unido. Recuperado el 25 de diciembre de 2007, de http://news.bbc.co.uk/hi/spanish/news/; **La huella más antigua de Jesús**. (2002, 22 de octubre). *British Broadcasting Corporation (BBC)*. Londres, Reino Unido. Recuperado el 25 de diciembre de 2007, de http://news.bbc.co.uk/hi/spanish/news/; véase, además, la investigación realizada por el Dr. Robert Beckford, profesor de la Oxford Brookes University, en el Reino Unido, en: Robert Beckford [investigador y presentador] & David Balty [productor]. (2007, 25 de diciembre). **The Hidden Story of Jesus**. [Documental transmitido por cadena de televisión]. Belfast.: Reino Unido. *Channel 4*.

Consultado el 29 de diciembre de 2007, de http://www.channel4.com/; Ortega-Vélez, R. (1998). **Sobre...la violencia doméstica**. San Juan, Puerto Rico.: *Ediciones Scisco*, pp. 28-29;

[xlv](Énfasis nuestro). Rafael Muñoz Saldaña. (2007, septiembre). **Desde el infierno**. Muy Interesante. *Editorial Televisa Internacional.*: Distrito Federal, México, pág.42; léase, además: Rafael Muñoz Saldaña. (2007, septiembre). **Los demonios de Loudun**. Muy Interesante. *Editorial Televisa Internacional.*: Distrito Federal, México, pág.44; **Diablo**. (2007). Enciclopedia Microsoft Encarta Online 2007. *Microsoft Corporation.*: Redmond, WA. [Versión "online" en español]; **Demonio**. (2007). Enciclopedia Microsoft Encarta Online 2007. *Microsoft Corporation.*: Redmond, WA. [Versión "online" en español].

[xlvi](Énfasis nuestro). **Diablo**. (2007). Enciclopedia Microsoft Encarta Online 2007. *Microsoft Corporation.*: Redmond, WA. [Versión "online" en español].

[xlvii](Énfasis nuestro). **Demonio**. (2007). Enciclopedia Microsoft Encarta Online 2007. *Microsoft Corporation.*: Redmond, WA. [Versión "online" en español]; **Infierno**. (2007). Enciclopedia Microsoft Encarta Online 2007. *Microsoft Corporation.*: Redmond, WA. [Versión "online" en español].

[xlviii]Rafael Muñoz Saldaña. (2007, septiembre). **Desde el infierno**. Muy Interesante. *Editorial Televisa Internacional.*: Distrito Federal, México, pág.42.

[xlix]**Caballeros Templarios**. (2007). Enciclopedia Microsoft Encarta Online 2007. *Microsoft Corporation.*: Redmond, WA. [Versión "online" en español]; Sergio Mora. (2007, 5 de octubre). **Publican "Procesos contra Templarios"**. *British Broadcasting Corporation (BBC)*. Londres, Reino Unido. Recuperado el 30 de diciembre de 2007, de http://news.bbc.co.uk/hi/spanish/news/; **Felipe IV, el hermoso**. (2007). Enciclopedia Microsoft Encarta Online 2007. *Microsoft Corporation.*: Redmond, WA. [Versión "online" en español]. Véanse, además, las siguientes referencias: Rafael Muñoz Saldaña. (2007, septiembre). **El modelo de Barba Azul**. Muy Interesante. *Editorial Televisa Internacional.*: Distrito Federal, México, pág.42; Rafael Muñoz Saldaña. (2007, septiembre). **Los demonios de Loudun**. Muy Interesante. *Editorial Televisa Internacional.*: Distrito Federal, México, pág.44.

[l]Para ver con más detalle los mandamientos satánicos inventados por el Papa Negro Szandor LaVey, Padre de la Iglesia de Satán, véase: Rafael Muñoz Saldaña. (2007, septiembre). **Los nueve mandamientos satánicos**. Muy Interesante. *Editorial Televisa Internacional.*: Distrito Federal, México, pág.48.

[li]Léanse las acertadas explicaciones del Dr. Friedrich Wilhelm Nietzsche (1844-1900), en: **Friedrich Wilhelm Nietzsche**. (2006). *Proverbia*. Recuperado el 8 de agosto de 2006, de http://www.proverbia.net/. (Subrayado nuestro). Para un poco más de información sobre esto que estamos explicando, no dejen de ver el siguiente documental: Peter Joseph. [Director]. (2007). **Zeitgeist, the Movie**. Consultado el 25 de diciembre de 2007, de http://www.zeitgeistmovie.com/statement.htm. [Documental]; además, léase: **¿Cuáles fueron los dioses grecorromanos?** (2006, junio). Muy Interesante. *Editorial Televisa Internacional.*: Distrito Federal, México, pp. 64-65.

[lii](Subrayado nuestro). Respecto a esta interesante cuestión, léase con detenimiento la siguiente referencia: Instituto Latinoamericano de la Comunicación Educativa. (s.f.). **La evolución del ser humano**. *Red Escolar*. Distrito Federal, México. Recuperado el 19 de mayo de 2007, de http://redescolar.ilce.edu.mx/redescolar/act_permanentes/historia/histdeltiempo/mundo/prehis/t_evolu.htm.

[liii]Carlos Mendoza. (2003). **Violencia colectiva en Guatemala: una aproximación teórica al problema de los linchamientos**. *University of Notre Dame*. Recuperado el 22 de septiembre de 2006, de http://www.nd.edu/~cmendoz1/linchamientos.pdf; léase, además: Roberto Rexach Benítez. **Adán, Eva y otros orangutanes**. (2008, 28 de febrero). *El Vocero de Puerto Rico*. San Juan, Puerto Rico. [Versión electrónica].

[liv](Énfasis nuestro). Véanse las palabras del Lcdo. Fidel Cordero, autor del magnífico libro titulado **Sigmund Freud; el escepticismo de un romántico**, en donde explica, en síntesis, la teoría esbozada por el afamado biólogo británico Charles Robert Darwin. En ese sentido, no dejen de leer a: Fidel Cordero. (2004). **Sigmund Freud; el escepticismo de un romántico**. *Ediciones Dastin.*: Madrid, España, pág.34; léase, además: Roberto Rexach Benítez. **Adán, Eva y otros orangutanes**. (2008, 28 de febrero). *El Vocero de Puerto Rico*. San Juan, Puerto Rico. [Versión electrónica].

[lv]Véanse las expresiones del Dr. Charles Robert Darwin (1809 - 1882), biólogo británico que sentó las bases de la Teoría de la Evolución a través de la selección natural, en: Luis Señor. (2000). **Diccionario de citas** (2a.ed.). Madrid, España.: *Espasa Calpe*, pág. 59; léase, además: Roberto Rexach Benítez. **Adán, Eva y otros orangutanes**. (2008, 28 de febrero). *El Vocero de Puerto Rico*. San Juan, Puerto Rico. [Versión electrónica].

[lvi](Subrayado nuestro). Nótese claramente lo subrayado: órgano complejo. Véanse las palabras de Charles Robert Darwin (1809 - 1882), biólogo británico que sentó las bases de la Teoría de la Evolución a través de la selección natural, en: **Charles Darwin**. (s.f.). *Hispaciencia*. Consultado el 31 de diciembre de 2007, de http://www.hispaciencia.com/index.php.

[lvii]Véanse las palabras del filósofo, poeta y filólogo alemán Dr. Federico Nietzsche (1844-1900), en: **Federico Nietzsche**. (2006). *Frases de Hoy*. Recuperado el 22 de septiembre de 2006, de http://www.frasedehoy.com/.

[lviii](Énfasis nuestro). Véanse las palabras del gran pintor, ingeniero, inventor, arquitecto, dibujante, maestro de ceremonias y asesor de duques, reyes y príncipes Leonardo Da Vinci (1452-1519), en: Leonardo de Vinci. (1949). **Breviario de Leonardo da Vinci**. (2a. ed., con selección, traducción, prólogo y epílogo por D. José de España).Buenos Aires, Argentina.: *Editorial El Ateneo*, 346 págs; [Versión electrónica preparada por Patricio Barros. (2001, abril). Libros Maravillosos; Serie Interesante. Recuperado el 18 de agosto de 2006, de http://fisicarecreativa.net/breviario/index.html.].

[lix]Pedro López Pagán. **"Mi meta es sacar los ateos del clóset"**. (2007,18 de marzo). *El Nuevo Día*. Guaynabo, Puerto Rico. Recuperado el 30 de marzo de 2007, de http://www.endi.com/; Manuel Carballal. (2003) **¿Cómo estafan los videntes?** *El Archivo del Crimen*. Consultado el 27 de noviembre de 2003, de http://www.archivodelcrimen.com/article.php?sid=144; **Astrología**. (2007). Enciclopedia Microsoft Encarta Online 2007. *Microsoft Corporation*.: Redmond, WA. [Versión "online" en español].

[lx]Rukmini. (2008, 12 de abril). **Las estrellas de Rukmini**. *Primera Hora*. Guaynabo, Puerto Rico, pág. 49.

[lxi]Walter Mercado. (2008, 21 de abril). **Horóscopo**. *El Nuevo Día; Por Dentro*. Guaynabo, Puerto Rico, pág. 11; Walter Mercado. (2008, 23 de abril). **Horóscopo**. *El Nuevo Día, Por Dentro*. Guaynabo, Puerto Rico, pág 14.

[lxii]**Astrología**. (2007). Enciclopedia Microsoft Encarta Online 2007. *Microsoft Corporation*.: Redmond, WA. [Versión "online" en español]; léase, además: Manuel Carballal. (2003) **¿Cómo estafan los videntes?** *El Archivo del Crimen*. Consultado el 27 de noviembre de 2003, de http://www.archivodelcrimen.com/article.php?sid=144; Pedro López Pagán. **"Mi meta es sacar los ateos del clóset"**. (2007,18 de marzo). *El Nuevo Día*. Guaynabo, Puerto Rico. Recuperado el 30 de marzo de 2007, de http://www.endi.com

[lxiii](Énfasis nuestro). Véanse las fabulosas palabras del filósofo alemán Dr. Friedrich Wilhelm Nietzsche (1844-1900), en: Friedrich Wilhelm Nietzsche. (2004). **El gran libro de las citas y frases célebres**. Distrito Federal, México.: *Grupo Editorial Diana*, pág.375; y las acertadas palabras del poeta italiano Silio Itálico (25-101) en: **Silio Itálico**. (2004). **El gran libro de las citas y frases célebres**. Distrito Federal, México.: *Grupo Editorial Diana*, pág. 299.

[lxiv]**Suspenden vista de sentencia por Asume**. (2006, 26 de enero). *Primera Hora*. Guaynabo, Puerto Rico. Recuperado el 26 de enero de 2006, de http://www.primerahora.com/; Andrea Martínez. **Sentencias en desvío a padres por 'ofrendar' 2 hijas**. (2006,16 de marzo). *El Nuevo Día*. Guaynabo, Puerto Rico. Recuperado el 16 de marzo de 2006, de http://www.endi.com/; Firuzeh Shokooh Valle. (2004, 22 de marzo). **Ungía quinceañeras; rito del pastor arrestado**. *Primera Hora*. Guaynabo, Puerto Rico. [Versión Electrónica]; Firuzeh Shokooh Valle. (2004, 29 de marzo). **Dramático relato de una víctima del pastor**. *Primera Hora*. Guaynabo, Puerto Rico. [Versión electrónica]; **Policía allana templo polígamo en Texas; buscan a niña que denunció abusos**. (2008, 7 de abril). *Primera Hora*. Guaynabo, Puerto Rico, pág. 58; **El secreto de los sacrificios incas**. (2007, 3 de octubre). *British Broadcasting Corporation (BBC)*. Londres, Reino Unido. Recuperado el 30 de diciembre de 2007, de http://news.bbc.co.uk/hi/spanish/news/; Denise Grady. **Recibe visitas la doncella inca**. (2007, 17 de septiembre). *The New York Times, El Nuevo Día*. Guaynabo, Puerto Rico. Recuperado el 30 de septiembre de 2007, de http://www.endi.com/; **Tras niña, obligada a casarse**. (2008, 10 de abril). *Primera Hora*. Guaynabo, Puerto Rico, pág. 63

[lxv]**Condenan a una mujer a dos años de cárcel por apostatar del Islam en Malasia**. (2008, 13 de marzo). *El Diario de León.*: León, España. Consultado el 11 de abril de 2008, de http://www.diariodeleon.es/.

[lxvi]**Judaísmo**. (2007). Enciclopedia Microsoft Encarta Online 2007. *Microsoft Corporation.*: Redmond, WA. [Versión "online" en español].

[lxvii]Friedrich Wilhelm Nietzsche. (2004). **El gran libro de las citas y frases célebres**. Distrito Federal, México.: *Grupo Editorial Diana*, pág.375.

[lxviii]Léanse con detenimiento las palabras del Prof. Guillermo Morales Díaz, filósofo y catedrático de la Universidad Nacional Autónoma de México, en: **El principio teológico del todo origen divino**. (2006, enero). Muy Interesante. *Editorial Televisa Internacional.*: Distrito Federal, México, pág.90.

[lxix](Énfasis nuestro). Sara Cuadrado. (2004). **Galileo**. Madrid, España.: *Edimat Libros*, pág. 59.

[lxx]**Stephen Hawking dice que Juan Pablo II le pidió que no estudiara el origen del Universo**. (2006, 15 de junio). *20minutos*. Madrid. España. Recuperado el 20 de enero de 2008, de http://www.20minutos.es/.

[lxxi]**Nicolás Copérnico y la teoría heliocéntrica**. (2005). *Astronomía Educativa; Tierra, Sistema Solar y Universo*. Consultado el 31 de diciembre de 2007, de http://www.astronomia.com/biografias/copernico.htm.

[lxxii]Véanse las expresiones del afamado Dr. Stephen Hawking, astrofísico y Catedrático de la Universidad de Cambridge, en: **Stephen Hawking dice que Juan Pablo II le pidió que no estudiara el origen del Universo**. (2006, 15 de junio). *20minutos*. Recuperado el 20 de enero de 2007, de http://www.20minutos.es/noticia/131384/0/cosmologia/Hawking/iglesia/; **Rechaza Iglesia Católica uso de células madre de embriones humanos**. (2008, 13 de junio). Chihuahua, México.: *El Diario, Publicaciones Paso del Norte*. Recuperado el 12 de agosto de 2008, de http://www.diario.com.mx/.

[lxxiii]**Rechaza Iglesia Católica uso de células madre de embriones humanos**. (2008, 13 de junio). Chihuahua, México.: *El Diario, Publicaciones Paso del Norte*. Recuperado el 11 de agosto de 2008, de http://www.diario.com.mx/; **US bishops reject stem - cell research**. (2008, 14 de junio). Maroochydore, Australia.: *Sunshine Coast Daily*. Información consultada el 11 de agosto de 2008, de http://www.thedaily.com.au/news/2008/jun/14/aap-us-bishops-reject-stem-cell-research/.

[lxxiv](Subrayado nuestro). Sara Cuadrado. (2004). **Galileo**. Madrid, España.: *Edimat Libros*, pp. 70-71.

[lxxv]Sara Cuadrado. (2004). **Galileo**. Madrid, España.: *Edimat Libros*, pp. 131-132.

[lxxvi]Renato Castellani [director]. (2003). **The life of Leonardo Da Vinci; the most brilliant mind in history**: Roma, Italia. *Questar*. [documental]; Lyons, L. (2005). **Historia de la tortura**. *Editorial Diana*.: Distrito Federal, México, pág.159.

[lxxvii]Gladys Nieves Ramírez.**'Obra satánica disfrazada'**. (2006, 4 de diciembre). *El Nuevo Día*. Guaynabo, Puerto Rico. Recuperado el 31 de diciembre de 2006, de http://www.adendi.com/; Gladys Nieves Ramírez. **El paño negro**. (2006,4 de diciembre). *El Nuevo Día*. Guaynabo, Puerto Rico. Recuperado el 31 de diciembre de 2006, de http://www.adendi.com/.

[lxxviii]**Visto para sentencia juicio apelación a revista por caricaturas de Mahoma**. (2008, 23 de enero).*Terra, Noticias*. Madrid, España. Recuperado el 3 de abril de 2008, de http://www.terra.com/noticias/; **EEUU denuncia la condena a un periodista bielorruso por caricatura de Mahoma**. (2008, 24 de enero).*Terra, Noticias*. Madrid, España. Recuperado el 3 de abril de 2008, de http://www.terra.com/noticias/; **Islamic Sharia Law in Iran Executes Two Boys for Sin and Crime of Being Gay**. (2005). *Flameout*. Consultado el 29 de febrero de 2008, de http://www.flameout.org/flameout/flyer1.html; **Comienza juicio contra cinco homosexuales egipcios acusados de libertinaje**. (2008, 13 de marzo). *Primera Hora*. Guaynabo, Puerto Rico. [Versión electrónica]; **Visto para sentencia juicio apelación a revista por caricaturas de Mahoma**. (2008, 23 de enero).*Terra, Noticias*. Madrid, España. Recuperado el 3 de abril de 2008, de http://www.terra.com/noticias/; **Asesinan a cineasta holandés**. (2004, 2 de noviembre). *British Broadcasting Corporation (BBC)*. Londres, Reino Unido. Recuperado el 30 de diciembre de 2007, de http://news.bbc.co.uk/hi/spanish/news/; **Theo Van Gogh, cineasta y escritor enemigo del Islam**. (2004, 8 de noviembre). *El Mundo.*: Madrid, España. Consultado el 29 de diciembre de 2006, de http://www.elmundo.es/; **HRW pide al rey saudí que impida ejecución de una mujer**

acusada de brujería. (2008, 14 de febrero). *Terra, Noticias*. Madrid, España. Recuperado el 3 de abril de 2008, de http://www.terra.com/noticias/.

[lxxix](Subrayado nuestro). Sin embargo, sépase que la estrategia usada por muchos de los líderes religiosos no ha dado gran resultado, pues cientos de miles de feligreses han ido a ver la película a los cines y/o han leído la novela. Para más información sobre esto, véase el fabuloso artículo escrito por el artista Silverio Pérez, en: Pérez., S. (2006, 6 de junio). **El Código Da Aquí**. *El Nuevo Día*. San Juan, Puerto Rico. Recuperado el 6 de junio de 2006, de http://www.endi.com/; además, léase: **Hanks reacciona ante las críticas**. (2006, 12 de mayo). *British Broadcasting Corporation (BBC)*. Londres, Reino Unido. Recuperado el 30 de diciembre de 2006, de http://news.bbc.co.uk/hi/spanish/news/; **Cardenal critica el Código Da Vinci**. (s.f.). *British Broadcasting Corporation (BBC)*. Londres, Reino Unido. Recuperado el 30 de diciembre de 2007, de http://news.bbc.co.uk/hi/spanish/news/.

[lxxx](Subrayado nuestro). **Índice de libros prohibidos**. (2007). Enciclopedia Microsoft Encarta Online 2007. *Microsoft Corporation*.: Redmond, WA. {Versión "online" en español}; **Jean-Paul Sartre; la náusea de saberse libre**. (2008). *La Central*. Barcelona, España. Información consultada el 27 de abril de 2008, de http://www.lacentral.com/recorridos?idr=197.

[lxxxi]**¡A la hoguera con Harry Potter!** (2002, 1 de enero). *British Broadcasting Corporation (BBC)*. Londres, Reino Unido. Recuperado el 25 de diciembre de 2007, de http://news.bbc.co.uk/hi/spanish/news/.

[lxxxii]Erik Eckhol. **El cruel poder de la poligamia; una secta de Utah ha desterrado a cientos de varones adolescentes. (**2007, 14 de septiembre). *The New York Times, El Nuevo Día*.: Guaynabo, Puerto Rico. Recuperado el 30 de julio de 2008, de http://www.endi.com/.

[lxxxiii]**Irán prohíbe novela de García Márquez**. (2007, 16 de noviembre). *British Broadcasting Corporation (BBC)*. Londres, Reino Unido. Recuperado el 30 de diciembre de 2007, de http://news.bbc.co.uk/hi/spanish/news/; **EEUU denuncia la condena a un periodista bielorruso por caricatura de Mahoma**. (2008,24 de enero). *Terra, Noticias*. Madrid, España. Recuperado el 3 de abril de 2008, de http://www.terra.com/noticias/; Khan, R. (2006,18 de febrero). **1 millón por matar al caricaturista**. *El Nuevo Día*. Guaynabo, Puerto Rico. Recuperado el 18 de febrero de 2006, de http://www.endi.com/; **EEUU denuncia la condena a un periodista bielorruso por caricatura de Mahoma**. (2008, 24 de enero). *Terra, Noticias*. Madrid, España. Recuperado el 3 de abril de 2008, de http://www.terra.com/noticias/; **Visto para sentencia juicio apelación a revista por caricaturas de Mahoma**. (2008, 23 de enero).*Terra, Noticias*. Madrid, España. Recuperado el 3 de abril de 2008, de http://www.terra.com/noticias/; **$25 mil por la cabeza de caricaturista de Mahoma**. (2006, 17 de febrero). *Primera Hora*. Guaynabo, Puerto Rico. Recuperado el 17 de febrero de 2006, de http://www.primerahora.com/; **Cae un complot para matar al autor de las viñetas de Mahoma**. (2008, 12 de febrero). *Reuters*. South Colonnade, Canary Wharf, London. Recuperado el 1 de agosto de 2008, de http://lta.today.reuters.com/.

[lxxxiv]José Fernández Colón. **Religioso fustiga la 'compra' de óvulos**. (2007, 8 de octubre). *El Nuevo Día*. Guaynabo, Puerto Rico. [Versión electrónica].

[lxxxv]Frances Harrison. **Irán: prohibido llevar maquillaje y sombrero**. (2007, 12 de noviembre). *British Broadcasting Corporation (BBC)*. Londres, Reino Unido. Recuperado el 30 de diciembre de 2007, de http://news.bbc.co.uk/hi/spanish/news/; Massoud A. Derhally. **Reclaman su derecho a conducir**. (2007, 21 de septiembre). *Bloomberg, El Nuevo Día*. Guaynabo, Puerto Rico. Recuperado el 30 de septiembre de 2007, de http://www.adendi.com/.

[lxxxvi](Énfasis nuestro). Para ver en más detalle lo que venimos discutiendo, léase: Renato Castellani [director]. (2003). **The life of Leonardo Da Vinci; the most brilliant mind in history**: Roma, Italia. *Questar*. [documental]; **Polémica en Viena por cuadro de Jesús**. (2008, 8 de abril). *Primera Hora*. Guaynabo, Puerto Rico, pág. 37; **Atacan La Revelación**. (2006, 2 de marzo). *British Broadcasting Corporation (BBC)*. Londres, Reino Unido. Recuperado el 30 de diciembre de 2007, de http://news.bbc.co.uk/hi/spanish/news/; **Ponen una bomba en el camerino de Leo**. (2006). *20minutos*. Madrid. España. Recuperado el 20 de enero de 2008, de http://www.20minutos.es/; **En defensa de la Madonna en bikini**. (2001, 29 de mayo). *British Broadcasting Corporation (BBC)*. Londres, Reino Unido. Consultado el 30 de diciembre de 2007, de http://news.bbc.co.uk/hi/spanish/news/; **Causa indignación Virgen con bikini**. (2001, 6 de abril). *British Broadcasting Corporation (BBC)*. Londres, Reino Unido. Consultado el 30 de diciembre de 2007, de http://news.bbc.co.uk/hi/spanish/news/.

lxxxvii(Énfasis nuestro). **Confirman la destrucción de los Budas**. (2001, 13 de marzo). *La Nación*. Buenos Aires, Argentina. Información consultada el 31 de diciembre de 2007, de http://www.lanacion.com.ar/; **La ONU condena al Talibán**. (2001, 10 de marzo). *British Broadcasting Corporation (BBC)*. Londres, Reino Unido. Recuperado el 30 de diciembre de 2007, de http://news.bbc.co.uk/hi/spanish/news/; **Annan: "Talibán se perjudica"**. (2001, 11 de marzo). *British Broadcasting Corporation (BBC)*. Londres, Reino Unido. Recuperado el 30 de diciembre de 2007, de http://news.bbc.co.uk/hi/spanish/news/; **Borrar el pasado**. (2001, 10 de marzo). *British Broadcasting Corporation (BBC)*. Londres, Reino Unido. Recuperado el 30 de diciembre de 2007, de http://news.bbc.co.uk/hi/spanish/news/; **Talibán: guerra sin cuartel a las estatuas**. (2001, 2 de marzo). *British Broadcasting Corporation (BBC)*. Londres, Reino Unido. Recuperado el 30 de diciembre de 2007, de http://news.bbc.co.uk/hi/spanish/news/; **Destrucción de budas casi completa**. (2001, 10 de marzo). *British Broadcasting Corporation (BBC)*. Londres, Reino Unido. Recuperado el 30 de diciembre de 2007, de http://news.bbc.co.uk/hi/spanish/news/; **Talibán: barrer con las estatuas**. (2001). *British Broadcasting Corporation (BBC)*. Londres, Reino Unido. Recuperado el 30 de diciembre de 2007, de http://news.bbc.co.uk/hi/spanish/news/.

lxxxviiiLight, D., Keller, S. & Calhoun, C. (1991). **Sociología** (5a. ed.). Bogotá, Colombia.: *McGraw-Hill*, pág. 523.

lxxxixVéase más detalle sobre esto en: **Cruzadas**. (2007). Enciclopedia Microsoft Encarta Online 2007. *Microsoft Corporation*.: Redmond, WA. [Versión "online" en español]; **Las Cruzadas**. (2007). *Biblioteca Dominico-Virtual*. Consultado el 3 de abril de 2007, de http://www.bibliotecavirtual.com.do/Historia/LasCruzadas.htm; José Salto. **Las Cruzadas**. (s.f.). *Monografías*. Recuperado el 23 de febrero de 2007, de http://www.monografias.com/; Antonio Gershenson. (2007, 25 de marzo). **La campaña de la derecha**. *La Jornada. Ciudad de México, México*. Recuperado el 14 de septiembre de 2007, de http://www.jornada.unam.mx/; véase, además, la investigación realizada por el Dr. Robert Beckford, profesor de la Oxford Brookes University, en el Reino Unido, en: Robert Beckford [investigador y presentador] & David Balty [productor]. (2007, 25 de diciembre). **The Hidden Story of Jesus**. [Documental transmitido por cadena de televisión].Belfast.: Reino Unido. *Channel 4*. Consultado el 29 de diciembre de 2007, de http://www.channel4.com/; **Saladino I**. (2007). Enciclopedia Microsoft Encarta Online 2007. *Microsoft Corporation*.: Redmond, WA. [Versión "online" en español]; **Reino latino de Jerusalén**. (2007). Enciclopedia Microsoft Encarta Online 2007. *Microsoft Corporation*.: Redmond, WA. [Versión "online" en español]; **Las Cruzadas llegan al cine**. (2005, 4 de mayo).*British Broadcasting Corporation (BBC)*. Londres, Reino Unido. Recuperado el 30 de diciembre de 2007, de http://news.bbc.co.uk/hi/spanish/news/.

xc**Cruzadas**. (2007). Enciclopedia Microsoft Encarta Online 2007. *Microsoft Corporation*.: Redmond, WA. [Versión "online" en español]; **Saladino I**. (2007). Enciclopedia Microsoft Encarta Online 2007. *Microsoft Corporation*.: Redmond, WA. [Versión "online" en español]; **Reino latino de Jerusalén**. (2007). Enciclopedia Microsoft Encarta Online 2007. *Microsoft Corporation*.: Redmond, WA. [Versión "online" en español].

xci(Énfasis nuestro). Para leer con más detalle las palabras del Hon. Hugo Chávez, Presidente de la República de Venezuela, léase: Jorge Rueda. **Exige Chávez disculpa papal**. (2007, 20 de mayo). *El Nuevo Día*. Guaynabo, Puerto Rico. Recuperado el 30 de mayo de 2007, de http://www.adendi.com/.

xciiFernando Ravsberg. **Babalaos anuncian año difícil**. (2004, 7 de enero). *British Broadcasting Corporation (BBC)*. Londres, Reino Unido. Recuperado el 30 de diciembre de 2007, de http://news.bbc.co.uk/hi/spanish/news/; Fernando Ravsberg. **Babalaos predicen un año "muy malo"**. (2005, 4 de enero). *British Broadcasting Corporation (BBC)*. Londres, Reino Unido. Recuperado el 30 de diciembre de 2007, de http://news.bbc.co.uk/hi/spanish/news/.

xciiiVéanse las expresiones del emperador bizantino Manuel Paleólogo II, en: **El Papa y la cita que encendió el conflicto con el Islam**. (2006, octubre).*YAMA'A ISLÁMICA DE AL-ANDALUS, LIGA MORISCA. BOLETÍN N° 55 -10/2006*. Consultado el 31 de diciembre de 2007, de http://www.islamyal-andalus.org/control/noticia.php?id=1210; **Llama el 'número dos' de Al Qaeda a guerra santa**. (2006,28 de julio). *El Nuevo Día*. Guaynabo, Puerto Rico. Recuperado el 28 de julio de 2006, de http://www.endi.com/; **Batallón terrorista listo para atacar**. (2006, 17 de abril). *El Nuevo Día*. Guaynabo, Puerto Rico. Recuperado el 17 de abril de 2006, de http://www.endi.com/; Alfonso Rojo. (2005, 27 de febrero). **El terrorista precavido**. *Diario ABC*. Madrid, España. Consultado el 27 de febrero de 2005, de http://www.abc.es; Matthew Lee. **En** aumento el terrorismo. (2007, 30 de abril). *El Nuevo Día.* Guaynabo, Puerto Rico. Recuperado el 30 de abril de 2007, de http://www.adendi.com/; **Arresto de director; en marcha una investigación por el uso de pacientes de sanatorio para acto de terrorismo en Irak**. (2008, 14 de febrero). *El Nuevo Día.* Guaynabo, Puerto Rico. [Versión electrónica]; **Asesinan a jeque que abandonó a Al-Qaeda**. (2007, 14 de septiembre) *Primera Hora.*: Guaynabo, Puerto Rico. Recuperado el 30 de agosto de 2008, de http://archivo.primerahora.com/; Ashraf Khan. **Culpan a militantes del Talibán y Al Qaeda**. (2007, 29 de diciembre). *El Nuevo Día.* Guaynabo, Puerto Rico. [Versión electrónica]; Matthew Pennington. **Herida la lucha contra los grupos terroristas**. (2007, 29 de diciembre). *El Nuevo Día.* Guaynabo, Puerto Rico. [Versión electrónica]; **Ahorcan a jovencito porque tenía dólares**. (2007, 2 de octubre). *Primera Hora.* Guaynabo, Puerto Rico. [Versión electrónica]; **Emiten amenaza contra musulmanes conversos que cambien de religión**. (2008, 22 de enero). *El Universal.* México City, México. Recuperado el 24 de enero de 2008, de http://www.eluniversal.com.mx/noticias.html; Amnistía Internacional en España. (2007). **Javed Anjum; conversión a la fuerza**. *Madrid, España.* Consultado el 6 de enero de 2008, de http://www.es.amnesty.org/.

[xciv]Amnistía Internacional en España. (2007). **Javed Anjum; conversión a la fuerza**. *Madrid, España.* Consultado el 6 de enero de 2008, de http://www.es.amnesty.org/.

[xcv]**HRW pide al rey saudí que impida ejecución de una mujer acusada de brujería**. (2008, 14 de febrero). *Terra, Noticias.* Madrid, España. Recuperado el 3 de abril de 2008, de http://www.terra.com/noticias/.

[xcvi]**Talibán**. (2007). Enciclopedia Microsoft Encarta Online 2007. *Microsoft Corporation.*: Redmond, WA. [Versión "online" en español]; véase, además: **Islamic Sharia Law in Iran Executes Two Boys for Sin and Crime of Being Gay**. (2005). *Flameout.* Consultado el 29 de febrero de 2008, de http://www.flameout.org/flameout/flyer1.html; **Comienza juicio contra cinco homosexuales egipcios acusados de libertinaje**. (2008, 13 de marzo). *Primera Hora.* Guaynabo, Puerto Rico. [Versión electrónica]; **Critican al Gobierno británico por intento de deportar a Irán a homosexuales**. (2008, 7 de marzo). *El Mercurio Online.* Empresa El Mercurio S:A:P.: Chile. Consultado el 7 de marzo de 2008, de http://www.emol.com/;**Visto para sentencia juicio apelación a revista por caricaturas de Mahoma**. (2008, 23 de enero).*Terra, Noticias.* Madrid, España. Recuperado el 3 de abril de 2008, de http://www.terra.com/noticias/; **EEUU denuncia la condena a un periodista bielorruso por caricatura de Mahoma**. (2008, 24 de enero).*Terra, Noticias.* Madrid, España. Recuperado el 3 de abril de 2008, de http://www.terra.com/noticias/; **Asesinan a cineasta holandés**. (2004, 2 de noviembre). *British Broadcasting Corporation (BBC).* Londres, Reino Unido. Recuperado el 30 de diciembre de 2007, de http://news.bbc.co.uk/hi/spanish/news/; **Theo Van Gogh, cineasta y escritor enemigo del Islam**. (2004, 8 de noviembre). *El Mundo.*: Madrid, España. Consultado el 29 de diciembre de 2007, de http://www.elmundo.es/.

[xcvii]**Nigeria: la violencia religiosa cobra vidas**. (2001, 10 de septiembre). *British Broadcasting Corporation (BBC).* Londres, Reino Unido. Recuperado el 30 de diciembre de 2007, de http://news.bbc.co.uk/hi/spanish/news/; **Nigeria: decenas de muertos por odio religioso**. (2001, 10 de septiembre). *British Broadcasting Corporation (BBC).* Londres, Reino Unido. Recuperado el 30 de diciembre de 2007, de http://news.bbc.co.uk/hi/spanish/news/.

[xcviii](Énfasis nuestro). **El Papa pide respeto entre religiones**. (2006, 19 de septiembre). *El Nuevo Día.* Guaynabo, Puerto Rico. Recuperado el 19 de septiembre de 2006, de http://www.endi.com/.

[xcix]**El Papa pide respeto tras asesinato de monja en Somalia**. (2006, 19 de septiembre). *Star Media.* Consultado el 20 de abril de 2007, de http://pan.starmedia.com/noticias/religion/papaislam_155464.html.

[c](Subrayado nuestro). **India: violencia religiosa va al campo**. (2002). *British Broadcasting Corporation (BBC).* Londres, Reino Unido. Recuperado el 30 de diciembre de 2007, de http://news.bbc.co.uk/hi/spanish/news/; léase, además: **India: crece la violencia religiosa**. (2002). *British Broadcasting Corporation (BBC).* Londres, Reino Unido. Recuperado el 30 de diciembre de 2007, de http://news.bbc.co.uk/hi/spanish/news/; **India: más matanzas de musulmanes**. (2002). *British Broadcasting Corporation (BBC).* Londres, Reino Unido. Recuperado el 30 de diciembre de 2007, de http://news.bbc.co.uk/hi/spanish/news/; Salman Rushdie. (2002, 15 de marzo). **La violencia política y religiosa ahoga a la India**. *Clarín.* Buenos Aires, Argentina. Recuperado el 1 de agosto de 2008, de http://www.clarin.com/.

[ci](Subrayado nuestro). **India: violencia religiosa va al campo**. (2002). *British Broadcasting Corporation (BBC)*. Londres, Reino Unido. Recuperado el 31 de diciembre de 2004, de http://news.bbc.co.uk/hi/spanish/news/.

[cii]Logia Masónica de Puerto Rico. (2007). **Preguntas y respuestas sobre la Masonería**. *Respetable Logia Sol de Oriente #40*. Utuado, Puerto Rico. Consultado el 16 de octubre de 2007, de http://www.soldeoriente40.com/index.html.

[ciii]**Visto para sentencia juicio apelación a revista por caricaturas de Mahoma**. (2008, 23 de enero).*Terra, Noticias*. Madrid, España. Recuperado el 3 de abril de 2008, de http://www.terra.com/noticias/; **EEUU denuncia la condena a un periodista bielorruso por caricatura de Mahoma**. (2008, 24 de enero).*Terra, Noticias*. Madrid, España. Recuperado el 3 de abril de 2008, de http://www.terra.com/noticias/; para más información sobre actos violentos en contra de los ateos, léase: Ateismo desde México. (2007). **Manifiesto**. *México*. Consultado el 29 de febrero de 2007, de http://www.ateosmexicanos.com/.

[civ]Mark Bunker. [Productor & director]. (2000). **Scientology and the Clearwater Police**. EE.UU. *LMT Media*. [documental]; John Sweeney. (2007). **Panorama: Scientology and Me**. [Transmisión por cadena de televisión]. *British Broadcasting Corporation (BBC)*. Londres, Reino Unido; **Religión de Tom Cruise es antidemocrática para Alemania**. (2007, 9 de diciembre). *Perú 21*. República del Perú. Consultado el 1 de enero de 2008, de http://www1.peru21.com/; Enrique Molinero. **Alemania va contra una secta religiosa**. (2007, 8 de diciembre). *El Universal*. México City, México. Recuperado el 20 de enero de 2008, de http://www.eluniversal.com.mx/noticias.html; Juan Carlos Rodríguez. (2002, 18 de septiembre). **La Cienciología se toma en serio: quiere ser Iglesia**. Distrito Federal, México. *Milenio Diario, Grupo Editorial Milenio*, pág. 37.

[cv]Granoni, R. P. (1964, Tomo XXII). **Pensamiento**. Enciclopedia Jurídica Omeba.: Buenos Aires, Argentina. *Editorial Bibliográfica Argentina*, pág. 21.

[cvi]Véanse las expresiones de Catherine Fahringer, según se citan en: Glenys Álvarez, Ferney Yesyd Rodríguez & Marcelo Huerta San Martín. (2007). **Frases racionales, de diversos orígenes**. *Sin dioses*. Consultado el 29 de febrero de 2008, de http://www.sindioses.org/principal.html.

[cvii]Van Der-Pool, J. (Productor). (2006). **A War on Science**. [Transmisión por cadena de televisión]. *British Broadcasting Corporation (BBC)*. Londres, Reino Unido; Roberto Rexach Benítez. **Adán, Eva y otros orangutanes**. (2008, 28 de febrero). *El Vocero de Puerto Rico*. San Juan, Puerto Rico. [Versión electrónica].

[cviii]Sobre el particular, véase: **Bob Jones University v. United States**, 461 US 574 (1983).

[cix]**Engel v. Vitale**, 370 US 421 (1962); **Abbington School District v. Schempp**, 374 US 203 (1963).

[cx](Subrayado nuestro). Transnational Association of Christian Colleges and Schools. (2008). **Accrediting Information**. Forest Road, Forest, VA. Información consultada el 30 de abril de 2008, de http://www.tracs.org/information.htm.

[cxi]Transnational Association of Christian Colleges and Schools. (2008). **Home Page of the Transnational Association of Christian Colleges and Schools**. Forest Road, Forest, VA. Información consultada el 30 de abril de 2008, de http://www.tracs.org/; véase, además: Bob Jones University. (2008). **Federal Grants and Scholarships**. Greenville, SC. Información consultada el 27 de abril de 2008, de http://www.bju.edu/admissions/financial/aid/federal-grants.html; Bob Jones University. (2008). **University Creed**. Greenville, SC. Información consultada el 27 de abril de 2008, de http://www.bju.edu/about/creed/.

[cxii](Énfasis nuestro). Léanse las expresiones del doctorando Bernat Tort, profesor en la prestigiosa Universidad de Puerto Rico, según se citan en: Pedro López Pagán. **"Mi meta es sacar los ateos del clóset"**. (2007, 18 de marzo). *El Nuevo Día*. Guaynabo, Puerto Rico. Recuperado el 30 de marzo de 2007, de http://www.endi.com/.

[cxiii]Sobre el Seminario Evangélico de Puerto Rico, valga saber que está acreditado por la Commission on Higher Education of the Middle States Association of Colleges and Schools. Véase más información al respecto en: Seminario Evangélico de Puerto Rico. (2005). **Sobre nosotros: acreditación y gobierno**. Río Piedras, Puerto Rico. Información consultada el 27 de abril de 2008, de http://www.se-pr.org/about/acred_gob.htm#acreditacion. Por su parte, sobre The Catholic Distance University, valga saber que está acreditada por el Distance Education and Training Council y por el inútil Vaticano. Véase más información al respecto en: The Catholic Distance University.

(2004). **About Us; Our Credentials**. Hamilton, Virginia. Información consultada el 27 de abril de 2008, de http://www.cdu.edu/accreditations.asp.

[cxiv]Department of Anthropology. (2007). **Homo sapiens**. *Smithsonian Department of Anthropology; National Museum of Natural History*.: Washington D.C., EEUU. Consultado el 8 de marzo de 2008, de http://anthropology.si.edu/humanorigins/ha/sap.htm; **Evolución**. (2007). Enciclopedia Microsoft Encarta Online 2007. *Microsoft Corporation*.: Redmond, WA. [Versión "online" en español]; Matthew Wells. **En el principio, había un museo**. (2006, 12 de diciembre). *British Broadcasting Corporation (BBC)*. Londres, Reino Unido. Recuperado el 30 de diciembre de 2007, de http://news.bbc.co.uk/hi/spanish/news/.

[cxv]**Artículo 75** del Código Civil del Estado Libre Asociado de Puerto Rico; además, véase: **Rivera v. Corte**, 58 DPR 351 (1941).

[cxvi]Para ver más información sobre la importancia de la vacunación, léase: **Inmunización**. (2007). Enciclopedia Microsoft Encarta Online 2007. *Microsoft Corporation*.: Redmond, WA. [Versión "online" en español]; por su parte, sobre el Derecho de Puerto Rico, véase: 24 L.P.R.A. § 182d – **Admisión o matrícula – No inmunización por motivos religiosos o clínicos; epidemias**

[cxvii](Subrayado nuestro). **Ordalía**. (2007). Enciclopedia Microsoft Encarta Online 2007. Microsoft *Corporation*.: Redmond, WA. [Versión "online" en español]; léase, además: **Inquisición**. (2007). Enciclopedia Microsoft Encarta Online 2007. *Microsoft Corporation*.: Redmond, WA. [Versión Online en español].

[cxviii]**Irán prohíbe novela de García Márquez**. (2007, 16 de noviembre). *British Broadcasting Corporation (BBC)*. Londres, Reino Unido. Recuperado el 30 de diciembre de 2007, de http://news.bbc.co.uk/hi/spanish/news/.

[cxix]Frances Harrison. **Irán: prohibido llevar maquillaje y sombrero**. (2007, 12 de noviembre). *British Broadcasting Corporation (BBC)*. Londres, Reino Unido. Recuperado el 30 de diciembre de 2007, de http://news.bbc.co.uk/hi/spanish/news/.

[cxx](Subrayado nuestro). Molina, C. (2007, 21 de marzo). **Alemania.- Una juez alemana es retirada de un caso tras justificar la violencia conyugal amparándose en el Corán**. *Agencia Europa Press*. Madrid, España. Recuperado el 1 de mayo de 2007, de http://www.europapress.es/noticia.aspx?cod=20070321145949&ch=69.

[cxxi]Mohamed Osman. **Reclaman la muerte para la educadora; la profesora británica fue declarada culpable de haber insultado al Islam al permitir que sus alumnos llamaran Mahoma a un osito de peluche**. (2007, 1 de diciembre). *El Nuevo Día*. Guaynabo, Puerto Rico. Recuperado el 31 de diciembre de 2007, de http://www.elnuevodia.com/; **"Culpable" la maestra británica**. (2007, 30 de noviembre). *El Nuevo Día*. Guaynabo, Puerto Rico [Versión electrónica]; **Presentan cargos por oso de peluche**. (2007, 28 de noviembre). *British Broadcasting Corporation (BBC)*. Londres, Reino Unido. Recuperado el 30 de diciembre de 2007, de http://news.bbc.co.uk/hi/spanish/news/; de otra parte, lean también a: Alaister Leithead **¿Patadas para Alá?** (2007, 26 de agosto). *British Broadcasting Corporation (BBC)*. Londres, Reino Unido. Recuperado el 30 de diciembre de 2007, de http://news.bbc.co.uk/hi/spanish/news/; **Exigen ejecución de maestra**. (2007, 1 de diciembre). *Primera Hora*. Guaynabo, Puerto Rico [Versión electrónica].

[cxxii](Subrayado nuestro). **Condena a una mujer violada; un tribunal la sentenció a seis meses de cárcel y 200 latigazos**. (2007, 17 de noviembre). *El Nuevo Día*. Guaynabo, Puerto Rico. [Versión electrónica].

[cxxiii](Entre corchete suplido). Léanse las expresiones de Fawziyah al-Oyouni, fundadora de la Comisión de Peticionantes del Derecho Femenino a Conducir Automóviles de Arabia Saudita, según se citan en: Massoud A. Derhally. **Reclaman su derecho a conducir**. (2007, 21 de septiembre). *Bloomberg, El Nuevo Día*. Guaynabo, Puerto Rico. Recuperado el 30 de septiembre de 2007, de http://www.adendi.com/.

[cxxiv]**EEUU denuncia la condena a un periodista bielorruso por caricatura de Mahoma**. (2008, 24 de enero).*Terra, Noticias*. Madrid, España. Recuperado el 3 de abril de 2008, de http://www.terra.com/noticias/; para ver otro ejemplo de lo anterior, léase: **Visto para sentencia juicio apelación a revista por caricaturas de Mahoma**. (2008, 23 de enero).*Terra, Noticias*. Madrid, España. Recuperado el 3 de abril de 2008, de http://www.terra.com/noticias/.

cxxv**Talibán**. (2007). Enciclopedia Microsoft Encarta Online 2007. *Microsoft Corporation.*: Redmond, WA. [Versión "online" en español].

cxxviAmarnath Tewary. **Citan a los dioses para testificar; Ram y Hanuman son dos de las deidades más populares de la religión hindú en la India**. (2007, 8 de diciembre). *El Nuevo Día*. Guaynabo, Puerto Rico. Recuperado el 31 de diciembre de 2007, de http://www.elnuevodia.com/.

cxxvii**Se casa con una perra para librarse de una maldición; la ceremonia se celebró en un templo hindú**. (2007, 14 de noviembre). *El Nuevo Día*. Guaynabo, Puerto Rico. Recuperado el 30 de noviembre de 2007, de http://www.adendi.com/.

cxxviii(Énfasis nuestro). **Ley dicta hasta 10 años de cárcel para quien mate una vaca en norte de India**. (2007, 11 de julio. *Terra, Noticias*. Madrid, España. Recuperado el 3 de abril de 2008, de http://www.terra.com/noticias/.

cxxix**Ordalía**. (2007). Enciclopedia Microsoft Encarta Online 2007. Microsoft *Corporation.*: Redmond, WA. [Versión "online" en español].

cxxx**Sacerdote amenaza con bomba a Madonna**. (2006, 8 de septiembre). *El Nuevo Día*. Guaynabo, Puerto Rico. Recuperado el 8 de septiembre de 2006, de http://www.endi.com/.

cxxxi(Énfasis nuestro). Léanse las amenazantes palabras de Mohamed Yousaf Qureshi, líder religioso del Islam, en: Khan, R. **"1 millón por matar al caricaturista"**. (2006, 18 de febrero). *El Nuevo Día* .Guaynabo, Puerto Rico. Recuperado el 18 de febrero de 2006, de http://www.endi.com/. Para ver más información sobre este incidente, véase: **Absuelven revista que publicó caricaturas de Mahoma**. (2007, 22 de marzo). *El Nuevo Día*. Guaynabo, Puerto Rico. Recuperado el 30 de marzo de 2007, de http://www.endi.com/; **$25 mil por la cabeza de caricaturista de Mahoma**. (2006, 17 de febrero). *Primera Hora*. Guaynabo, Puerto Rico. Recuperado el 17 de febrero de 2006, de http://www.primerahora.com/; **Amenazas palestinas por caricaturas**. (2006, 3 de febrero). *El Nuevo Día*. Guaynabo, Puerto Rico. Recuperado el 3 de febrero de 2006, de http://www.endi.com/; **Mahoma: liberan detenido**. (2008, 14 de febrero). *British Broadcasting Corporation (BBC)*. Londres, Reino Unido. Recuperado el 16 de febrero de 2008, de http://news.bbc.co.uk/hi/spanish/news/.

cxxxii(Subrayado nuestro). **Atacan la Revelación**. (2006, 2 de marzo). *British Broadcasting Corporation (BBC)*. Londres, Reino Unido. Recuperado el 30 de diciembre de 2007, de http://news.bbc.co.uk/hi/spanish/news/; **Ponen una bomba en el camerino de Leo**. (2006). *20minutos*. Madrid. España. Recuperado el 20 de enero de 2008, de http://www.20minutos.es/.

cxxxiiiFernando Ravsberg. **Babalaos anuncian año difícil**. (2004, 7 de enero). *British Broadcasting Corporation (BBC)*. Londres, Reino Unido. Recuperado el 30 de diciembre de 2007, de http://news.bbc.co.uk/hi/spanish/news/; Fernando Ravsberg. **Babalaos predicen un año "muy malo"**. (2005, 4 de enero). *British Broadcasting Corporation (BBC)*. Londres, Reino Unido. Recuperado el 30 de diciembre de 2007, de http://news.bbc.co.uk/hi/spanish/news/.

cxxxiv(Énfasis nuestro). Véanse las expresiones de San Agustín de Hipona (354 - 430), padre de la Iglesia católica, según citadas en: Glenys Álvarez, Ferney Yesyd Rodríguez & Marcelo Huerta San Martín. (2007). **Frases memorables de religiosos**. *Sin dioses*. Consultado el 29 de febrero de 2008, de http://www.sindioses.org/principal.html.

cxxxvSobre todo esto que venimos discutiendo, léase con detenimiento a: Emma Thomasson & Juana Casas. **Legislador holandés estrena filme contra el Corán: partido**. (2008, 27 de marzo). *Reuters*. South Colonnade, Canary Wharf, London. Recuperado el 18 de agosto de 2008, de http://lta.today.reuters.com/; **Wikipedia se niega a retirar las imágenes de Mahoma, pese a las 180.000 peticiones**. (2008, 15 de febrero). Nueva York, EEUU. *IBLNEWS The Hispanic News Channel*. Consultado el 17 de febrero de 2008, de http://iblnews.com/story.php?id=34984; **Pakistán y el bloqueo de YouTube**. (2008, 26 de febrero). *British Broadcasting Corporation (BBC)*. Londres, Reino Unido. Recuperado el 27 de febrero de 2008, de http://news.bbc.co.uk/hi/spanish/news/; Eliezer Garrido Ferradanes. (2008, febrero). **Pakistán bloquea el acceso a YouTube**. *Siliconnews; VNU Business Publications España S.A*. Consultado el 25 de marzo de 2008, de http://www.siliconnews.es/; **Bill Gates critica duramente doctrina condones del Vaticano**. (2006, 14 de agosto). *Primera Hora*. Guaynabo, Puerto Rico. Recuperado el 14 de agosto de 2006, de http://www.primerahora.com/; **Indonesia pide bloquear YouTube por film anticoránico**. (2008, 2 de abril). *Reuters*. South Colonnade, Canary Wharf, London. Recuperado el 1 de agosto de 2008, de http://lta.today.reuters.com/; Emma Thomasson. **Holanda elevará su nivel de alerta por película sobre el Corán**. (2008, 6 de marzo). *Reuters*. South Colonnade, Canary Wharf, London. Recuperado el 1 de agosto de 2008, de http://lta.today.reuters.com/; Niclas Mika. **Naciones musulmanas condenan película sobre el Corán**. (2008, 29 de marzo). *Reuters*. South Colonnade, Canary Wharf, London. Recuperado el 1 de agosto de 2008, de http://lta.today.reuters.com/; Harro ten Wolde & Marion Giraldo. **LiveLeak.com retira película contra el Corán tras amenazas**. (2008, 29 de marzo). *Reuters*. South Colonnade, Canary Wharf, London. Recuperado el 1 de agosto de 2008, de http://lta.today.reuters.com/; **Censuran filme holandés sobre Islam**. (2008, 23 de marzo). *British Broadcasting Corporation (BBC)*. Londres, Reino Unido. Recuperado el 30 de marzo de 2008, de http://news.bbc.co.uk/hi/spanish/news/; **Holanda: publican filme contra el Islam**. (2008, 28 de marzo). *British Broadcasting Corporation (BBC)*. Londres, Reino Unido. Recuperado el 30 de marzo de 2008, de http://news.bbc.co.uk/hi/spanish/news/; **Del Papa a los farmacéuticos**. (2007). *British Broadcasting Corporation (BBC)*. Londres, Reino Unido. Recuperado el 31 de diciembre de 2007, de http://news.bbc.co.uk/hi/spanish/news/; **Bachelet amenaza con cerrar farmacias**. (2007, 30 de octubre). *El Nuevo Día de Orlando*. Orlando, Florida. [Versión electrónica].

cxxxvi**El secreto de los sacrificios incas**. (2007, 3 de octubre). *British Broadcasting Corporation (BBC)*. Londres, Reino Unido. Recuperado el 30 de diciembre de 2007, de http://news.bbc.co.uk/hi/spanish/news/; Denise Grady. **Recibe visitas la doncella inca**. (2007, 17 de septiembre).*The New York Times, El Nuevo Día*. Guaynabo, Puerto Rico. Recuperado el 30 de septiembre de 2007, de http://www.endi.com/; **Suspenden vista de sentencia por Asume**. (2006, 26 de enero). *Primera Hora*. Guaynabo, Puerto Rico. Recuperado el 26 de enero de 2006, de http://www.primerahora.com/; Andrea Martínez. **Sentencias en desvío a padres por 'ofrendar' 2 hijas**. (2006, 16 de marzo). *El Nuevo Día*. Guaynabo, Puerto Rico. Recuperado el 16 de marzo de 2006, de http://www.endi.com/; Firuzeh Shokooh Valle. (2004, 22 de marzo). **Ungía quinceañeras; rito del pastor arrestado**. *Primera Hora*. Guaynabo, Puerto Rico [Versión electrónica]; Firuzeh Shokooh Valle. (2004, 29 de marzo). **Dramático relato de una víctima del pastor**. *Primera Hora*. Guaynabo, Puerto Rico [Versión electrónica].

cxxxvii(Subrayado nuestro).Mildred Rivera Marrero. **Alerta la denuncia pública las desviaciones religiosas**. (2007, 3 de junio). *El Nuevo Día*. Guaynabo, Puerto Rico. Recuperado el 30 de junio de 2007, de http://www.endi.com/.

cxxxviii(Subrayado nuestro). Gladys Nieves Ramírez.**'Obra satánica disfrazada'**. (2006,4 de diciembre). *El Nuevo Día*. Guaynabo, Puerto Rico. Recuperado el 31 de diciembre de 2006, de http://www.adendi.com/; Gladys Nieves Ramírez. **El paño negro**. (2006, 4 de diciembre). *El Nuevo Día*. Guaynabo, Puerto Rico. Recuperado el 31 de diciembre de 2006, de http://www.adendi.com/.

cxxxix**Radiografía del Opus Dei: Mortificación**. (2006). *British Broadcasting Corporation (BBC)*. Londres, Reino Unido. Recuperado el 30 de diciembre de 2006, de http://news.bbc.co.uk/hi/spanish/news/; Oficina de Información del Opus Dei. (2006). **El Opus Dei y la mortificación corporal**. Consultado el 28 de febrero de 2007, de http://www.opusdei.org.pa/art.php?p=16434.

cxl**Sacrificio**. (2007). Enciclopedia Microsoft Encarta Online 2007. *Microsoft Corporation*.: Redmond, WA. {Versión electrónica}.

cxli**Canibalismo**. (2007).Enciclopedia Microsoft Encarta Online 2007. *Microsoft Corporation*.: Redmond, WA. {Versión electrónica}; Francisco Pavón Vanconcelos. (2003). **Diccionario de Derecho Penal**. (3ra. ed.). Distrito Federal, México.: *Editorial Porrúa*, pág.147; José Tembe. **Confesión caníbal**. (2006, 17 de agosto). *British Broadcasting Corporation (BBC)*. Londres, Reino Unido. Recuperado el 30 de diciembre de 2007, de http://news.bbc.co.uk/hi/spanish/news/; **Sacrificio**. (2007). Enciclopedia Microsoft Encarta Online 2007. *Microsoft Corporation*.: Redmond, WA. {Versión electrónica}.

cxliiMcCrone Research Institute. (2007). **The Shroud of Turin**. Chicago IL. Consultado el 18 de agosto de 2007, de http://mcri.org/home/section/63-64/the-shroud-of-turin; Kevan Pegley [Productor] & Susan Gray [Director]. (2001). **Leonardo; The Man Behind the Shroud?** Washington, D.C.: *Stefilm and Hit Wildlife for National Geographic Channels*. [documental].

cxliiiBircann, J.C. (2003, 11 de septiembre). **La experiencia religiosa en el delincuente**. *El Archivo del Crimen*. Recuperado el 18 de septiembre de 2003, de http://www.archivodelcrimen.com/.

cxlivBircann, J.C. (2003, 11 de septiembre). **La experiencia religiosa en el delincuente**. *El Archivo del Crimen*. Recuperado el 18 de septiembre de 2003, de http://www.archivodelcrimen.com/. De otra parte, para un ejemplo reciente de esto, véase: Carlos Jiménez. (2008, 28 de enero). **Cayó El Teto,** líder de Los Zetas. *La Crónica de Hoy*. Distrito Federal, México. Consultado el 26 de febrero de 2008, de http://www.cronica.com.mx/.

[cxlv]**La leyenda de Jesús Malverde**. (2006, 15 de noviembre). *El Universal*. México City, México. Recuperado el 26 de febrero de 2008, de http://www.eluniversal.com.mx/; además, véase: Kate Murphy. (2008, 8 de febrero). **Mexican Robin Hood Figure Gains a Kind of Notoriety in U.S.** *The New York Times*.: New York, NY. Consultado el 28 de febrero de 2008, de http://www.nytimes.com/; **Lanzan cerveza con imagen de Malverde, el "santo" de narcotraficantes**. (2007, 13 de diciembre). *Primera Hora*. San Juan, Puerto Rico. [Versión electrónica]; Carlos Jiménez. (2008, 28 de enero). **Cayó El Teto, líder de Los Zetas**. *La Crónica de Hoy*. Distrito Federal, México. Consultado el 26 de febrero de 2008, de http://www.cronica.com.mx/.

[cxlvi]Ana Lydia Vega. **Los adelantados de la muerte**. (2007, 2 de febrero). *El Nuevo Día*. Guaynabo, Puerto Rico. Recuperado el 28 de febrero de 2007, de http://www.adendi.com/; **Condenan a cura por genocidio en Ruanda**. (2006, 13 de diciembre). *British Broadcasting Corporation (BBC)*. Londres, Reino Unido. Recuperado el 30 de diciembre de 2007, de http://news.bbc.co.uk/hi/spanish/news/; **Condenan a sacerdote a 15 años de cárcel por matanza en Ruanda**. (2006, 14 de diciembre). *La Jornada*. Ciudad de México, México. Recuperado el 1 de septiembre de 2007, de http://www.jornada.unam.mx/; **Rwanda genocide priest given life**. (2008, 12 de marzo). *British Broadcasting Corporation (BBC)*. Londres, Reino Unido. Recuperado el 30 de marzo de 2008, de http://news.bbc.co.uk/.

[cxlvii]**La Biblia Latinoamericana**. (1995, ed. rev.). Navarra, España.: *Editorial Verbo Divino*, pág. 916; sobre lo que venimos discutiendo, léanse con detenimiento estas referencias: Sara Cuadrado. (2004). **Galileo**. Madrid, España.: *Edimat Libros*, pp. 70-71; Bircann, J.C. (2003, 11 de septiembre). **La experiencia religiosa en el delincuente**. *El Archivo del Crimen*. Recuperado el 18 de septiembre de 2003, de http://www.archivodelcrimen.com/; **Hallan bebé estrangulada en iglesia**. (2007, 6 de marzo). *El Nuevo Día*. Guaynabo, Puerto Rico. [Versión electrónica]; Elizabeth A. Kennedy. **Queman vivos a 50 refugiados en iglesia**. (2008, 2 de enero). *El Nuevo Día*. Guaynabo, Puerto Rico. [Versión electrónica]; Omayra L. González Méndez. **Roban $4,500 en iglesia de Bayamón**. (2006, 11 de diciembre). *El Nuevo Día*. Guaynabo, Puerto Rico. [Versión electrónica]; **Sacerdote dice que servicios sexuales son pagados con dinero de feligreses**. (2007, 22 de agosto). *Terra, Noticias*. Madrid, España. Recuperado el 1 de julio de 2008, de http://actualidad.terra.es; Mabel M. Figueroa. **Un sacrilegio el robo de hostias**. (2008, 24 de enero). *Primera Hora*. Guaynabo, Puerto Rico. [Versión electrónica]; **Mexicano en libertad bajo fianza**. (2007, 12 de enero). *El Nuevo Día*. Guaynabo, Puerto Rico. Recuperado el 31 de enero de 2007, de http://www.adendi.com/; Yaritza Santiago Caraballo. **Parroquia vuelve a ser blanco del crimen**. (2006, 12 de diciembre). *El Nuevo Día*. Guaynabo, Puerto Rico. Recuperado el 31 de diciembre de 2006, de http://www.adendi.com/.

[cxlviii]Fernando Ravsberg. **Babalaos anuncian año difícil**. (2004, 7 de enero). *British Broadcasting Corporation (BBC)*. Londres, Reino Unido. Recuperado el 30 de diciembre de 2007, de http://news.bbc.co.uk/hi/spanish/news/; Fernando Ravsberg. **Babalaos predicen un año "muy malo"**. (2005, 4 de enero). *British Broadcasting Corporation (BBC)*. Londres, Reino Unido. Recuperado el 30 de diciembre de 2007, de http://news.bbc.co.uk/hi/spanish/news/.

[cxlix]Véanse las explicaciones del Prof. Carlos Sosa, psicólogo y catedrático de la Universidad del Sagrado Corazón, sobre los daños emocionales que causan las profanaciones de las tumbas en las mentes de las personas, en: Leysa Caro González. **Difícil situación para familiares**. (2007, 19 de octubre). *Primera Hora*. Guaynabo, Puerto Rico [Versión electrónica]; véase, además: Maribel Hernández Pérez. **Roban cráneos**. (2007, 18 de octubre). *Primera Hora*. Guaynabo, Puerto Rico. [Versión electrónica].

[cl]Omer Farooq. **Los ladrones de piernas mágicas**. (2007, 14 de diciembre). *British Broadcasting Corporation (BBC)*. Londres, Reino Unido. Recuperado el 30 de diciembre de 2007, de http://news.bbc.co.uk/hi/spanish/news/.

[cli]**Monos atacan a personas en Nueva Delhi**. (2007, 14 de noviembre). *Empresa Editora El Comercio*. Lima, Perú. Información consultada el 1 de agosto de 2008, de http://www.elcomercio.com.pe/; **Hordas de monos salvajes atacan Nueva Delhi**. (2007, 14 de noviembre). *Empresa Editora El Comercio*. Lima, Perú. Información consultada el 1 de agosto de 2008, de http://www.elcomercio.com.pe/; **Hindúes de luto por mono divino**. (2002, 1 de septiembre). *British Broadcasting Corporation (BBC)*. Londres, Reino Unido. Recuperado el 30 de diciembre de 2007, de http://news.bbc.co.uk/hi/spanish/news/.

[clii]**El Hinduismo (Santa Dharma)**. *Orden de Predicadores.*: Madrid, España. Consultado el 25 de febrero de 2008, de http://www.dominicos.org/estudiar/esrel1/cur1/hinduismo4.htm; **Hindúes de luto por mono divino**. (2002, 1 de septiembre). *British Broadcasting Corporation (BBC)*. Londres, Reino Unido. Recuperado el 30 de diciembre de 2007, de http://news.bbc.co.uk/hi/spanish/news/; **Ley dicta hasta 10 años de cárcel para quien mate una vaca en norte de India**. (2007, 11 de julio. *Terra, Noticias*. Madrid, España. Recuperado el 3 de abril de 2008, de http://www.terra.com/noticias/; **Monos atacan a personas en Nueva Delhi**. (2007, 14 de noviembre). *Empresa Editora El Comercio*. Lima, Perú. Información consultada el 1 de agosto de 2008, de http://www.elcomercio.com.pe/; **Hordas de monos salvajes atacan Nueva Delhi**. (2007, 14 de noviembre). *Empresa Editora El Comercio*. Lima, Perú. Información consultada el 1 de agosto de 2008, de http://www.elcomercio.com.pe/.

[cliii]**Agresiones sexuales del clero; Papa busca sanar heridas del abuso**. (2008, 10 de abril). *Primera Hora*. Guaynabo, Puerto Rico, pág. 62; Paul Kenyon & Sandy Smith. (2006, octubre). **Sex, Crimes and the Vatican**. [Documental transmitido por cadena de televisión]. *British Broadcasting Corporation (BBC)*. Londres, Reino Unido; véase además: **Cerca de 11.000 menores en EEUU sufrieron abusos sexuales de sacerdotes desde hace 52 años**. (2004, 27 de febrero). *El Mundo*. Madrid, España. Recuperado el 20 de enero de 2007, de http://www.elmundo.es/elmundo/2004/02/27/sociedad/1077914743.html; Lisa Demer. (2007, 20 de noviembre). **Jesuit Abuse Settlement Aims to Heal; $50 Million: Religious Order's Head Says Church Failed Victims in Alaska**. *The Anchorage Daily News.*: Anchorage, Alaska. Consultado el 24 de diciembre de 2007, de http://www.adn.com/; **Las últimas demandas contra sacerdotes pederastas en Estados Unidos acusan al Vaticano**. (2002, 4 de abril). *El Mundo*. Madrid, España. Recuperado el 20 de enero de 2007, de http://www.elmundo.es/; **Cometen abuso sexual 30% de sacerdotes, aseveran ONG**. (2005, 7 de diciembre). *La Jornada*. Ciudad de México, México. Recuperado el 1 de septiembre de 2007, de http://www.jornada.unam.mx/; **Cerca de 11.000 menores en EEUU sufrieron abusos sexuales de sacerdotes desde hace 52 años**. (2004, 27 de febrero). *El Mundo.*: Madrid, España. Consultado el 29 de diciembre de 2007, de http://www.elmundo.es/; **Más de 100 curas de Irlanda habrían abusado sexualmente de niños**. (2006, 8 de marzo). *El Nuevo Día*. Guaynabo, Puerto Rico. Recuperado el 8 de marzo de 2006, de http://www.endi.com/; **Iglesia Católica molesta por denuncias**. (2006, 2 de octubre). *British Broadcasting Corporation (BBC)*. Londres, Reino Unido. Recuperado el 30 de diciembre de 2006, de http://news.bbc.co.uk/hi/spanish/news/; **Iglesia/abusos: arreglo millonario**. (2006, 2 de diciembre). *British Broadcasting Corporation (BBC)*. Londres, Reino Unido. Recuperado el 30 de diciembre de 2006, de http://news.bbc.co.uk/hi/spanish/news/; Daniel Rivera Vargas. **Pleito por acoso sexual de sacerdote**. (2006, 20 de junio). *El Nuevo Día*. Guaynabo, Puerto Rico. Recuperado el 20 de junio de 2006, de http://www.endi.com/.

[cliv]**Condenan a cura español por abuso sexual**. (2006, 13 de noviembre). *Milenio*. Recuperado el 13 de Noviembre de 2006, de http://www.milenio.com/index.php/2006/11/13/14395/; **Cura a prisión por pedofilia; condena en Chile**. (2006, 30 de junio). *Primera Hora*. Guaynabo, Puerto Rico. Recuperado el 30 de junio de 2006, de http://www.primerahora.com/; **Culpable sacerdote por actos lascivos**. (2006, 5 de diciembre). *El Nuevo Día*. Guaynabo, Puerto Rico. Recuperado el 31 de diciembre de 2006, de http://www.adendi.com/; Paul Kenyon & Sandy Smith. (2006, octubre). **Sex, Crimes and the Vatican**. [Documental transmitido por cadena de televisión]. *British Broadcasting Corporation (BBC)*. Londres, Reino Unido.

[clv]Paul Kenyon & Sandy Smith. (2006, octubre). **Sex, Crimes and the Vatican**. [Documental transmitido por cadena de televisión]. *British Broadcasting Corporation (BBC)*. Londres, Reino Unido; **Iglesia Católica molesta por denuncias**. (2006, 2 de octubre). *British Broadcasting Corporation (BBC)*. Londres, Reino Unido. Recuperado el 30 de diciembre de 2006, de http://news.bbc.co.uk/hi/spanish/news/; **Condenan a cura español por abuso sexual**. (2006, 13 de noviembre). *Milenio*. Recuperado el 13 de noviembre de 2006, de http://www.milenio.com/index.php/2006/11/13/14395/; **Cura a prisión por pedofilia; condena en Chile**. (2006, 30 de junio). *Primera Hora*. Guaynabo, Puerto Rico. Recuperado el 30 de junio de 2006, de http://www.primerahora.com/; **Heridas de abusos sexuales de clérigos son "profundas"**. (2006, 27 de octubre). *El Nuevo Día*. Guaynabo, Puerto Rico. Recuperado el 28 de octubre de 2006, de http://www.adendi.com/; **Más de 100 curas de Irlanda habrían abusado sexualmente de niños**. (2006, 8 de marzo). *El Nuevo Día*. Guaynabo, Puerto Rico. Recuperado el 8 de marzo de 2006, de http://www.endi.com/; Rachel Soy. **Otros 783 reclamos de abusos a Iglesia Católica**. (2006, 31 de marzo). *El Nuevo Día*. Guaynabo, Puerto Rico. Recuperado el 31 de marzo de 2006, de http://www.endi.com/; **Las últimas demandas contra sacerdotes pederastas en

Estados Unidos acusan al Vaticano. (2002, 4 de abril). *El Mundo*. Madrid, España. Recuperado el 20 de enero de 2007, de http://www.elmundo.es/; José Curet. **Iglesia y estado**. (2007, 21 de septiembre). *El Nuevo Día*. Guaynabo, Puerto Rico. Recuperado el 30 de septiembre de 2007, de http://www.adendi.com/; Daniel Rivera Vargas. **Pleito por acoso sexual de sacerdote**. (2006, 20 de junio). *El Nuevo Día*. Guaynabo, Puerto Rico. Recuperado el 20 de junio de 2006, de http://www.endi.com/.

clvi(Subrayado nuestro). **Misas poco ortodoxas**. (2006, junio). Muy Interesante. *Editorial Televisa Internacional*.: Distrito Federal, México, pág.80.

clvii(Subrayado nuestro). **Misas poco ortodoxas**. (2006, junio). Muy Interesante. *Editorial Televisa Internacional*.: Distrito Federal, México, pág.80; véase, además: Firuzeh Shokooh Valle. (2004, 22 de marzo). **Ungía quinceañeras; rito del pastor arrestado**. *Primera Hora*. Guaynabo, Puerto Rico [Versión electrónica]; Firuzeh Shokooh Valle. (2004, 29 de marzo). **Dramático relato de una víctima del pastor**. *Primera Hora*. Guaynabo, Puerto Rico [Versión electrónica].

clviii**Detienen a sacerdote boliviano con cocaína oculta bajo la sotana**. (2008, 13 de enero). *Grupo La República*. Lima, Perú. Consultado el 13 de enero de 2008, de http://www.larepublica.com.pe/.

clix**Cadena perpetua a sacerdote católico por crímenes durante dictadura argentina**. (2007, 10 de octubre). *Univision Communications Inc*. Los Ángeles, California. Recuperado el 12 de noviembre de 2007, de http://www.univision.com/; **Primer sacerdote condenado por delitos de lesa humanidad en la dictadura argentina**. (2007, 10 de octubre). *Diario ABC*. Madrid, España. Recuperado el 20 de enero de 2008, de http://www.abc.es/; **Aprueban condena de sacerdote**. (2007, 11 de octubre). *Primera Hora*. Guaynabo, Puerto Rico. [Versión electrónica].

clx**Capturan a sacerdote acusado de asesinar y despedazar a su amante**. (2006, 19 de abril). *El Vocero de Puerto Rico*. San Juan, Puerto Rico. Recuperado el 19 de abril de 2006, de http://www.vocero.com/.

clxi**El TPIR condena a cadena perpetua a un sacerdote que demolió una iglesia con refugiados tutsis en su interior**. (2008, 13 de marzo). *Terra, Noticias*. Madrid, España. Recuperado el 3 de abril de 2008, de http://www.terra.com/noticias/; **Condenan a cura por genocidio en Ruanda**. (2006, 13 de diciembre). *British Broadcasting Corporation (BBC)*. Londres, Reino Unido. Recuperado el 30 de diciembre de 2007, de http://news.bbc.co.uk/hi/spanish/news/; **Condenan a sacerdote a 15 años de cárcel por matanza en Ruanda**. (2006, 14 de diciembre). *La Jornada*. Ciudad de México, México. Recuperado el 1 de septiembre de 2007, de http://www.jornada.unam.mx/; **Rwanda genocide priest given life**. (2008, 12 de marzo). *British Broadcasting Corporation (BBC)*. Londres, Reino Unido. Recuperado el 30 de marzo de 2008, de http://news.bbc.co.uk/.

clxii**People of State of Ill. ex rel. McCollum Dist. No 71, Champaign Country, Ill**., 333 U.S. 203.

clxiiiVelázquez, M. A. & Velázquez, J. (2004). **Curso Sobre Derecho Constitucional**. (s. e.). Guaynabo, Puerto Rico, pág.79.

clxiv**Holloman ex rel. Holloman v. Harland**, 370 F. ed 1252.

clxvVéanse las palabras del Honorable Tribunal Supremo de Puerto Rico, en: **Sucesión de Victoria Capella v. Iglesia de Dios Pentecostal**, 102 DPR 20 (1974); además, véanse las palabras de la Corte Suprema de los Estados Unidos de América, en: **Cantwell v. State of Connecticut**, 310 U.S. 296.

clxviVéanse las palabras del Honorable Tribunal Supremo de Puerto Rico, en: **Sucesión de Victoria Capella v. Iglesia de Dios Pentecostal**, 102 DPR 20 (1974).

clxviiVéanse las palabras del Honorable Tribunal Supremo de Puerto Rico, en: **Sucesión de Victoria Capella v. Iglesia de Dios Pentecostal**, 102 DPR 20 (1974); además, léase a: **Wisconsin v. Yoder**, 406 U.S. 205.

clxviii**Holmes v. Silver Cross Hospital of Joliet, Illinois**, 340 F. Supp. 125 (N. D. Ill. 1972); **In re Milton**, 505 N.E. 2d 255 (Ohio 1987); **In re Brook's Estate**, 205 N.E. 2d 435 (Ill. 1965); **In re Brown**, 478 So. 2d 1033 (Miss. 1985); Lawrence H. Tribe, **American Constitutional Law**, 2d ed., Mineola, N.Y.,Foundation Press, 1988, pág. 1367.

[clxix]Yanel, A. (1997, 11 de julio). **Testigos de Jehová condenados por impedir que se realizase una transfusión a su hijo**. *Periódico El Mundo*. Madrid, España. Recuperado el 8 de mayo de 2007, de http://www.elmundo.es/1997/07/11/sociedad/11N0049.html. Por otro lado, véase: **Hacen transfusiones de sangre forzosas a hijos de Testigos de Jehová en Canadá**. (2007, 2 de febrero). *20minutos*. Madrid. España. Recuperado el 20 de enero de 2008, de http://www.20minutos.es/.

[clxx]Sobre este importante tema, véase: Yanel, A. (1997, 11 de julio).**Testigos de Jehová condenados por impedir que se realizase una transfusión a su hijo**. *Periódico El Mundo*. Madrid, España. Recuperado el 8 de mayo de 2007, de http://www.elmundo.es/1997/07/11/sociedad/11N0049.html; **¿Se puede imponer una transfusión de sangre a un Testigo de Jehová? La jurisprudencia autoriza a no respetar la objeción de conciencia a tratamientos médicos, al menos en el caso de menores**. (1994, 28 de septiembre). *Aceprensa.*: Madrid, España. Consultado el 31 de diciembre de 2007, de http://www.aceprensa.com/art.cgi?articulo=7106#; además, véase: *St. Mary's Hosp. v. Ramsey*, 465 So 2d 666 (Fla. App. 4 Dist. 1985); **In the Matter of the Alpplication of Winthrop University Hospital**, 490 N.Y.S. 2d 996 (Sup. 1985); **In re Dubreil**, 603 So. 2d 538 (Fla. App. 4 Dist, 1992).

[clxxi]**World v. Croce**, S.D. N. Y. 2002, 230 F. Supp. 2d 504.

[clxxii]**Holanda prohibirá burka en escuelas y edificios oficiales**. (2008, 23 de enero). *Noticias Telemundo, Yahoo*. EE.UU. Consultado el 3 de abril de 2008, de http://noticias.telemundo.yahoo.com/.

[clxxiii]Léanse las expresiones del Dr. Luís López Nieves, Catedrático de la Universidad del Sagrado Corazón de Puerto Rico, según se citan en: López-Nieves, L. (2008, 19 de enero). **La iglesia y el estado**. *El Nuevo Día*. Guaynabo, Puerto Rico. [Versión electrónica].

[clxxiv]Léanse las expresiones del Lcdo. Héctor Ferrer, miembro de la Cámara de Representantes de Puerto Rico, en: Israel Rodríguez Sánchez. **Rotundo no a amenaza; legisladores del PPD y el PNP ignoraron ayer la amenaza de un grupo religioso que les advirtió en un anuncio que unos 100,000 cristianos irán a las primarias en bloque para votar en contra de los opositores a la Resolución Concurrente 99**. (2008, 31 de enero). *El Nuevo Día*. Guaynabo, Puerto Rico. [Versión electrónica].

[clxxv](Énfasis nuestro). Léanse las expresiones del Dr. Luís López Nieves, Catedrático de la Universidad del Sagrado Corazón de Puerto Rico, según se citan en: López-Nieves, L. (2008, 19 de enero). **La iglesia y el estado**. *El Nuevo Día*. Guaynabo, Puerto Rico. [Versión electrónica].

[clxxvi]James E. Dittes. (1976). **Religión: estudio psicológico**. Enciclopedia Internacional de las Ciencias Sociales. *Ediciones Aguilar.*: Madrid, España, pág. 243; véase, además: José Gordon. (2007, septiembre) **¿Dios en el cerebro?** Muy Interesante. *Editorial Televisa Internacional*.: Distrito Federal, México, pp. 56-58; **Condenado por exorcismo**. (2007, 19 de febrero). *British Broadcasting Corporation (BBC)*. Londres, Reino Unido. Recuperado el 30 de diciembre de 2007, de http://news.bbc.co.uk/hi/spanish/news/.

[clxxvii]**No cesan visitas a imagen de la olla**. (2008, 2 de abril). *Periódico El Zócalo*. Piedras Negras, México. Información consultada el 27 de abril de 2008, de www.zocalo.com.mx/; Manolo Acosta. (2008, 1 de abril). **Ven imagen de la Virgen en el fondo de una vasija**. *Periódico El Zócalo*. Piedras Negras, México. Información consultada el 27 de abril de 2008, de www.zocalo.com.mx/; Elena Valdez. (2008, 24 de abril). **Aparición divina en rocas**. *Crítica en Línea*. Panamá, República de Panamá. Consultado el 26 de abril de 2008, de http://www.critica.com.pa/archivo/04242008/provincia.html; **Nuestra Señora del Paso Subterráneo**. (2005, 22 de abril). *British Broadcasting Corporation (BBC)*. Londres, Reino Unido. Recuperado el 30 de diciembre de 2006, de http://news.bbc.co.uk/hi/spanish/news/; **EE.UU.: "Virgen" pintada**. (2005). *British Broadcasting Corporation (BBC)*. Londres, Reino Unido. Recuperado el 30 de diciembre de 2007, de http://news.bbc.co.uk/hi/spanish/news/; Gladys Nieves Ramírez.**'Obra satánica disfrazada'**. (2006, 4 de diciembre). *El Nuevo Día*. . Guaynabo, Puerto Rico. Recuperado el 31 de diciembre de 2006, de http://www.adendi.com/; **Revuelo por presunta aparición de Virgen**. (2005, 18 de febrero). *Univision Communications Inc*. Los Ángeles, California. Recuperado el 12 de noviembre de 2007, de http://www.univision.com/; **Unos 600.000 peregrinos participaron en Jaén en la romería más antigua de España; la procesión de la Virgen de la Cabeza tiene más de 700 años de historia**. (2006). *Diario ABC*. Madrid, España. Recuperado el 20

de enero de 2008, de http://www.abc.es/; **Latino mancha supuesta aparición divina**. (2005). *Univision Communications Inc.* Los Ángeles, California. Recuperado el 12 de noviembre de 2007, de http://www.univision.com/; José Antonio Herrera Chávez. **"No es un milagro": Padre Jasso**. (2005). *Univision Communications Inc.* Los Ángeles, California. Recuperado el 12 de noviembre de 2007, de http://www.univision.com/; José Antonio Herrera Chávez. **Imagen de Cristo atrae a miles de fieles**. (2005). *Univision Communications Inc.* Los Ángeles, California. Recuperado el 12 de noviembre de 2007, de http://www.univision.com/; Jorge Brisaboa. **Fervor por la Virgen de San Nicolás; unos 350 mil fieles pasaron por el santuario para pedir y agradecer**. (2004). Clarín. Buenos Aires, Argentina. Recuperado el 1 de agosto de 2008, de http://www.clarin.com/.

[clxxviii]José Gordon. (2007, septiembre) **¿Dios en el cerebro?** Muy Interesante. *Editorial Televisa Internacional*.: Distrito Federal, México, pp. 56-58; léase, además: James E. Dittes. (1976). **Religión: estudio psicológico**. Enciclopedia Internacional de las Ciencias Sociales. *Ediciones Aguilar*.: Madrid, España, pág. 243

[clxxix]Véanse las expresiones del poeta romano Marco Anneo Lucano, según citadas en: Religión. (2005). **El gran libro de las citas célebres.** Madrid, España.: *Dastin Ediciones*, pág.228.

[clxxx]**Alucinaciones sensoriales**. (2008). *MedlinePlus; Biblioteca Nacional de Medicina de los Estados Unidos de América*. Rockville Pike, Bethesda, MD. Consultado el 26 de abril de 2008, de http://www.nlm.nih.gov/medlineplus/spanish/ency/article/003258.htm.

[clxxxi]Véanse las acertadas palabras del Dr. Gazir Sued, doctor en filosofía y profesor de la Universidad de Puerto Rico, en: Sued, G. (2007, 24 de febrero). **Intolerancia religiosa y derecho**. *El Nuevo Día*. Guaynabo, Puerto Rico. Recuperado el 28 de febrero de 2007, de http://www.adendi.com/.

[clxxxii]**Napoleón Bonaparte**. (2007). *Sin Dioses*. Consultado el 1 de julio de 2007, de http://www.sindioses.org/frases.html.

[clxxxiii](Énfasis nuestro). **Benjamin Franklin**. (2006). *Proverbia*. Recuperado el 23 de agosto de 2006, de http://www.proverbia.net/.

[clxxxiv]**Enciclopedia Internacional de las Ciencias Sociales**. (1974). (Volumen 9). Madrid, España.: *Ediciones Aguilar*, pág. 243.

[clxxxv]Martínez, J. L. & González, A.M. (2005). **Darwin**. Madrid, España.: *Edimat Libros*, pág.109.

[clxxxvi]**Agrede a suegra postrada en cama**. (2007, 11 de abril). *El Nuevo Día*. Guaynabo, Puerto Rico. Recuperado el 30 de abril de 2007, de http://www.adendi.com/.

[clxxxvii]Universidad Interamericana de Puerto Rico. (2001).**Origen de la Universidad Interamericana de Puerto Rico**. *San Germán, Puerto Rico*. Recuperado el 31 de diciembre de 2007, de http://www.sg.inter.edu/historia_recinto/origenes.htm.

[clxxxviii]Para saber más sobre el limbo de los niños, véase el documento llamado **«La esperanza de salvación para los niños que mueren sin ser bautizados»**, el cual ha sido aprobado por el Papa Benedicto XVI; además, véase: **La Iglesia Católica elimina el limbo**. (2007, 21 de abril). *British Broadcasting Corporation (BBC)*. Londres, Reino Unido. Recuperado el 30 de diciembre de 2007, de http://news.bbc.co.uk/hi/spanish/news/; **La Iglesia católica determina ahora que el limbo no existe**. (2007, 21 de abril). *Diario Córdoba*. Consultado el 31 de diciembre de 2007, de http://www.diariocordoba.com/noticias/noticia.asp?pkid=316408.

[clxxxix]**Miguel Ángel**. (2007). Enciclopedia Microsoft Encarta Online 2007. *Microsoft Corporation*.: Redmond, WA. [Versión "online" en español]; **Capilla Sixtina**. (2007). Enciclopedia Microsoft Encarta Online 2007. *Microsoft Corporation*.: Redmond, WA. [Versión "online" en español].

[cxc](Subrayado nuestro). Véanse las palabras del profesor Bernat Tort, profesor de la Universidad de Puerto Rico, candidato a doctor en la Universidad Complutense de Madrid y especialista en la filosofía de la ciencia, en: Pedro López Pagán. **"Mi meta es sacar los ateos del clóset"**. (2007, 18 de marzo). *El Nuevo Día*. Guaynabo, Puerto Rico. [Versión electrónica].

[cxci](Subrayado nuestro). James E. Dittes. (1976, Volumen 9). **Religión: estudio psicológico**. Enciclopedia Internacional de las Ciencias Sociales. *Ediciones Aguilar*.: Madrid, España, pág. 243

[cxcii](Énfasis nuestro). Léanse las acertadas palabras de la escritora y periodista Taslima Nasrin, en: **Taslima Nasrin**. (2007). *Sin Dioses*. Consultado el 1 de julio de 2007, de http://www.sindioses.org/frases.html.

[cxciii] Véanse las sabias palabras de Karl Marx (1818 - 1883), en: Francisco Umpiérrez Sánchez. **Marx y la religión**. (2005, 5 de abril). *Rebelión*. España. Recuperado el 30 de diciembre de 2007, de http://www.rebelion.org/noticia.php?id=13476

[cxciv] Véanse estas maravillosas expresiones de un Anónimo, que dicen acertadamente que «**la única iglesia que ilumina es la que arde**», en: Glenys Álvarez, Ferney Yesyd Rodríguez & Marcelo Huerta San Martín. (2007). **Frases racionalistas memorables**. *Sin dioses*. Consultado el 29 de febrero de 2008, de http://www.sindioses.org/principal.html.

[cxcv] (Entre corchete añadido). Véanse las fabulosas palabras del filósofo alemán Dr. Friedrich Wilhelm Nietzsche (1844-1900), en: **Friedrich Wilhelm Nietzsche**. (2006). *Proverbia*. Recuperado el 18 de agosto de 2006, de http://www.proverbia.net/; además, véanse las impactantes y verdaderas palabras del escritor estadounidense Ambrose Bierce (1842-1914), en: **Ambrose Bierce**. (2004). El gran libro de las citas y frases célebres. (2004). Distrito Federal, México.: *Grupo Editorial Diana*, pág.374; asimismo, véanse las palabras del escritor austriaco Stefan Zweig (1881-1942) en: **Dios**. (2006). *Proverbia*. Recuperado el 18 de agosto de 2006, de http://www.proverbia.net/.

[cxcvi] **Obispo pide no manipular declaraciones en caso de anti-abortista**. (1998, agosto). Lima, Perú.: *ACI Prensa*. Recuperado el 31 de enero de 2008, de http://www.aciprensa.com/notic1998/agosto/notic414.htm; **Choques por marcha gay**. (2007, 22 de junio). *Primera Hora*. : Guaynabo, Puerto Rico. Recuperado el 30 de junio de 2008, de http://archivo.primerahora.com/; léase, además, a: Israel Rodríguez Sánchez. **Censura Fernando Picó a fundamentalistas religiosos**. (2008, 12 de enero). *El Nuevo Día*. Guaynabo, Puerto Rico. [Versión electrónica]; **EEUU: hombre baleó a feligreses indignado por sus ideas liberales**. (2008, 28 de julio). *Noticias Telemundo, Yahoo*. EE.UU. Consultado el 28 de julio de 2008, de http://noticias.telemundo.yahoo.com/.

[cxcvii] Véanse, nuevamente, las impactantes y verdaderas palabras del escritor austriaco Stefan Zweig (1881-1942) en: **Dios**. (2006). *Proverbia*. Recuperado el 18 de agosto de 2006, de http://www.proverbia.net/.

[cxcviii] (Énfasis nuestro). Antonio Gershenson. (2007, 25 de marzo). **La campaña de la derecha**. *La Jornada*. Ciudad de México, México. Recuperado el 1 de septiembre de 2007, de http://www.jornada.unam.mx/.

[cxcix] Léanse las acertadas palabras del Dr. Gazir Sued, doctor en filosofía, en: Gazir Sued. **Contra la tiranía de la fe**. (2007, 4 de mayo). *El Nuevo Día*. Guaynabo, Puerto Rico. [Versión electrónica].

[cc] (Subrayado nuestro).Véanse las palabras del profesor Bernat Tort, profesor de la Universidad de Puerto Rico, candidato a doctorado en la Universidad Complutense de Madrid y especialista en filosofía de la ciencia, en: Pedro López Pagán. **"Mi meta es sacar los ateos del clóset"**. (2007, 18 de marzo). *El Nuevo Día*. Guaynabo, Puerto Rico. [Versión electrónica].

[cci] (Subrayado nuestro). María Esperanza Sánchez. **Chávez en la mira de un pastor**. (2005, 23 de agosto). *British Broadcasting Corporation (BBC)*. Londres, Reino Unido. Recuperado el 30 de diciembre de 2007, de http://news.bbc.co.uk/hi/spanish/news/.

[ccii] *Ibíd*.

[cciii] **El fin de una sangrienta disputa político-religiosa**. (2007, 13 de mayo). *El Nuevo Día*. Guaynabo, Puerto Rico. [Versión electrónica]; **Lecciones de Irlanda del Norte**. (2007, 13 de mayo). *El Nuevo Día*. Guaynabo, Puerto Rico. [Versión electrónica].

[cciv] Itzigsohn, M. E. (1977). **Segregación racial**. Enciclopedia Jurídica Omeba. (*Tomo XXV*). Buenos Aires, Argentina.: *Editorial Bibliografía Argentina*, pág. 265.

[ccv] **Curso de exorcismo en el Vaticano**. (2005, 18 de febrero). *British Broadcasting Corporation (BBC)*. Londres, Reino Unido. Recuperado el 30 de diciembre de 2007, de http://news.bbc.co.uk/hi/spanish/news/; Jesús Bastante. **El demonio tras el tarot**. (2007, 18 de agosto). *Diario ABC*. Madrid, España. Recuperado el 20 de enero de 2008, de http://www.abc.es/; **Entrevista: Padre Gabriele Amorth**. (s.f.). *Florida Center for Peace*. Florida, EEUU. Consultado el 31 de diciembre de 2007, de http://www.fcpeace.com/spanish/medjugorje/entre_gabriele.htm.

[ccvi] **Condenado por exorcismo**. (2007, 19 de febrero). *British Broadcasting Corporation (BBC)*. Londres, Reino Unido. Recuperado el 30 de diciembre de 2007, de http://news.bbc.co.uk/hi/spanish/news/.

[ccvii] Sandra Morales Blanes. **Cambios en la Cámara a la Ley de Salud Mental**. (2008, 31 de enero). *El Nuevo Día*. Guaynabo, Puerto Rico. [Versión Electrónica].

[ccviii] Omer Farooq. **Los ladrones de piernas mágicas**. (2007, 14 de diciembre). *British Broadcasting Corporation (BBC)*. Londres, Reino Unido. Recuperado el 30 de diciembre de 2007, de http://news.bbc.co.uk/hi/spanish/news/; Daniela Brik. **Esperanza femenina en Belén; la Gruta de la Leche es frecuentada por las mujeres, que recurren a la intercesión de la Virgen para obtener abundancia de leche**. (2007, 15 de diciembre). *El Nuevo Día*. Guaynabo, Puerto Rico [Versión electrónica]; Yanel, A. (1997, 11 de julio).**Testigos de Jehová condenados por impedir que se realizase una transfusión a su hijo**. *Periódico El Mundo*. Madrid, España. Recuperado el 8 de mayo de 2007, de http://www.elmundo.es/1997/07/11/sociedad/11N0049.html; **¿Se puede imponer una transfusión de sangre a un Testigo de Jehová? La jurisprudencia autoriza a no respetar la objeción de conciencia a tratamientos médicos, al menos en el caso de menores**. (1994, 28 de septiembre). *Aceprensa.:* Madrid, España. Consultado el 31 de diciembre de 2007, de http://www.aceprensa.com/art.cgi?articulo=7106#; además, véase: **St. Mary's Hosp. v. Ramsey**, 465 So. 2d 666 (Fla. App. 4 Dist. 1985); **In the Matter of the Alpplication of Winthrop University Hospital**, 490 N.Y.S. 2d 996 (Sup. 1985); **In re Dubreil**, 603 So. 2d 538 (Fla. App. 4 Dist, 1992); **Roban corazón de fraile argentino**. (2008, 23 de enero). *Primera Hora*. Guaynabo, Puerto Rico [Versión electrónica].

[ccix] **Pastor reta a matrimonios a tener sexo todo un mes**. (2008, 19 de febrero). *Primera Hora*. Guaynabo, Puerto Rico. [Versión electrónica]; **Propone a familias dosis espiritual**. (2008, 18 de febrero). *El Nuevo Día de Orlando*. Orlando, Florida. [Versión electrónica].

[ccx] (Énfasis nuestro). Véanse las expresiones de San Agustín de Hipona (354 - 430), padre de la Iglesia Católica, según citadas en: Glenys Álvarez, Ferney Yesyd Rodríguez & Marcelo Huerta San Martín. (2007). **Frases memorables de religiosos**. *Sin dioses*. Consultado el 29 de febrero de 2008, de http://www.sindioses.org/principal.html.

[ccxi] (Énfasis nuestro). Para ver con más detalle las heréticas palabras del Fray Querubino de Siena, léase a: Ortega-Vélez, R. (1998). **Sobre...la violencia doméstica**. San Juan, Puerto Rico.: *Ediciones Scisco*, pp. 29-30.

[ccxii] Charles F. Gallagher. (1975, Volumen 6). **Islam**. Enciclopedia Internacional de las Ciencias Sociales. *Ediciones Aguilar.*: Madrid, España, pág. 296.

[ccxiii] *Ibíd*.

[ccxiv] Editorial de El Nuevo Día. **La abstinencia sola no funciona**. (2007, 2 de mayo). *El Nuevo Día*. Guaynabo, Puerto Rico. Recuperado el 30 de mayo de 2007, de http://www.adendi.com/.

[ccxv] Para leer más sobre el estudio realizado por la Organización Campaña Nacional para Prevenir Embarazos No Planeados y entre Adolescentes, véase con detenimiento a: Hebert, H. J. (2007, 7 de noviembre). **Reporte: programas de abstinencia sexual fracasan entre jóvenes**. *Primera Hora*. Guaynabo, Puerto Rico. [Versión electrónica].

[ccxvi] David Willey. **Vaticano suspende a sacerdote gay**. (2007, 13 de octubre). *British Broadcasting Corporation (BBC)*. Londres, Reino Unido. Recuperado el 30 de diciembre de 2007, de http://news.bbc.co.uk/hi/spanish/news/; Andrea Martínez. **Sometido caso contra cura**. (2006, 3 de noviembre). *El Nuevo Día*. Guaynabo, Puerto Rico. Recuperado el 30 de noviembre de 2006, de http://www.adendi.com/; Rosita Marrero. **Demanda por presunto abuso de un párroco; hombre reclama a Diócesis de Caguas**. (2006, 21 de junio). *Primera Hora*. Guaynabo, Puerto Rico. Recuperado el 21 de junio de 2006, de http://www.primerahora.com/;**Cometen abuso sexual 30% de sacerdotes, aseveran ONG**. (2005, 7 de diciembre). *La Jornada*. Ciudad de México, México. Recuperado el 1 de septiembre de 2007, de http://www.jornada.unam.mx/; **Las últimas demandas contra sacerdotes pederastas en Estados Unidos acusan al Vaticano**. (2002, 4 de abril). *El Mundo*. Madrid, España. Recuperado el 20 de enero de 2007, de http://www.elmundo.es/; **Cerca de 11.000 menores en EEUU sufrieron abusos sexuales de sacerdotes desde hace 52 años**. (2004, 27 de febrero). *El Mundo.*: Madrid, España. Consultado el 29 de diciembre de 2007, de http://www.elmundo.es/; **Más de 100 curas de Irlanda habrían abusado sexualmente de niños**. (2006,8 de marzo). *El Nuevo Día*. Guaynabo, Puerto Rico. Recuperado el 8 de marzo de 2006, de http://www.endi.com/; **Iglesia/abusos: arreglo millonario**. (2006, 2 de diciembre). *British Broadcasting Corporation (BBC)*. Londres, Reino Unido. Recuperado el 30 de diciembre de 2006, de http://news.bbc.co.uk/hi/spanish/news/; **Sex crimes and the Vatican**. (2006, 29 de septiembre).

British Broadcasting Corporation (BBC). Londres, Reino Unido. Recuperado el 30 de diciembre de 2007, de http://news.bbc.co.uk/; Rosita Marrero, **Acusan al Obispo por no haber investigado**. (2006, 21 de junio). *Primera Hora*. Guaynabo, Puerto Rico. Recuperado el 21 de junio de 2006, de http://www.primerahora.com/; Catherine Tsai. **Renuncia líder evangélico por escándalo**. (2006, 4 de noviembre). *Primera Hora*. Guaynabo, Puerto Rico. Recuperado el 30 de noviembre de 2006, de http://archivo.primerahora.com/; **El Arzobispo de Oviedo aparta de sus funciones a un sacerdote por tener mujer e hijo**. (2007, 15 de septiembre). *Diario ABC*. Madrid, España. Recuperado el 20 de enero de 2008, de http://www.abc.es/; **Afirma sacerdote de EU que tuvo relaciones sexuales con reclusas en Texas**. (2007). *La Jornada*. Ciudad de México, México. Consultado el 28 de julio de 2008, de http://www.jornada.unam.mx/; **Sacerdote a prisión**. (2007, 13 de noviembre). *Primera Hora*. Guaynabo, Puerto Rico. [Versión electrónica].

ccxvii**Bill Gates critica duramente doctrina condones del Vaticano**. (2006, 14 de agosto). *Primera Hora*. Guaynabo, Puerto Rico. Recuperado el 14 de agosto de 2006, de http://www.primerahora.com/.

ccxviiiVéanse las palabras del escritor español Enrique Jardiel Poncela (1901-1952) en: **El gran libro de las citas y frases célebres**. (2004). Distrito Federal, México.: *Grupo Editorial Diana*, pág.407.

ccxix(Subrayado nuestro). Gabriel Gutiérrez (2006, enero). **Diferentes formas de concebir el cosmos; las otras ideas**. Muy Interesante. *Editorial Televisa Internacional*.: Distrito Federal, México, pág.92.

ccxxVéanse las palabras del Padre Gabriele Amorth, exorcista en la diócesis de Roma y presidente honorario de la Asociación de Exorcistas, en: **Entrevista: Padre Gabriele Amorth**. (s.f.). *Florida Center for Peace*. Florida, EEUU. Consultado el 31 de diciembre de 2007, de http://www.fcpeace.com/spanish/medjugorje/entre_gabriele.htm.

ccxxiVéase sobre este particular a: Real Academia Española. (2007). **Criminología**. Diccionario de la Lengua Española. Madrid, España.: *Espasa-Calpe*. Versión electrónica consultada el 1 de mayo de 2008, de http://www.rae.es/; **Criminología**. (2005). Enciclopedia Microsoft Encarta Online 2005. Microsoft Corporation.: Redmond, WA. [Versión "online" en español]; además, véase a: Centro de Investigación en Criminología. (2006). **Presentación**. *Universidad de Castilla-La Mancha*. Recuperado el 1 de diciembre de 2006, de http://www.uclm.es/criminologia/.

ccxxii(Subrayado nuestro). **Derecho a la libre expresión**. (s.f.) *Derechos Human Rights*. Buenos Aires, Argentina. Consultado el 3 de abril de 2007, de http://www.derechos.org/ddhh/expresion/.

ccxxiii(Citas en el texto omitidas).Véanse las palabras del Honorable Tribunal Supremo de Puerto Rico, en: **Asociación V. Romero Basso**, 2002 TSPR 080.

ccxxivLéanse las expresiones del Dr. Fernando Picó, Catedrático de la Universidad de Puerto Rico, en: Israel Rodríguez Sánchez. **Censura Fernando Picó a fundamentalistas religiosos**. (2008, 12 de enero). *El Nuevo Día*. Guaynabo, Puerto Rico. [Versión electrónica].

ccxxvVéanse las palabras de Ricardo Blázquez, obispo de la Iglesia católica en Bilbao, España, en: Jesús Bastante. (2007, 13 de junio). **Blázquez abre puerta a su reelección en el Episcopado**. Madrid, España.: *Diario ABC*, pág. 33.

ccxxvi**Rabino**. (2007). Enciclopedia Microsoft Encarta Online 2007. *Microsoft Corporation*.: Redmond, WA. [Versión "online" en español].

ccxxvii**Desafío a iglesia católica: ordenan a mujeres como sacerdotes**. (2008, 20 de julio). *Noticias Telemundo*, Yahoo. EE.UU. Consultado el 3 agosto de 2008, de http://noticias.telemundo.yahoo.com/; **Ordenación secreta de una mujer**. (2005). *British Broadcasting Corporation (BBC)*. Londres, Reino Unido. Recuperado el 30 de diciembre de 2007, de http://news.bbc.co.uk/hi/spanish/news/; **El Vaticano excomulga a siete mujeres 'sacerdotes'**. (2002, 6 de agosto). *El Mundo*. España. Recuperado el 20 de enero de 2007, de http://www.elmundo.es/elmundo/2002/08/06/sociedad/1028612556.html.

ccxxviiiLéanse las acertadas palabras de la escritora y periodista Taslima Nasrin, en: **Taslima Nasrin**. (2007). *Sin Dioses*. Consultado el 1 de julio de 2007, de http://www.sindioses.org/frases.html.

ccxxixVéanse las palabras de Elizabeth Cady Stanton, según citadas en: **Ateos de la Florida, una introducción**. (2007).Tampa, FL.: *Atheists of Florida*. Consultado el 3 de abril de 2007, de http://www.atheistalliance.org/florida/spanish.htm.

ccxxx(Énfasis nuestro). Véanse las expresiones de Herbert George Wells, según citadas en: Glenys Álvarez, Ferney Yesyd Rodríguez & Marcelo Huerta San Martín. (2007). **Frases racionalistas memorables**. *Sin dioses*. Consultado el 29 de febrero de 2008, de http://www.sindioses.org/principal.html.

ccxxxi(Énfasis nuestro). Véanse las expresiones de Herbert George Wells, según citadas en: Glenys Álvarez, Ferney Yesyd Rodríguez & Marcelo Huerta San Martín. (2007). **Frases racionalistas memorables**. *Sin dioses*. Consultado el 29 de febrero de 2008, de http://www.sindioses.org/principal.html.

ccxxxiiVéase con más detalle la lista de las tragedias cometidas por el dios de los cristianos sobre la humanidad, preparada por el Hon. Ernie Chambers, legislador independiente del estado de Nebraska, EEUU, en: **Dios en el banquillo**. (2007, 20 de septiembre). *British Broadcasting Corporation (BBC)*. Londres, Reino Unido. Recuperado el 30 de diciembre de 2007, de http://news.bbc.co.uk/hi/spanish/news/.

ccxxxiiiSegún manifiesta el inmortal dramaturgo y novelista irlandés Oscar Wilde (1854-1900). Véanse sus expresiones en: **Oscar Wilde**. (2006). *Proverbia*. Recuperado el 1 de agosto de 2006, de http://www.proverbia.net/.

ccxxxiv(Énfasis nuestro). Jackson, W. (2005) **¿Desaprueba el sufrimiento humano la existencia de un Dios benévolo?** *Apologetics Press*. Recuperado el 2 de enero de 2007, de http://www.apologeticspress.org/espanol/articulos/impresion/690.

ccxxxv(Énfasis nuestro). **Génesis 2:16-17** de la Biblia de los cristianos.

ccxxxvi(Énfasis nuestro). Véanse las expresiones de Miguel de Unamuno, según citadas en: Glenys Álvarez, Ferney Yesyd Rodríguez & Marcelo Huerta San Martín. (2007). **Frases racionalistas memorables**. *Sin dioses*. Consultado el 29 de febrero de 2008, de http://www.sindioses.org/principal.html.

www.ingramcontent.com/pod-product-compliance
Lightning Source LLC
Chambersburg PA
CBHW060502090426
42735CB00011B/2077